JN438708

아픔을 경영하다

아픔을 경영하다

최재선 수필집

수필과비평사

형!

지나온 시간을 철없이 보냈습니다. 돈 한 푼 되지 않은 글의 감옥에 스스로 갇혀 수의囚衣 입은 것을 영광스럽게 여겼으니까요. 철드는 것은 의지와 먼 이야기인 것 같습니다. 귀가 순해지는 시절을 맞고도 여전히 밥값을 제대로 하지 못하고 있으니 말입니다. 이 순간에도 몇 문장 깎아 달랑달랑 매단 뒤에야 밥값 겨우 했다고 마음 밝아지니까요.

형이 없으면 글이 없었고, 글이 없으면 내가 없었습니다. 40년 이상 글을 쓴 형의 곳간은 늘 외롭게 비어 있었습니다. 그 곳간은 나에게 몸짓으로 주제문을 보여주었지요? 배부르면 글이 막힌다. 돈맛을 알고 나면 글이 흐트러진다. 글은 문장이 아니라, 생각이다. 글쓰기는 행동으로 실천했을 때 완성된 것이다. 불의를 보고 눈감거나 침묵하지 마라.

형!

이 말을 마음속에 지시대처럼 세우고 살겠습니다. 오늘 한 지인을 만났습니다. 한창 글 쓰는 재미에 빠진 그가 글 쓰는 것이 고행이라고 고백하더군요. 살다 보니 세상에 무의미한 고통은 없는 것 같습니다. 내가 쓴 글 곳곳에는 두 번이나 참척의 고통을 겪은 눈물이 배어 있습니다. 살다 보니 그 고통은 과거형이어서 망각과 기억의 언덕을 오갔습니다. 하여 간혹 지워질 때가 있었습니다.

이에 비해 십자가처럼 짊어져야 할 현재형의 고통은 결코 지울 수 없습니다. 다른 사람은 일상에 속하지만, 나는 비상의 연속이니까요. 날마다 연속되는 비상상황을 겪어보지 않은 사람은 그저 상상의 집을 지을 수밖에 없지요. 형이 처음 나에게 글을 아프게 쓰지 말라고 했을 때, 그만 욕이 튀어나올 뻔했습니다. 지금은 형이 내 작전사령관이 되어 절실하게 기도해주고 있어 고맙습니다. 네 글의 원류는 아픔이고 슬픔이라고 응원해줘서 감사합니다.

형!

난 이 비상상황을 불평하지 않고 고이 품으려고 합니다. 하나님께서 주신 선물로 귀하게 여기려고 합니다. 그 뜻을 정독하고 경청하며 살겠습니다. 세상에 무의미한 고통은 분명 없겠지요? 이 비상상황을 글의 텃밭으로 생각하고 열심히 글 밭을 갈고 닦으렵니다. 감히, 형도 형이 앓는 아픔에 더 이상 불행의 토를 달지 않았으면 좋겠습니다. 삼 오스카 와일드가 "슬픔 속에 성지聖地가 있다."고 한 말을 떠올립니다. 날이 바뀌었다고 비상을 일상으로 확 뜯어고칠 수는 없겠지요. 다만, 새해에는 성지聖地를 순례하는 마음으로 살겠습니다. 그 여정에 형과 주님이 함께 동행해주리라 믿습니다.

2018년 2월 花心山房에서

한재나

| 목차

하나, 봄을 앓다

둘, 아픔을 경영하다

셋, 새끼들

넷, 아들의 바다

다섯, 무월에서 만난 낮달

여섯, 나이테

하나, 봄을 앓다

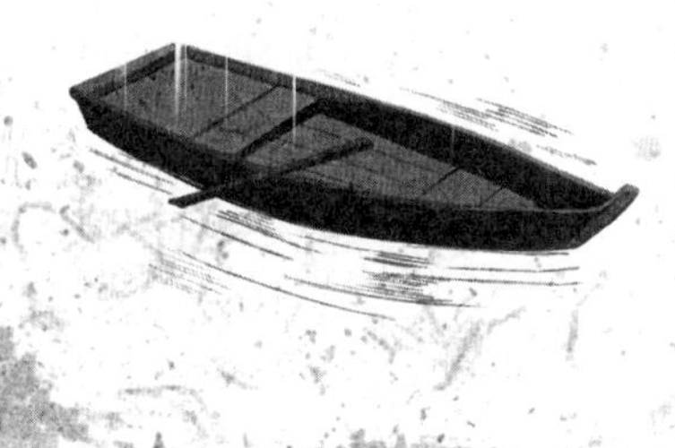

2월 마지막 날 내린 눈

깊은 잠자리 들지 못하고 뒤척거리다 이른 아침을 맞고 말았다. 서재 창이 유별스럽게 뽀얀 우윳빛으로 빛나 안창을 열었더니 밤사이 눈이 쌓였다. 2월의 마지막 날을 택해 눈이 내린 것이다. 다른 때 같으면 아버지께서 눈을 쓰실 법도 한데, 현관 문소리를 듣지 못했으니 눈 소식을 아버지도 모르신 것 같다. 온몸 곳곳이 무겁고 쑤셔 다시 이불 속으로 들어갔다. 잠시 후 주방으로 나오신 어머니께서 주방 창을 여시더니 눈이 제법 왔다고 하시며 서둘러 창문 닫는 소리가 났다. 뒤이어 아버지께 오늘은 눈을 쓸지 말고 그냥 놔두라고 하셨다.

잠깐 눈을 붙이고 나서 큰아들 책과 짐을 기숙사로 보내려고 챙겼다. 정원 소나무에 쌓인 눈이 이쪽저쪽 할 것 없이 한결같이 꽃처럼 피어 눈이 맑았다. 아직 겨울이 끝나지 않은 2월의 마지막 날 내린 눈이 마치 때맞춰 배달한 손편지처럼 반가웠다. 이미 정원 곳곳에 노란 꽃잎을 드러낸 복수초가 눈 속에서 해맑게 웃었다. 조금 있으면 봄을 애절하게 부르는 영춘화의 화신이 복수초 색깔을 이어받아 계주 주자처럼 달음질쳐 올 것이다.

어제 늦은 시간까지 시집 교정을 마무리하고 오늘 아침 인쇄에 들어갔다. 온종일 컴퓨터 앞에서 도수 높은 돋보기를 끼고 모국어와 만나다 보면 아프지 않은 곳이 없다. 눈은 침침하여 눈물이 흐르고 목과 어깨는 뾰쪽한 통증이 우글우글 달라붙어 영 개운치 않다. 면도하려고 하는데 오른쪽 입술이 불에 덴 듯 화끈거렸다. 자세하게 보니 비밀스럽게 열꽃이 성에처럼 엉겨 붙어 있었다. 피곤하긴 되게 피곤했던 모양이다. 안색도 별로다.

우체국에 들러 아들 짐을 택배로 보내고 작업실에서 「2월의 마지막 눈」이란 시를 썼다.

2월 마지막 날 내리는 눈/ 그러나 겨울 같지 않아서/ 눈앞 꽃봉오리 터진 듯이/ 이 꽃이 저 꽃이고 저 꽃/ 이쪽으로 와 이 꽃이다/ 겨우내 눈 몸살 몇 번 하고/ 용케 감기 한 번 안 걸렸는데/ 시집 인쇄 들어가는 날 잡아/ 지상뿐만 아니라 입술에도/ 알음알음 열꽃 피어올랐다 감기보다 지독한 詩 몸살/ 속목하면서 오늘 써야 할 시/ 목하, 시의 집으로 부른다.

어깨와 목 쪽에 자리 잡은 통증을 견딜 수 없어 한방병원에 들러 침을 맞고 물리치료를 받았다. 그리고 귀가하여 눈을 한숨 붙이려고 했다. 잠도 때맞춰 찾아와야 단 몇 분을 자도 세수하고 머리를 감은 것 같은데, 억지로 잠을 붙잡으려고 하면 눈치 빠른 잠이 도망치기에 십상이다. 비몽사몽 잠의 경계를 드나들고 있을 때 수필집 원고를 보낸 출판사 회장님께서 전화하셨다. 연세가 팔순이 된 분께서 내 원고를 다 읽으시고 고개가 숙여지신단 말씀을 하셔서 부끄러움에 정신이 번쩍 들었다. 그리고 계약한 금액보다 감해주시겠다는 말씀을 듣고 오뚝이처럼 일어났다.

햇살이 손수 만든 볕에 눈이 은비늘같이 빛났다. 2월의 마지막 날이 29일인 해는 4년마다 한 번씩 돌아온다고 한다. 윤년에 태어난 사람은 생일을 4년에 한 번 쉰다고 하니 윤년에 내린 눈은 이들에게 남다른 의미가 있을 것 같다. 늦은 나이에 작가의 길을 보행하게 된 만큼 내 창작의 윤년은 4년이 아니라 1년으로 잡으려고 한다. 그래서 해마다 시집이든 산문집이든 책을 낼 계획을 세우고 있다. 일 년 가운데 2월이 가장 짧다. 30일이나 31일이 한 달인 다른 달과 달리 이틀이나 사흘 정도 짧다. 내 삶 역시 늘 2월처럼 맞고 2월처럼 살고 싶다. 하루를 24시간이 아니라 26시간 아니면 27시간으로 여기고 글 밭을 가꾸며 그곳에 거주하고 싶다.

곧 수필집 원고가 출판사에서 오는 대로 수필집 교정을 마치고 나면 남해 가천 다랭이마을로 달려가 바다 구경이나 실컷 하고 돌아와야겠다. 그 바다는 나에게 언제나 달짝지근한 평화를 주었으니까. 2월 마지막 날 내린 눈이 녹으면서 3월이 다가오고 있다. 더디지만 그렇게 봄이 오고 있다.

2016. 2. 29.

감옥

지금까지 살면서 교도소라는 이름을 붙인 감옥에 들어가 본 기억이 딱 한 번 있다. 30대 후반쯤 되었을 때 건축업을 하다 부도를 낸 사촌 매형이 빚을 갚지 못하고 교도소에 갇혀 아버지를 모시고 면회를 다녀왔다. 또 한 번 다녀올 기회가 있었다. 작년 여름쯤 한 지인이 교도소 인문강의 특강을 의뢰했기 때문이다. 그런데 너무 갑작스럽게 일정이 잡혀 다른 일정과 겹치는 통에 다음 기회로 미뤘다. 감옥은 죄를 지은 사람을 가두는 곳이다. 그래서 많은 사람이 들어가기를 꺼려 피하는 대상이다.

얼마 전 『감옥으로부터 사색』이란 책을 쓴 신영복 교수가 다시는 돌아올 수 없는 세상으로 홀연히 떠났다. 『태백산맥』, 『아리랑』, 『정글만리』와 같은 기념비적인 장편소설을 쓴 조정래 작가가 40년 동안 작품 활동을 하면서 독자들과 문답한 글을 쓴 『황홀한 글 감옥』이란 답문집을 냈다. 한일장신대 차정식 교수는 새벽 산책하는 시간

외에 오로지 글 쓰는 일에만 매달려 가칭『예수의 공부법』이란 책을 한 달 만에 탈고하고 난 후 "글 감옥에서 벗어났다."고 했다.

언어가 사전적 의미만 지니고 있다면 우리 의식이나 감정을 다양한 색깔로 그려낼 수 없을 것이다. 다행스럽게 문맥적 의미와 상징적 의미라는 외투를 걸칠 수 있으므로, 우리가 가진 사고나 의식의 몸을 무지개로 만들 수 있다. '감옥'이란 단어 역시 사전적 의미로만 고형화하여 쓰면 언어의 사지를 옥죄어 우리가 가진 상상적 영토를 확장할 수 없다. 이런 의미에서 '감옥'은 '절대고독'과 서로 이웃하고 있다. '절대고독'은 사회나 사람과 격리당해 일어나는 소외의식과 다르다. 사회나 사람과 결속된 끈을 스스로 끊고 자신을 자기 내부에 철저하게 가두는 의지적이고 독립적인 행위이다.

세상과 단절하지 않으면 자신과 절실하게 만날 수 없다. 많은 성직자가 시든 영성을 회복하려고 의도적으로 세상과 자신 사이의 거리를 아득하게 벌린다. 그리고 절대고독의 집을 건축하고 그 속에서 절실하게 절대자를 만나 영성의 심지에 불을 붙인다. 글을 쓰는 사람도 글을 쓸 때는 이름표 대신 번호표를 붙인 수의를 입고 스스로가 만든 감옥에 자신을 가둔다. 그리고 그 속에서 상상력을 발동시켜 문학의 탑을 쌓아 올린다.

날마다 거르지 않고 글 나부랭이를 쓰려고 몸부림치는 풋시인으로서 하루에도 몇 번씩 감옥을 들락날락한다. 스스로 수의를 걸치고 글 감옥의 독방에 앉아 시적대상과 대면하는 순간 설렘과 함께 알 수 없는 평화가 혈관을 타고 흐른다. 때로는 설렘과 평화의 비중만큼 고통이 무거운 걸음으로 다가올 때도 잦다. 단숨에 시를 빚은 날도 있지만 꼬박 날을 새고도 시 한 줄 쓰지 못하고 아침햇살에 눈물을 흘린 적도 있다. 도공은 자신이 온 힘을 다해 빚은 도기가 일점일획이라도 흠이 있으면 미련 없이 도기를 다시 흙으로 돌려보낸다.

그런데 난 아직 이런 '버림의 미학'을 득도하지 못해 흠집투성이인 내 글을 감옥 한쪽에 너저분하게 쌓아두고 있다. 때로는 이곳에 까마귀가 물고 가던 구름을 한 조각 흘려 놓고 가기도 하고 까치 떼가 수줍은 웃음을 한 수저 떨어뜨려 놓기도 한다.

이뿐만이 아니다. 아무 곳에나 머물 수 없는 바람 몇 줄기가 새끼처럼 꼬인 몸에 희미해지는 기억들을 관절마다 지폐처럼 꽂고 있다. 우리 몸도 한꺼번에 잠이 든 것이 아니라 따뜻한 곳부터 잠이 들 듯 내 글 감옥의 아침 햇볕도 순서를 정해 차례차례 자리를 잡는다. 자정의 고개를 넘으면서 시간은 폭포에서 떨어지는 물처럼 찰나와 찰나가 엮여 빠르게 움직이고 있다.

아직도 수의를 벗지 못하고 글 감옥에 갇혀 있는 새벽 1시, 아침에 라디오에서 들었던 일기예보대로 비가 내린다. 문득 문장 하나가 섬광처럼 번뜩였다. 요즘 일기예보는 참 정직하다. 서둘러 '면회사절'이란 푯말을 붙여놓고 이 문장을 불씨 삼아 동시나 한 편 쓰고 수의를 벗으려고 한다.

2016. 2. 12.

노릇

믿음이 누추한 사람이 교회에서 교육부장을 맡고 있다. 목사님께서 아마 가르치는 일을 하고 있고 나이를 먹을 만큼 먹어 맡기신 것 같다. 주일 예배나 겨우 드리는 처지에 한사코 자격 미달이라며 사양했지만, 목사님 말씀을 들어보니 막무가내로 빠져나갈 구멍이 없었다. 내 형편을 잘 아신 목사님께서도 일정 부분만 신경 써달라고 하셨다. 2년만 하기로 했던 게 하릴없이 임기가 찼다. 그런데 작년 세밑에 목사님께서 교육부장을 다시 맡아달라고 하셨다.

무슨 일을 할 때 실수하지 않으려 하고 적극적으로 하는 성격이다. 교육부장이란 직책만 떠안고 봉사를 제대로 하지 못해 나 자신은 물론 교사들에게 떳떳하지 않았다. 유년부부터 중고등부까지 행사할 때마다 특별헌금을 하고 일일이 찾아봐야 하는데, 그럴 만한 믿음과 형편이 되지 못했다. 게다가 교사를 교육하고 교회와 교회학교를 위해 기도 한 번 제대로 하지 않았다. 지난주일 예배를 마치고 첫 교사회의를 열었다.

올 한 해 교육을 총괄하는 준목님께서 각 부서가 세운 계획을 발표하고 난 뒤 교사들이 건의하는 시간을 가졌다. 유년부를 담당하는 모 집사님께서 소예배실 프로젝트가 고장 나 유년부 예배드리는 것이 어려움이 많다고 했다. 작년부터 상태가 좋지 않아 재정부에 건의했는데, 교회 재정이 여의치 않아 반영하지 못한 것 같다고 했다. 이럴 때 내가 믿음과 능력이 있으면 100만 원 정도 한다는 프로젝트 구매비를 헌금하면 얼마나 좋을까 하는 생각이 바람으로만 머릿속에서 맴돌았다.

작년에 교회가 세운 예산을 채우지 못한 터라 작년에도 반영하지 못했던 것을 올해라 하여 바로 집행할 여력이 있을 리 없었다. 그래서 교사들이 십시일반 헌금하고 나서 부족한 것을 교회에 신청하자고 건의했다. 부장이 믿음이 부족하고 무능력해서 혼자 해결하지 못하고 도움을 청해 죄송하다는 말을 서둘러 덧붙였다. 반대하는 사람이 한 사람도 없었지만, 괜한 말을 꺼내 교사들 마음을 불편하게 하지 않았나 하는 후회로 인해 며칠째 앓는 허리통증보다 더 아렸다.

이런 후회는 햇볕이 잘 들지 않아 잔설이 그대로 남은 북향 지붕처럼 종일 마음을 무겁게 했다. 다음 날 재정을 담당하는 장로님께 전화하여 교사회의에서 결의한 것을 말씀드렸다. 긍정적으로 검토하겠다고 하셨다. 그리고 장로님과 통화한 내용을 교사들이 쓰는 카톡방에 올렸다.

"소예배실 프로젝트와 관련하여 어제 교사회의에서 결의한 것을 정 장로님과 논의했습니다. 장로님께서 상황을 이해하시고 긍정적으로 판단해주셨습니다. 단, 다음 주 기관장 회의와 재직회를 거쳐야 하겠지요. 헌금과 관련하여 결코 마음 불편한 일이 있으면 안 된다고 생각합니다. 형편 되시는 대로 해주시길 부탁드립니다. 그나저나 부장으로서 명패만 붙이고 잘 섬기지 못하고 무능력하여 죄송합니다."

몇몇 교사가 이 말 밑에 댓글을 달았다. 카드로 한 달 동안 쓴 돈을 결제한 날, 헐렁헐렁하여 찬바람이 들락거리는 통장 잔액에서 애초 마음먹었던 금액을 송금했다. 2층 보일러실에 넣은 기름값과 1층 심야전기료는 설 지나고 나서 때울 요량이다. 다행히 큰아들 등록금은 네 번에 걸쳐 분할등록 할 수 있어 숨통이 트였다. 자신을 늘 부자라고 여기며 돈 앞에 굴복된 모습을 보이지 않겠다는 다짐이 때로는 가을날 나뭇잎처럼 떨어져 내린다. 그래도 난 부자이다. 육순이 눈앞에 보이는 산봉우리에 와 있지만, 큰 병이 생겨 병원 신세 진 일 아직 없이 사지가 멀쩡하니 말이다. 게다가 날마다 시심詩心에 젖어 내 詩 곳간을 詩로 가득 채우고 있으니 나는 갑부이다.

다만, 내가 맡은 일에 대한 노릇을 제대로 하지 못해 부끄럽다. 여섯 식구 가장 노릇, 중증 복합장애를 앓는 아들을 둔 아비 노릇, 팔순이 넘은 부모님 큰아들 노릇, 학생을 가르치는 선생 노릇, 교회에서 식분을 맡은 자로서 해야 할 노릇. 그러고 보니 풋내 나는 시 나부랭이 쓴답시고 해야 할 노릇과 먼 생애를 헐떡거리며 뛰어왔다. 시인 노릇은 제대로 하고 있는가? 이 질문이 담장에 열린 호박이 장

맛비에 떨어지듯이 '쿵' 소리를 냈다. 오래전에 쓴 「시인이란 명함」이라는 시가 떠올랐다.

내 명함엔/ 이름과 연락처는 있어도/ 직업이 없다// 여섯 식구 돌보는 가장/ 시장 보고 청소하고/ 설거지하다 습진 걸린 주부/ 모국어를 욕되게 하는/ 설익은 시 쓰는 풋시인/ 학생들에게 돈 되지 않는/ 글 쓰는 지식 파는 선생// 이 땅에서 숨 쉬는 동안/ 맑고 환한 언어 마주하고/ 단비 같은 시 쓰면서/ 내 이름 앞에 시인이라고/ 당당하게 불 밝히고 싶다/ 시인 아무개 집이라고/ 문패 깨끗이 내걸고 싶다// 세상에 시인이란 명함/ 떳떳하게 내밀고 살다/ 시인이란 허물 뒤집어쓴 채/ 시에 파묻혀 죽고 싶다.

그동안 무심코 쓴 어휘 하나가 누군가 가슴에 화살로 꽂힌 것은 아니었을까? 생각을 잘못 빚어 쓴 문장 하나가 누군가 마음에 돌팔매가 되지는 않았을까? 해야 할 노릇 참 많지만, 눈먼 아들 눈이 아침처럼 밝아져 내가 쓴 시를 읽는 날까지 붓을 놓지 않는 시인이 되고 싶다. 시인 노릇이나 제대로 하며 살아야겠다.

2017. 1. 27.

과분한 사랑

가끔 만나 몇천 원 하는 소찬을 나누며 세상 돌아가는 이야기를 묵은 먼지처럼 털어내듯 대화를 나누는 사람들이 있다. 학교에서 인연을 맺은 사람으로 정년을 맞이하신 교수님도 계시고, 지금 함께 학교에 몸담은 분도 계신다. 어제 모 교수님께서 전원에 집을 짓고 우리를 초대하여 집들이했다. 학교와 먼 거리가 아니라서 교수회의를 마치고 곧바로 들렀다. 점심을 대충 먹어 시장하던 참에 숯불에 구운 고기를 상추에 싸서 정신없이 먹었다. 그동안 나물 반찬만 먹어 시큰둥했던 미각이 기를 쓰고 일어섰다.

바로 옆 논에서 개구리가 짝을 짓느라 구애의 노래를 멈출 줄 몰랐다. 땅거미가 지고 어둑해지자 4월 끝의 산 공기가 온몸으로 파고들어 한기가 들었다. 저녁을 마치고 자리를 거실로 옮겨 커피를 마시며 대화의 끈을 이어갔다. 이때 모 교수님께서 내가 발간한 책과 관련하여 북 콘서트를 열자고 하셨다. 지난달 모임 자리에서 이 말씀을 하셔서 그냥 흘려들었는데, 단단하게 마음먹고 말씀하신 것 같았다. 그리고 서로 시간을 셈하다가 아예 다음 달 모일 모시로 못을 박아버렸다. 풋작가 주제에 북 콘서트를 한다는 게 영 내키지 않았지만, 마냥 손을 저을 분위기가 아니었다. 게다가 역할을 분담하고 모 교수님께서 사회를 맡겠다고 자청한 마당에, 하지 않겠다는 명분이 시들해지고 말았다.

정말 생각하지 않았던 북 콘서트를 열 생각을 하니 걱정 반 기대 반인 두 마음이 평행선으로 달렸다. 북 콘서트는 저자가 자신이 쓴 책을 출판한 것을 기념하는 행사이다. 독자와 만나 음악 공연을 곁들여 자신이 쓴 책을 소개하며, 작가나 책에 관해 궁금한 이야기를 서로 나누며 소통하는 자리이다. 그래서 기존에 해온 '출판 기념회'나 '작가와의 대화', '작가 낭독회'와 성격이 다르다. 바로 음악 공연이 들어가기 때문이다. 한마디로 작가와 독자, 음악이 어우러진 문화 행사가 바로 북 콘서트이다.

작품을 낭송할 때 음악과 함께 비벼야 제맛이 난다. 오래전 내가 속한 모 문학회 행사에 참석하여 시를 낭송하는데 배경 음악이 없어 영 마뜩잖았다. 얼마 전 제자 결혼식 때 피아노 반주를 하는 사람이 없어 기계음을 배경으로 축시를 낭송했다, 시가 제맛을 냈을 리 없어 뒤끝이 영 개운치 않았다. 강의실에서 학생들에게 작품을 낭송해 줄 때는 악기를 연주할 수 없는 형편 때문에 기계음에 의존하였다. 이런 점을 고려하여 그 날 장소를 정하고, 반주자나 노래 부를 사람을 알아봐야겠다.

이른 새벽에 문자가 들어왔다. "좋은 아침입니다. 전북일보에서 수필을 하나 추천해달라고 부탁하여, 교수님 수필이 너무 좋아 허락도 없이 제가 오늘 아침 전북일보 '금요수필'에 올렸습니다. 용서 바랍니다." 전북○○협회 회장님이셨다. 이른 시간에다 경황이 없어 짧게 답을 보냈다. "아닙니다. 감사합니다." 오래전 어느 지인이 전북일보 '금요수필'에 수필을 보내보라고 권한 적이 있다. 소심한 성격에 원고청탁을 하지도 않았는데, 먼저 이러쿵저러쿵 나서는 게 내키지 않았다. 늦은 오후에 인터넷으로 신문을 검색했더니 오래전에 쓴 「말(言) 무덤」이란 수필을 실었다.

요즘 페이스북 친구가 급속히 늘고 있다. 학생이 대부분이지만 외국인도 있고 생면부지인 사람도 많다. 일본에 있는 페친은 오래전 내가 쓴 동시를 일본어로 번역하여 발간하고 싶다고 했다. 특별한 일이 없으면 거의 날마다 글을 써서 페이스북에 올리고 있다. 왜냐하면, 글 쓰는 것을 게을리하지 않으려고 페이스북을 통해 스스로 최면을 걸었기 때문이다. 잠시 생각의 문을 닫고 침묵하는 시간을 갖는 동안, 여러 페친이 내게 무슨 일이라도 일어난 것으로 알고 안부를 전한다. 이렇듯 페이스북에 하루라도 글을 올리지 않으면 궁금해하는 사람이 많다.

이 땅에 언어가 탄생한 것은 소통하려는 욕구 때문이다. 문학 작품 역시 작가와 독자 사이를 잇는 소통의 매개체이다. 작가는 독자가 있으므로 존재한다. 따라서 작가는 오로지 자신이 쓴 작품을 통해 독자의 마음을 어루만지거나 파헤쳐야 한다. 이런 경지에 이를 길이 아직은 멀고 험준하지만, 하루도 쉬지 않고 창작의 모닥불을 활활 지피려고 몸부림치고 있다. 이 풋시인에게 여러 사람이 아낌없이 주는 과분한 사랑을 배신하지 않고, 건강한 글을 쓰는 작가의 길을 걸어가려고 한다. 비록 그 길을 가는 것이 돈과 눈먼 길이고 외롭고 고독한 보행일지라도. 가다가 다리가 아프면 잠시 쉬었다 땀 몇 방울 식히고 일어나 다시 걸어가려고 한다. 몸살기가 있었는데 낮잠을 한숨 자고 일어났더니 우선해졌다. 숲에나 한 번 다녀와야겠다.

2016. 4. 29.

나 자신을 응원하다

오늘 아침 산책을 마치고 집으로 돌아오는 길에, 앞집 주차장에 있는 단풍나무에서 직박구리 한 쌍이 진하게 서로 사랑 나누는 것을 보았다. 일순간 벌인 격정적인 사랑 끝에 찾아온 고요를 외로워할 틈 없이 바람이 불어왔다. 이때 떠오른 시상을 정리하여 「부재중 그대 그립다」라는 시를 써서 페이스북에 올렸다. 이 글 아래 같은 학교에 근무하는 모 교수님께서 댓글을 남기셨다. "교수님! 봄 향기 속에 새싹 돋는 삶으로 힘 얻으시길! 응원합니다." 아마 그 교수님은 어제 쓴 「행복」이란 글을 읽으신 것 같다. 이 글은 훈용이 머리를 깎으러 가서 일어난 일을 쓴 것이다.

응원한다는 말은 경기에서 이기도록 북돋우고 격려하거나 어떤 사람이 요청한 것을 돕거나 격려한다는 의미이다. 우리는 이 말을 대부분 자신을 대상으로 삼기보다 다른 사람을 대상으로 삼는다. 우리는 대부분 자기 자신을 응원하는 데 무관심하거나 인색한 편이다.

나 역시 마찬가지이다. 어려움에 부닥친 지인이나 학생을 보면 마치 내 일처럼 안달이 나 개입하는 편이다. 그래서 가끔 오지랖이 넓다며 핀잔을 듣는다. 그런데 정작 나 스스로 다정하거나 따스한 말 한마디 건네지 않고 살아왔다.

얼마 전 시집 『마른 풀잎』과 수필집 『무릎에 새기다』를 발간했다. 작년에 시집 『잠의 뿌리』와 수필집 『이 눈과 이 다리, 이제 제 것이 아닙니다』를 낸 지 일 년 만이다. 늦깎이 풋시인으로 문단에 발을 들여놓고 치열하게 글을 쓴 결과물이다. 주위에서 책이 잘 팔리지 않을 것을 염려한 사람이 많다. 이런 말을 들을 때면 고마운 마음과 함께 부끄러운 마음이 든다. 난 아직 책을 팔아 출판비를 건지거나 수익을 내겠다고 생각한 적이 한 번도 없다. 그저 좋아하는 글을 써서 세상에 내놓고 햇빛을 보게 하는 것이 목적이다. 오늘 아침 수필집을 발간한 출판사 회장님께 추가로 인쇄하여 보내준 책을 잘 받았다며 전화를 드렸다. 회장님 역시 판로를 염려하셨다.

기회가 있을 때마다 이야기했지만, 매일 밥을 먹듯이 글을 쓰고 있다. 하루라도 작가로서 해야 할 일을 게을리하지 않으려는 몸부림이다. 그래서 우선 작품성에 대한 시비에서 자유로워지기로 했다. 2년 이상 잠자는 시간과 밥 먹는 시간을 축내서 글 쓰는 시간에 덧대며 살았다. 이 작업을 하는 과정에서 사소한 사물에서 자연, 생명과 사람에 이르기까지 늘 관심과 애정을 가지게 되었다. 그리고 그들과 대화하는 법을 알았다. 때로는 글을 써야 한다는 의무감 때문에 목이 탈 때가 있지만, 글을 쓰는 순간은 시적대상과 절실하게 만날 수 있어 즐겁다.

내년 이맘때는 연시戀詩집을 내려고 한다. 이순을 코앞에 둔 사람이 무슨 연애시냐고 흉볼지 모르지만, 나이를 먹어가는 것과 관계없이 사랑과 관련된 시를 많이 쓰고 싶다. 오래전부터 내 나이를 일관되게 서른여덟이라고 해왔다. 20대라고 하면 너무 과한 것 같아 상한선으로 정한 나이이다. 처음에는 어색했지만 하도 오랫동안 고집해왔더니 이제는 진짜 내 나이처럼 익숙해졌다. 그리고 내 수업을 수강하는 학생들은 예의상 이 나이를 인정해주고 있다. 시인이 철이 들면 시를 쓸 수 없다는 것은, 순수한 감정을 잃으면 좋은 시를 쓸 수 없다는 말이다.

내가 글을 쓰기 위해 내려놓은 것이 있다. 우선 물질에 대한 욕심을 최대한 포기했다. 노부모님과 중증 복합장애를 앓는 작은아들, 신학대학교에 다니는 큰아들을 둔 가장으로서 무책임하고 이기적인 행위일지 모른다. 그러나 물질에 너무 얽매이면 생각이 병들고 글까지 썩고 말기 때문이다. 그리고 어떤 자리에 연연하지 않기로 했다. 내가 원한다 하여 얻을 수 있는 게 아니지만, 교회나 세상에 있는 어떤 자리에 오르려고 안달하지 않으려고 한다. 자리가 사람을 만든다는 말이 있듯이 학교는 내가 작품 활동을 할 때 하나의 자리로 존재한다. 고백하지만 현재 재직하고 있는 대학에 몸담으면서 글 쓰는 일에 집중할 수 있었다. 그러나 단순히 자리를 위해 비굴하고 비겁하게 살고 싶지 않다.

모처럼 서른여덟 해 만에 나 자신을 격려하고 응원한다. 그동안 참

고생 많이 했다고, 그동안 살아오면서 얼마나 아팠냐고 다독거린다. 비록 그 아픔이 과거완료형이 아니라 현재진행형이어서 지금도 눈물을 강물처럼 쏟고 있다. 그러나 차마 죽지 못하고 용케 살아 있음을 축하한다며 꽃다발을 전해주고 싶다. 그리고 부족하고 어쭙잖은 글이지만, 안구건조증이 생기고 어깨에 담이 걸리도록 글 쓰느라고 고생했다며 나 자신을 꼭 껴안아 주고 싶다.

2016. 4. 9.

대설주의보

겨울 날씨가 오랫동안 살갑다 싶더니 대설주의보에다 한파주의보까지 겹쳐 그야말로 설상가한雪上加寒이다. 글방 앞을 지나는 차들이 설설 기어가는 폼을 보니 시내보다 기온이 한참 떨어지는 집에 돌아갈 엄두가 나지 않았다. 시내 도로는 제설작업을 제때 하고 차가 많아 다녀 얼지 않았지만, 시외 지역은 십중팔구 얼어붙기 때문이다. 그래서 글방 소파에서 하룻밤을 때우기로 작심하였다.

하룻밤 정도는 전기난로에 의지하여 찬 공기를 달래고 소파에 담요를 깔고 덮으면 그런대로 잠을 잘 만하다. 이런 날은 잠자는 것에 목을 매달면 불편하거나 심란해진다. 그래서 책보는 시간을 늘리거나 그동안 쓴 글을 젊은 시절에 찍은 사진을 꺼내듯이 끄집어내 읽었다. 글을 쓴 당시엔 보물찾기라도 하듯이 눈을 씻고 봐도 발견할 수 없었던 구멍이나 헛방을 한눈에 금방 낚을 수 있다.

한파주의보 떨어진 날/ 저수지에 모여 사는/ 물이란 물 푸들거리며/ 속살까지 얼어붙었다/ 우리들 살아가는 날 중/ 삼백예순 어느 날엔가/ 소리 소문 한 문장 없이/ 강추위 불쑥 오기 마련/ 사는 게 되고 팍팍하여/ 저수지 물처럼 찬 슬픔/ 꽁꽁 붙잡아 놓지 말고/ 얼지 않게 펴내야 한다/ 아픔도 슬픔과 이웃이라/ 더 이상 아파 시들잖게/ 강처럼 흘려보내야 한다.

(졸시: 「한파주의보」 전문)

얼마 전 쓴 이 시와 눈싸움을 하다가 "꽁꽁 붙잡아 놓지 말고"를 "꽁꽁 붙잡아 두지 말고"로 고쳤다. 단 한 글자인 "놓" 자를 "두" 자로 고쳤을 뿐이다. 그런데도 어감이 훨씬 쫄깃쫄깃하고 말랑말랑해져 맛이 났다. 이런 식으로 그동안 쓴 글을 한참 간을 보고 있을 때 전혀 기다리지 않았던 허기가 몰려왔다. 책상 위에 있는 배달 음식점 광고 소책자를 뒤적거렸다. 넘기는 페이지마다 지면을 식탁 삼아 먹음직스럽게 차려놓은 통닭, 피자, 족발이 입맛을 당겼다.

주문할까 말까 전화기를 들었다 쉼표를 찍고 결단을 마음의 시렁에 올렸다 내리기를 몇 번 하였다. 통닭이나 피자를 혼자 먹는다는 부담감이 찌처럼 떠올랐다가 봉돌처럼 가라앉았다. 이때 빙판길을 마다하지 않고 주문한 음식을 배달할 발길을 생각하니, 길게 늘어져 유연했던 혀가 참회하듯이 빳빳해지기 시작했다. 핑계 댄 혀를 말아 넣고 끈질기게 이어진 갈림길을 벗어나 정수기에서 냉수 한 잔을 촐촐히 따라 마셨다.

자정이 막 지났다. 하릴없이 먹는 생각만 만지작거리다 우두커니 하루를 보낸 사람처럼 민망스러웠다. 그리고 눈 속에 갇혀 있는 나 자신이 마른 나뭇가지에 앉아 있는 어린 새 같았다. 김현승 시인은 「가을의 기도」 마지막 연을 이렇게 마무리하고 있다.

> 가을에는/ 호올로 있게 하소서/ 나의 영혼/ 굽이치는 바다와/ 백합의 골짜기를 지나/ 마른 나뭇가지 위에 다다른 까마귀같이.

'굽이치는 바다'와 같은 파란만장한 인생길을 걷다 이른 곳이 '백합의 골짜기'이다. 이곳은 서정적 자아가 영적으로 도달한 세계이다. 그러나 이곳에 안주하지 않고 '마른 나뭇가지'를 선택하여 절대고독을 꾀하고 있다. 신앙적으로나 문학적으로 작가가 살았던 삶을 손끝 모퉁이만큼도 따라갈 수 없지만, 그가 추구했던 절대고독을 눈 속에서 시늉이라도 해보고 싶다. 그래서 내 안에 있는 모든 것을 바깥으로 밀어내고 오직 나 혼자만 만나고 싶다. 그동안 연어처럼 강을 거슬러 올라왔던 시간들, 그 시간 속에서 만났던 높고 낮은 폭포는 얼마나 많았던가.

비늘이 벗겨져 진물이 나고 지느러미가 찢어져 아픔이 충만했던 날들, 이런 날 뒤편에서 내팽개치지 않으시고 따뜻하게 붙잡아 주신 하나님, 이분을 대설주의보 내린 눈 속에서 절실하게 뵙고 있다.

2016. 1. 18.

돈으로 살 수 없는 것들

주일날 교회에서 점심을 먹고 교회도서관에 들렀다. 책꽂이에서 책을 살피다 『정의란 무엇인가?』 저자로 익숙한 '마이클 샌델' 교수가 쓴 『돈으로 살 수 없는 것들』이란 책을 꺼냈다. 책을 대출할까 하다가 미뤘다. 세상에서 돈으로 살 수 없는 것이 무엇이 있는지 생각할 시간을 갖기 위해서였다. 그러잖아도 교회 오는 길에 집사람과 법이나 정의도 돈으로 살 수 있는 세상이 되고 말았다며 푸념을 했던 참이었다. 자본주의사회에서 돈은 권력이 되고 출세에 대한 지표가 된다. 이런 세상에서 돈으로 살 수 없는 것은 무엇이 있을지 생각해봤다.

오늘이 어버이날이다. 얼마 전 어머니께서 팔순을 맞이하여 형제들이 함께 모여 식사를 했다. 그때 필요한 것 사시라며 돈을 모아 드렸는데, 시집과 수필집 발간하느라고 애썼다며 그 돈을 내게 다 주셨다. 한사코 받지 않겠다고 기를 썼는데 어머니 고집을 도저히 꺾을 수 없었다. 이른 아침에 목이 안 좋은 어머니를 위해 구입한 목안마기와 어머니께서 주신 돈 일부를 봉투에 넣어 드리고 나자 마음이 좀 가벼워졌다. 부모님과 함께 산 지 아홉 해가 공제선에 걸린 석양처럼 지고 있다.

속사정을 알 리 없는 사람들은 부모님을 모시고 사느라 고생한다고 한다. 그러나 부모님께서 인생 말년까지도 자식을 위해 고생하고 계신다. 이순을 눈앞에 둔 지금도 어머니께서 싸주신 도시락밥을 먹고 있고, 가끔 철부지처럼 어리광을 부리고 있다. 호사도 이런 호사가 따로 없다. 어버이날이 되었는데도 이 땅에 부모님이 계시지 않아 마음이 아픈 사람이 많을 것이다. 지난 학기 인문고전 수업시간에 『논어』를 강의하다 학생들에게 부모님께 전화하는 시간을 주었다. 그때 한 학생이 눈물을 흘리면서 밖으로 나갔다. 알고 봤더니 부모님이 다 돌아가셔서 전화할 사람이 없었기 때문이다. 지구에 있는 땅을 다 주고도 살 수 없는 게 부모이다.

엊그제 봄이 왔나 싶었는데 한낮은 이미 여름이다. 시간이 마치 여울목을 지나는 물처럼 세차고 잽싸게 흐르고 있다. 신은 우리게 시간을 공평하게 주었다. 잘났든 못났든 밉든 곱든 누구나 하루 24시간을 똑같이 부여받았다. 아무리 돈이 많은 재벌이라도 하루를 24시간 이상 누릴 수 없다. 이런 점에서 시간은 신이 우리에게 선물한 가장 공평한 선물이다. 그런데 우리는 시간을 할 일 없이 보내거나 시간을 잘 관리하지 못하고 허송세월을 살 때가 있다. 시간을 잘 관리하지 못한 사람치고 삶을 성공적으로 산 사람이 없다.

살아온 시간을 뒤돌아보니 일출처럼 밝은 시간이 있었는가 하면, 석양처럼 붉은 시간도 있었다. 땀으로 흥건하게 젖은 시간이 있었는가 하면, 나태로 지저분하게 얼룩진 시간도 있었다. 시냇물처럼 잔잔하게 흐른 시간이 있었는가 하면, 거센 파도가 몰아치는 시간도 있었다. 달처럼 떠서 고요한 시간이 있었는가 하면, 마음을 뒤집어놓은 소란한 시간도 있었다. 바람처럼 불어왔다 소멸해버린 시간이 있었는가 하면, 성벽에 낀 돌처럼 머무는 시간도 있었다. 밤새 울며 그리워한 시간이 있었는가 하면, 마음 이 썩어 문드러져 아픈 시간도 있었다. 신용지수가 아무리 높아도 은행에서도 대출할 수 없는 게 시간이다.

일상 가운데 시심에 빠졌을 때가 가장 즐겁고 행복하다. 시적 대상을 집요하게 들여다보고 긴밀하게 대화를 나누다 보면 마음에 곰팡이처럼 핀 고뇌가 다 사라진다. 남들이 무심하게 지나친 돌멩이나 곤충, 자연, 뭇 생명에 이르기까지 애정을 가지고 바라보면, 나름대로 모두 존재에 대한 의미를 지니고 있다. 창작은 존재에 대한 의미를 탐색하는 끝없는 여정일지 모른다. 이런 과정을 통해 쌓은 언어의 탑은 내 안에 있는 아픔의 속도를 마감하고 평화롭게 머문다. 내 안쪽에 있는 결핍과 아픔이 빚은 언어가 5월의 아까시숲을 지나온 바람처럼 달짝지근하다.

돈과 눈먼 길을 걸어가는 삶, 더욱이 늦은 나이에 시인이란 문패를 달고 사는 내 언어의 사원-詩-은 아직 왜소하고 쓸쓸하다. 그러나 어둠이 두껍게 내려 쌓여도 이 사원의 창에 창작의 등불이 꺼지지 않게 두 눈동자를 환하게 밝히리라. 이 사원에 앞으로 봄과 여름, 가을과 겨울이 얼마나 더 다녀갈지 모르지만, 이 계절들 앞에 머리 숙이고 시심에 젖어 살아가리라. 그리하여 내 사원이 늘 무탈하기를 바라는 소중한 이들 가슴에 지지 않는 꽃으로 피어 있으리라. 이런 시심을 어찌 이 세상 어떤 수표나 지폐와 바꿀 수 있으랴. 결국, 돈으로 살 수도 없고 바꿀 수도 없으니 신도 어찌하랴.

2016. 5. 9.

마음은 이미 봄

빗소리가 아늑하다. 며칠 전에는 모처럼 눈이 내렸는데 오늘은 비가 온다. 오후부터 내리기 시작한 비가 밤이 깊도록 그칠 줄 모르고 길바닥에 축축한 문장을 늘어놓고 있다. 그 많은 문장을 밟고 차들이 질주하자 만만찮은 파문이 후미진 글방까지 쏠려왔다. 세밑이 엊그제 같았는데 벌써 1월이 반쯤이나 잘려나가 버렸다. 정신 차릴 겨를 없이 잡혀 있던 회식 자리와 이런저런 모임이 마치 빈칸에 들어갈 낱말처럼 다문다문해졌다.

세월 너무 빠르다. 이런 세월이 싫다. 작년 12월 종강을 하면서 마음먹었던 게 여럿 있었다. 하루도 빼지 않고 글쓰기, 운동 열심히 하기, 소논문 쓰기, 문학 여행 다녀오기, 글쓰기 특강수업 하기, 영화 실컷 보기, 잠 많이 자기, 시집 발간 따위이다. 이 가운데 아직 한 번도 하지 않은 것이 영화 보기와 실컷 잠자기이다. 혼자서 영화 보러 가는 것이 왠지 궁상맞아 선뜻 극장으로 발길을 내디딜 수 없었다.

그렇다고 영화를 함께 보러 갈 놉을 얻을 수도 없었다.

잠자는 것은 돈을 들일 필요가 없어 누구나 손쉽게 할 수 있는 일이다. 그런데 하릴없이 시간만 축내는 것 같아 몸이 어지간히 피곤치 않으면 죽치고 잠을 자지 못하는 괴팍한 성격을 가졌다. 소논문은 성경이나 고소설, 민요에 나타난 효 사상에 대해 고찰해보려고 한다. 팔순이 넘으신 부모님과 함께 산 지 이제 아홉 해가 되었다. 남들은 내가 부모님을 모시고 산 줄 아는데 실은 부모님께 도움을 받고 산다. 부모님과 같은 지붕 아래서 함께 살면 마음이 늘 편할 줄 알았다.

그런데 세상살이란 게 눈 위를 걸을 때 신발에 눈이 묻지 않게 하려고 조심해도 눈이 달라붙는 것처럼 뜻대로 되지 않았다. 지금까지 한옥마을은커녕 집 가까이에 있는 편백 숲이나 수목원에 한 번 모시고 다녀오지 못했다. 어떨 때는 병원 가시는 날짜를 맞추지 못하기도 한다. 학생들과 함께 『논어』를 공부하면서 세상에서 가장 큰 효도는 건강한 것이라는 것을 강조하였다. 그런데 정작 나 자신은 약골티를 벗지 못해 골골거리기 일쑤이다. 이런 상황에서 부모님이 계실 때 성경이나 문학작품에 나타난 효 사상을 고찰하면 이론과 정서가 일치할 것 같아 이런 계획을 세웠다.

문학 여행은 지난 12월 통영과 거제도 일대를 다녀왔다. 이번에는 포항에 있는 이육사 문학관, 청송에 있는 객주문학관, 안동에 있는 도산서원을 다녀올 계획이다. 어찌 보면 하루하루 사는 삶이 곧 문학여행이라 할 수 있다. 우리 삶이 문학의 싹이 자라는 토양이기 때문이다. 이런저런 형편으로 인해 난 여권이 없다. 대부분 사람이 흔하게 다녀온 태국이나 중국, 일본 한 번 갔다 오지 못했다. 혹 오해할 사람이 있을 것 같아 출국이 금지된 것은 아니란 걸 밝힌다.

이 겨울이 뒷짐을 지고 시름시름 가고 나면 환하고 훤칠한 봄이 오리걸음으로 다가올 것이다. 봄이 오면 부모님과 함께 남부시장 순댓국집에 들러 순댓국에 밥 한 그릇 뜨끈하게 말아먹어야겠다. 그리고 편백 숲에서 편백 향 흠씬 맡고 맑아진 정신으로 대아리 수목원에 한번 다녀오고 싶다. 그렇지 않고 행여 부모님께서 돌아가시기라도 하면 봄이 올 때마다 불효막심한 죄 때문에 봄이 평생 슬플 것 같다.

그리고 이번 주중에 혼자라도 극장에 다녀오려고 한다. 아직 마음에 딱히 정한 영화는 없지만, 극장에 가서 가장 빨리 시작하는 것을 그냥 골라 보련다. 젊은이처럼 팝콘과 콜라를 먹으면서 영화를 보고 싶다. 평소 스마트폰을 껴안고 살았는데 영화를 보는 동안은 스마트폰을 꺼두려 한다. 그래서 영화를 상영하는 시간만큼 세상과 아득하게 단절되고 싶다. 이런 생각을 고르는 동안 마음속으로 노랗고 하얀 봄이 걸어들어왔다. 그래서 마음은 이미 봄이다.

2016. 1. 17.

묘합무은妙合無垠

세탁소에서 전화가 왔다. 옷을 수선한 지 오래되었는데도 찾아가지 않아 전화했다고 했다. 그러고 보니 일주일 전에 작년 봄에 홈쇼핑을 통해 산 청바지 허리를 줄여달라고 맡긴 기억이 났다. 한 벌도 아닌 두 벌이었다. 옷을 살 당시 허리가 약간 컸지만 불편하지 않아 그런대로 입었는데, 카디건 소매가 닳아 수선하면서 겸사겸사 청바지 허리를 줄이려고 마음먹었다. 세탁소가 작업실과 엎디면 코 닿을 곳에 있어 자주 이용하여, 주인아저씨와 친해져 웬만한 것은 스스럼없이 부탁해왔다.

청바지 수선을 부탁했을 때 아저씨가 실 색깔이 원단 실과 약간 다를 수 있다고 했다. 그러나 눈으로 얼핏 보기에 그 색이 그 색이라서 도긴개긴이었다. 카디건 소매는 바로 그 자리에서 고쳤기 때문에 당장 입지 않는 청바지 찾는 것을 잊고 있었다. 생각한 김에 옷을 찾으려고 세탁소에 들렀더니 아저씨가 늦은 점심을 라면으로 들고 계셨다. 요즘 바쁘시냐는 안부 인사가 끝나기 무섭게 과거보다 사람들이 정장을 잘 입지 않아 일거리가 별로 없다고 하셨다. 청바지를 두 벌이나 맡긴 것이 괜히 죄송했다.

작업실에 들러 옷을 입었더니 맞춤복처럼 안성맞춤이었다. 어느 곳을 뜯고 어느 곳에 바느질했는지 모를 정도로 정교하여 묘합무은妙合無垠이었다. 이음새가 정교하여 끝이 없다는 의미이다. 글을 쓰는 것 역시 묘합무은妙合無垠을 실행하는 것이다. 언어를 바늘로 한 땀 한 땀 수놓듯이 서로 정교하게 합하여 모서리가 지거나 가장자리가 보이지 않게 마무리해야 하기 때문이다. 정통수필을 쓴 사람들과 대화를 하다 보면 수필 속에 시 넣는 것을 매우 불편하게 여기는 경우가 있다.

부족하지만 수필 같은 시나 시 같은 수필을 쓰고 싶다. 생각만 간절하여 그런 글을 아직 한 편도 쓰지 못했다. 그러나 어떤 글감을 대하면 시나 동시의 집을 짓거나 수필의 집을 그리려고 애를 쓴다. 밀가루로 빵을 만들 수 있지만, 수제비나 칼국수, 부침개를 요리해 먹을 수도 있다. 빵 같은 밥, 수제비 같은 칼국수, 부침개 같은 피자를 만들어 먹으면 먹는 재미가 더 쏠쏠할 것이다. 문제는 서로 다른 것을 합했을 때 맛과 뒤끝이 좋아야 한다.

오늘 내 글을 관심 있게 읽고 있는 독자가 점잖게 충고를 하였다. 내가 쓴 수필 가운데 간혹 문장을 너무 비틀거나 불필요하게 수식어를 남용하여 어색한 느낌을 받은 곳이 있다고 했다. 그리고 시집에 이어 수필집을 발간한다고 했더니 내 호주머니 사정을 염려해주었다. 그 독자에게 작품집을 낼 때마다 부자가 된다고 했다. 이런 독자가 있어 정말 감사하고 행복하다. 무조건 좋다고 하는 독자보다 이런 따끔한 댓글을 달아 준 독자가 있어 내 글의 속살을 다시 들여다 볼 수 있기 때문이다.

글을 쓰면서 묘합무은妙合無垠의 경지에 이를 날이 언제일지 아득하지만, 배는 곯아도 글에 대한 허기와 갈증은 내버려 두고 싶다. 영화 『동주』를 보려고 표를 예매하려고 했더니 원하는 시간대가 모두 만석이다. 오늘이 3월 1일 국경일인 데다 방학 마지막 날이라서 좌석이 다 찬 것 같다. 일제 치하라는 암울한 현실 속에서 지식인으로서 해야 할 몫을 다 하지 못한 것을 부끄럽게 여긴 '윤동주' 시인과 만나려 했던 계획이 어긋났다. 아쉽지만 다음 주중에 시간을 내서 꼭 '윤동주' 시인을 뵈러 가야겠다.

시집 교정 마무리하고/ 밤에 잠시 짬 난 시간/ 동주 만나러 나섰는데/ 이미 예약 끝이라 했다/ 하늘엔 보름 잔재 남은 달빛/ 지상으로 소금같이 낙하하고/ 바람은 적막의 밑바닥 말미/ 손톱처럼 세워 긁어댄다/ 별들 드문드문 비밀스럽게 떠/ 가뭇한 어둠도 몸 낮춘 시간/ 시인 윤동주가 유일하게 남긴/ 하늘과 바람과 별과 시 속/ 하늘 우러러 한 점 부끄럼 없는/ 그 애절한 갈망을 필사한다.

(졸시: 「동주 만나러 나섰다가」 전문)

2016. 3. 1.

밑 빠진 소주병

날씨가 많이 풀렸다. 다른 날과 달리 산책길이 마당이 있는 집에 들어선 느낌이었다. 봄이 좀 더디게 오는 산 아래 밭뙈기에 내려앉은 아침 햇살에 간밤 내린 서리가 머리를 헤쳐 풀고 산으로 혼비백산했다. 휑하여 가난해진 겨울 들판과 달리 김 씨 어르신 마늘밭만 유일하게 마늘이 파릇파릇하게 자라고 있다. 김 씨 어르신 안사람은 이런저런 병치레를 하고 있었지만, 밭일을 할 정도로 건강이 괜찮은 편이셨다. 그런데 작년 가을 마늘을 심고 나서 대낮에 낮잠을 자듯이 세상을 뜨셨다.

시골에 사시면서도 논일이나 밭일을 잘 하지 않으신 김 씨 어르신은 안사람보다 건강이 좋지 않으셨다. 그래서 안사람이 세상을 뜬 날에도 병원에 입원하고 계셨다. 다리 수술과 고관절 수술을 여러 차례 한 탓에 평소 지팡이를 짚고도 뒤뚱뒤뚱 걸으셨다. 마을에 경로당이 있지만, 마을 사람들과 잘 어울리지 않으시고 매일 면 소재지로 나가 지인들을 만나 식사하고 차를 마신다는 소문이 자자했다. 그런데 안사람이 세상을 뜬 후부터 밭을 자주 찾고 그곳에서 잘 마시지 않던 술을 마신 모습을 보았다는 사람이 여럿 있었다.

주인이 없으면 집도 빨리 늙는 법이다. 김 씨 어르신 마늘밭에 자라는 마늘도 가까이 가서 보니 낙화한 봄꽃 위로 차바퀴가 지난 것 같았다. 검정 비닐이 찢어진 틈을 비집고 잡초가 여름을 맞이하듯 기세가 등등하였고, 마늘잎은 마치 황달 걸린 사람처럼 안색이 창백하였다. 산 짐승이 들어오지 못하게 하려고 쳐 놓은 망은 지지대가 군데군데 넘어져 마늘밭 안쪽이나 바깥쪽이나 매한가지였다. 얼마 전 한 지인이 우리 마을로 냉이를 캐러 온다며 냉이가 고개를 내밀었느냐고 물은 기억이 났다.

냉이를 찾으려고 밭둑을 살피다가 밑이 빠진 소주병을 하나 발견했다. 마치 칼로 밑동을 자른 듯이 밑이 없는 소주병을 보자 김 씨 어르신이 생각났다. 아내를 잃은 슬픔 때문에 정신이 나가 요양병원에 입원하여 어린아이처럼 기저귀를 차고 사람도 알아보지 못한다고 하셨다. 가끔 요양보호사를 아내로 착각하여 주변 사람들을 당황스럽게 한다고 혀를 끌끌 찼다. 이런 김 씨 어르신 마음을 알기라도 하듯 소주병도 속이 터져 밑이 빠진 게 아닐까.

누구든 슬픔을 오래 가둬두면 속이 터지기 마련이다. 슬픔을 오래 붙잡아두면 그 슬픔으로 인해 속이 멍들게 된다. 사람뿐이랴. 병 속에 든 액체도 오래 두면 상하고 썩어 가스가 생겨 터진다. 김 씨네 마늘 밭둑에 있는 소주병처럼 자신의 밑동을 헐어내 슬픔이 바람에 날아갈 수 있게 바람길을 만들어 줘야 한다. 밑동을 헐어내려면 자신이 아프거나 슬프다고 누군가에게 말을 건네야 한다. 그 누군가가 절대자가 될 수 있고 연인일 수도 있다. 가족일 수 있고 독자일 수도 있다.

다행스럽게 나는 내 아픔을 오래 가둬두지 않고 글 속에 집어넣어 바람길에다 내놓는 편이다. 가끔은 이런 글을 읽은 독자를 우울하게 하여 미안하지만, 난 내 삶을 베낄 수밖에 없다. 그러나 감히 고백하지만, 이런 아픔들이 사람을 뜨겁게 사랑하고 절실하게 이해하게 했다. 그리고 헌신하는 마음의 싹이 자라게 했다. 남은 생애, 밑 빠진 병처럼 채우지 않고 덜어내며 살고 싶다. 어떤 슬픔일지라도 가둬두지 않고 바람에 훌훌 날리며 살고 싶다.

밑 빠진 소주병 달랑 하나/ 김 씨 마늘밭에 굴러다닌다/ 느닷없이 아내 먼저 보내고/ 마늘밭 밭둑 선술집 삼아, 술/ 나팔 잔 불어 술렁술렁 넘기고/우시장 수소처럼 울부짖다/석양에 뻘겋게 귀가하더니/ 그 눈물 폭포처럼 쏟아져 내려/ 툭 터져버린 슬픔, 소주병도/ 속이 터져 밑 쏘옥 빠지었다/ 슬픔 있으면 가둬두지 말고/ 누구든 슬픔 밑동까지 잘라내/ 바람에 잘도 날아갈 수 있게/ 바람길 시원스럽게 내야 한다.

(졸시: 「밑 빠진 소주병」 전문)

2016. 3. 2.

봄 감기

오월 솔숲이 문간방에 쌓인 송홧가루를 씻어내며 세간을 들이고 있다. 집 나이로 쉰여덟 번째 맞는 봄이다. 비 몸살을 심하게 앓듯이 봄이 아프게 왔다.

감기에 걸리지 않으려고 겨울이 오기 전에 독감 예방주사를 맞고 겨우내 목을 감싸고 살았다. 가끔 목감기가 들어오려고 틈을 보았지만, 그때마다 새떼 쫓듯이 용케 감기를 내몰아냈다. 그런데 봄이 오는 길 한가운데서 덜컥 감기에 걸려 넘어지고 말았다. 학과문제로 학생들이 20여 일 동안 농성을 벌이는 동안 신경 쓸 일이 많아 거의 날마다 잠을 설치고 끼니를 거르기도 했다. 탈진하여 간호학부 교수님께서 링거주사를 놓아주셨다.

학생들이 농성을 끝내자마자 덜컥 감기에 걸리고 말았다. 예전 같으면 두 주 정도 고생하면 나았는데, 이번에 온 감기는 도대체 떨어질 줄 모르고 끈질기게 붙어 다녔다. 목소리를 낼 수 없어 강의하는 것이 힘들었다. 물을 마시며 강의를 하였지만, 가래가 시도 때도 없이 끓어 고통스러웠다. 게다가 눈과 코는 열꽃이 피어 숨 쉬는 것조차 자유스럽지 않았다.

일주일 만에 목소리가 돌아왔지만, 콧물이 줄줄 나오기 시작했다. 마치 수돗물이 누수된 것처럼 콧물이 나와 콧구멍을 화장지로 틀어막았다. 이 모습을 본 사람마다 코피가 나오느냐며 한마디씩 거들었다. 이런 모습을 사람들에게 보이는 것이 민망하여 사람 만나는 것이 내키지 않았다. 어떤 교수님은 잘 먹어야 한다며 고기를 사주시기도 하고 학생들은 빨리 낫기를 바란다며 격려하는 문자를 보내기도 했다.

감기약을 먹고 나면 졸음이 떼로 몰려왔고 온몸이 젖은 빨래처럼 축 늘어졌다. 밤늦은 시간에 하던 산책도 몸이 말을 듣지 않아 빼먹기도 했다. 아무리 늦게 잠이 들어도 늦잠 자는 일이 없었는데, 아침으로 늦게 일어나는 일이 생기기도 했다. 하루라도 빨리 감기를 내보려고 병원에 들러 주사를 맞기도 했다. 그러나 감기는 나갈 듯 말 듯 눈치만 보며 도통 떠날 줄 몰랐다.

고작 감기에 걸렸는데도 일상생활이 힘들어 의욕이 떨어졌다. 우리는 병에 걸리면 마음이 나약해지고 절망하여 삶의 자세가 흐트러지기 십상이다. 조지훈 시인은 「병에게」라는 시에서 "잘 가게 이 친구/ 생각 내키거든 언제든지 찾아 주게나./ 차를 끓여 마시며 우리 다시 인생을 얘기해 보세그려."라고 노래했다. 자신에게 찾아온 병을 친구처럼 여기는 긍정적인 마음과 넉넉함 때문에 얻은 시이다.

석가탄신일과 어린이날이 징검다리처럼 끼어 모처럼 마음에 여유를 끌어들였다. 제 걸음을 세지 않고 온 봄이 어느새 끝물에 이르렀다. 오후의 봄 햇빛이 눈을 뜨지 못할 정도로 부셨다. 모처럼 등산화를 신고 집에서 가까운 원각사로 방향을 잡고 산책을 나섰다. 코가 막혔는데도 그 틈을 뚫고 아까시 향기가 몸속으로 파고들었다. 꿀벌들 비행이 덩달아 야단스러워졌다.

원각사에 이르자 나이 지긋한 보살님이 말간 봄볕에 말린 이불을 방망이로 털고 계셨다. 둔탁하게 들리는 의성어 끝에 대숲에 있던 새들이 접었던 날개를 펴고 하늘로 튀어 올랐다. 백구가 멈칫멈칫 흔들던 꼬리를 날 알아보고 사정없이 흔들어댔다. 쇠락한 산사를 찾은 이가 뜸해 어지간히 사람이 그리웠던 모양이다. 사람이나 짐승이나 곁에 함께 할 수 있는 대상이 없으면 외롭고 고독할 수밖에 없다. 사람이라곤 나처럼 잠깐 산책하러 오거나 묵방산에 다문다문 나물 캐러 오는 이가 전부이기 때문이다.

보살님께서 "오랜만에 오셨다."고 하시면서 차를 권하셨다. 산책하러 오는 길에 마주치면 간단히 인사만 나눴는데, 목이 타서 거절하지 않고 마루에 걸터앉았다. 자주 코를 훌쩍거리는 것을 보고 산사에서 자란 모과로 만든 차라시며 모과차를 내주셨다. 모과 향이 솔바람을 타고 은은히 퍼졌다. 먼발치에서 뵐 때는 잘 몰랐는데, 가까이에서 뵈니 연세가 일흔은 넘기셨을 법했다.

"감기가 영 나가질 않습니다."

"우리 생각대로 되는 일이 별로 없지요. 다 때가 있습니다."
"꽤 오래되었는데, 이 녀석이 아마 절 좋아하는 것 같습니다."
"허허허, 그것도 때가 있지요."
"보살님! 죄송하지만, 올해 연세가 어떻게 됩니까?"
"연세라고 하셨습니까? 으음, 속세의 나이를 잊고 산 지 오래되었습니다."

보살님께서 찻잔을 세 번째 채워주실 때까지 우리 사이에는 침묵이 무겁게 흘렀다. 아니 나는 침묵했지만, 보살님께서는 묵언으로 말씀하고 계셨는지 모른다. 산문을 나오자 보살님께서 하신 말씀이 귀에 맴돌았다. 내가 앓는 봄 감기도 때가 되면 언젠가 내 곁을 홀연히 떠날 것이다. 가끔은 몇 살 먹었는지 나이를 잊고 살면 마음이 가벼워질 것 같았다.

내 안에 머무는 봄 감기, 이왕 날 찾아왔으니 좋은 친구라고 여기기로 했다. 그리고 녀석이 떠나는 날까지 참고 기다리려고 한다. 허둥지둥 살다 보면 떠나보내야 할 것을 붙잡고 있고 붙잡고 살아야 할 것을 허망하게 놓을 때가 있다. 소나무란 소나무는 죄다 제 몸에 핀 송화를 누렇게 내려놓고 화심소류지는 사람들이 모여 사는 아랫마을로 물을 흘려보내며 자신을 비우고 있었다.

"콜록콜록"

기침할 때마다 무거웠던 몸이 솜털처럼 가벼워졌다. 멀찍했던 귀갓길이 한걸음처럼 가직했다. 철없이 콜록거리며 불평했던 감기에게 나지막하게 안부를 물었다.

"아픈 데는 없니?"

2017. 5. 6.

봄을 앓다

봄날 오후가 후덥지근하다. 전국적으로 황사 주의보가 내린 가운데 희뿌연 먼지 속에서 햇살마저 시름시름 맥을 못 쓰고 있다. 오래전부터 제자가 주례를 서 달라 하여 고심 끝에 축시를 낭송하는 것으로 앞가림하였다. 예식장에서 제자인 신랑이 입장할 때 나도 모르게 눈물이 났다. 내 의지와 관계없이 눈물의 수문이 자동으로 작동하는 것을 보고 나 자신도 당황스러웠다. 내 자식이 결혼한 것도 아니고 장례식장에 온 것이 아니라 예식장에 왔는데, 눈물이 흘러내리는 이유를 탐색했다. 그 뿌리를 찾을 수 없었다. 점심시간이 어정쩡하여 축시를 낭송하고 예식장을 나와 뷔페에 들렀다.

그리고 내 눈물의 근원을 거슬러 올랐다. 철부지로만 알았던 제자가 좋은 직장을 잡고 예쁜 신부를 만나 한 가정을 이룬 것은 정말 축하할 일이다. 기뻐서 흘린 눈물이었다면 누문漏門이 빨리 닫혔을 텐데, 몇 가지 음식을 담은 접시를 앞에 두고도 눈물이 계속 새어 나왔다. 잠시 후 백합보다 하얀 웨딩드레스를 입은 아름다운 신부 모습과 함께 이런 봄날, 황망하게 하늘나라로 가버린 두 딸이 겹쳤다. 특히 가슴에 묻은 지 스물여섯 해가 되는 큰딸이 건강하게 자랐다면 어떤 모습이었을까. 큰딸에겐 말하지 못할 미안함이 너무 크다. 기억이 때로는 마음을 도려내고 가슴을 쥐어짜는 바람에, 차라리 기억상실증에라도 걸리면 좋겠다는 생각을 어리석게 할 때가 있다.

도저히 음식을 삼킬 수 없어 서둘러 자리를 떴다. 강의실에서 학생들에게 티를 내지 않으려고 무던히 애쓰는 게 있다. 여학생이 많은 간호학부 강의를 할 때 예고도 하지 않고 불쑥불쑥 둘째 딸이 생각의 문을 열고 들어선다. 둘째 딸이 일주일째 꽂고 있던 산소 호흡기를 빼던 날, 삼풍백화점이 무너져 내렸다. 그리고 억장같이 내 가슴도 무너졌다. 그 가슴에다 둘째 딸을 묻었다. 학생들에게 들키지 않으려고 눈물이 흐르면 잽싸게 손수건을 꺼내 땀을 닦는 시늉을 한다. 그리고 눈물을 훔치지만, 갑자기 축축하게 젖은 목소리를 서둘러 말리느라 애를 먹는다.

어제 모 문학회 문우들과 저녁에 모였다. 들어간 지 얼마 되지 않은 나에게 이 사람 저 사람이 관심을 자주 보였다. 사는 곳이 어딘지? 자녀는 몇이나 되는지? 말투가 전주 말씨가 아닌데 고향은 어딘지? 어느 모임이든 주 화제가 자녀에 대한 얘기가 대부분이다. 이런저런 질문 가운데 자녀와 관련된 것은 매번 나 자신이 슬기롭게 뛰어넘어야 할 폭포이다. 아들이 둘 있다고 했지만, 질문은 허리가 잘리지 않고 계속 이어졌다. 큰아들은 군대 제대하고 복학하여 신학 공부를 하고 있다 했고, 둘째 아들은 스무 살이라고만 했다.

서정주 시인은 「자화상」이란 시에서 "나를 키운 건 팔 할이 바람이었다."고 고백하고 있다. 세상엔 명문과 명시가 많지만, 자신이 처한 상황을 잘 대변하거나 표현하는 게 내 것처럼 이물 없다. 나는 여러 시 가운데 서정주 시인이 쓴 시 이 시구를 가장 좋아한다. 왜냐하면, 내 삶을 이 한 문장으로 압축하고 있기 때문이다. 사실 내가 살아온 삶을 풀 때 만날 징징대는 아이 같아서 나 자신도 질리고 싫다. 그런데 가슴에 묻은 두 딸에 대한 생각이 가끔 봄날 탱자 가시처럼 자라나, 온 천지를 뾰쪽뾰쪽하게 쑤시면 눈물이라도 펑펑 퍼내야 한다. 그렇지 않으면 시퍼렇게 멍든 가슴이 팍팍 막혀 질식할 것 같다.

내 생각 속에 문신처럼 새긴 두 딸에 대한 그리움은 또래 정도 되는 여학생을 보면 새록새록 사무친다. 지난주 화요일 몸이 좋지 않아 오전 강의를 결강했을 때, 어떻게 알았는지 오후 수업을 듣는 모 여학생이 안부 문자를 줬다. "교수님. 오늘 아주 편찮으시다고 들었는데, 괜찮으신지요?" "오! ㅇㅇ이구나. 죽을 정도는 아니야. 오후엔 나갈 거야." 이 답 글 끝에 독백으로 하려고 했던 "내 딸이 너랑 많이 닮았는데……."란 말을 부질없이 전송하고 말았다. 올 듯 말 듯 하다 흐지부지하게 와 버린 이 봄이 언제쯤 속 시원하게 물러갈까. 연둣빛 숲은 날로 초록의 경계를 넘어 파랗게 풍성해지고, 꽃이 진 자리마다 햇볕의 체중으로 생명이 매달리고 있다.

살다 보면 간혹 가지런하게 정리한 옷장보다 헝클어진 책장이 보기 좋을 때가 있다. 믿음의 권속들은 하나님께서 의도하시는 깊은 뜻이 있어 그렇다 하기도 하고, 머릿속에 먹물깨나 든 사람은 과학적 수사를 동원하여 내 아픔을 어떻게든 가르마를 타려고 한다. 그런데 아픔을 정리하려고 몸부림칠수록 더 헷갈린다. 이럴 땐 몇 번 읽어도 이해하지 못해 접어놓은 쪽을 그냥 넘기듯 외면하는 게 상책일 때가 있다. 그리하여 헝클어진 생각을 45도나 70도쯤 기울어진 책장에 있는 책처럼 수직으로 세우며 마음을 정리한다. 이러다 보면 내가 시름시름 앓았던 봄날이 마치 밤을 새우고 읽은 시집처럼 몇 시구만 남고 아득하게 잊히고 만다. 비록 어느 봄날 하루, 석양 무렵에서 저녁이 오는 거리의 시간일망정.

부끄러운 날

오월의 신록이 더불어 일가를 이루며 날이 갈수록 풍성해지고 있다. 오월은 다른 달과 달리 유별스럽게 기념하는 날이 많다. 5월 1일 근로자의 날을 시작으로 어린이날, 어버이날, 석가탄신일, 스승의 날, 5 · 18민주화 기념일, 부부의 날, 바다의 날이 줄을 잇고 있다. 어제 오전 연구실에서 몇몇 학생 글쓰기와 관련해 대면 첨삭을 마치고 허리를 펴는 순간, 학부 부학생장인 혜리가 상담할 일이 있다며 잠시 들르겠다고 하였다. 이 학생과 며칠 전 상담한 일이 있었던 터라 그 일과 관련하여 찾아올 것으로 생각했다.

혜리는 심각한 표정으로 의자에 앉았다. 그리고 잠시 후 연구실 문을 열고 학생 10여 명이 들어왔다. 장미와 포장지에 싼 물건을 나에게 전하고 나서 스승의 은혜를 함께 부른 후 "교수님! 사랑해요."라고 하였다. 비록 가사를 통해 엉겁결에 스승이란 말을 들었지만, 왠지 낯짝이 충만하게 화끈거렸다. 일 년 삼백예순 날, 부끄럽지 않게 산 날이 몇 날이나 될지 셈하면 손가락 꼽을 일이 없을 것 같다. 학생들을 복도로 배웅하고 나서 오전에 쓰다 만 시 「그대 아픔 바라보며」를 손질하였다.

이때 노크 소리가 나더니 신학부 4학년 영환이가 들어왔다. 작년 여름방학 글쓰기 특강 때 열심히 수강한 학생이다. 내가 떨어진 구두를 신고 다니는 것을 보고 네 사람이 뜻을 모아 스승의 날을 잡아 들렀다고 했다. 그리고 쭈뼛쭈뼛 상품권 봉투를 내놓았다. 내 구두가 닳아진 것을 그냥 넘기지 않고 유심히 지켜본 것이나, 일 년 전 일을 지우지 않고 기억 속에 넣어둔 것이 너무 고마웠다. 영환이가 나간 후 책상 아래 벗어 둔 구두를 꺼냈다. 여전히 몰골이 볼썽사납다.

유통기한 지난 두부 보고/ 맛이 갔다는 집사람 말처럼/ 현관의 낡은 구두 한 켤레/ 쉰 훌쩍 넘겨 어색하게 쓴 이력서 같다// 가죽 조각에 깊이 박힌 봉제선 실처럼/ 일관된 동선으로 살아온 삶/ 가파른 언덕이나 아찔한 내리막/ 앞만 보고 정신없이 걸었는데// 여섯 구멍이 한 개의 갓진 끈으로 엮인 것처럼/ 결속된 묶음으로 살아온 삶/ 여섯 식구 가장으로/ 앞만 보고 팽팽하게 달려왔는데/ 나의 삶이 뒤에서 꽃처럼 지고 있었다니// 그렇구나/ 삶은 닳아진 과거를 보듬고/ 저마다의 문수로 기울어진 시간/ 터벅터벅 탁본하는 거로구나.

(졸시: 「구두」 전문)

오후 강의를 마치고 연구실로 향할 때 만학도 우선 씨가 연구실로 찾아뵙겠다며 전화를 했다. 오후 햇볕이 오래 머물렀던 연구실이 용맹스럽게 온기로 후끈하였다. 출입문과 창문을 열고 바깥에 머무는 시퍼런 바람을 초대하였다. 비밀스러운 속도로 들이닥친 바람이 사정없이 책상 위에 있는 학생들 리포트를 사분오열시켰다. 바람에 흩날린 리포트가 바람의 속도로 하얀 찔레꽃처럼 바닥으로 낙하하였다. 바람이 리포트 번호 순서를 일시에 뒤집어놓고 아무 일도 없었던 것처럼 시치미를 떼고 사라졌다.

잠시 후 우선 씨가 커다란 상자를 들고 들어왔다. 날이 더워져 마로 된 재킷을 한 벌 준비했다고 했다. 그리고 학생들에게 정작 나이를 서른여덟이라고 하면서, 옷을 노티 나게 입고 다니지 말라며 코디에 대해 부드럽게 조언해줬다. 그동안 옷을 자주 사 입지 않았지만, 빈티가 날 정도로 하고 다니지 않았다. 그런데 스승의 날을 맞아 학생들이 구두에 재킷까지 준비하여 날 코디해주니 기쁜 마음 뒤에 빚이 늘어난 것 같았다. 이 빚이야 무진 애를 써서 더욱 잘 가르치고 잘 배우며 부채를 줄여갈 계획이다. 그러나 학생들에게 이런 대접을 받을 만한 자격이 있는 사람인지 부끄러움을 면할 수 없다.

시, 「그대 아픔 바라보며」를 수선하고 나자 햇빛의 빛깔이 검붉게 바뀌었다. 그리고 옅은 어둠이 어딘가를 향해 발을 뗐다. 그 어둠 속에 묵직하게 달라붙은 부끄러움을 떼어 종이배처럼 흘려보냈다. 이르게 뜬 초승달이 어둑한 하늘에 송편처럼 걸려 있다.

2016. 5. 13.

새끼

새끼는 낳은 지 얼마 안 된 어린 동물이나 자식을 얕잡아 이른 말이다. 그런데 자식이란 말보다 새끼란 말이 훨씬 정이 담겨 있어 친근감을 준다. 어릴 때 외가에 가면 외할머니는 어김없이 "내 새끼 왔냐?"며 말머리에 "새끼"란 말을 빠트리지 않으시고 꼭꼭 매다셨다. 어제 일 년 동안 쓴 시 가운데 115편을 골라 『마른 풀잎』*이란 이름을 붙인 시집을 세상에 내놓았다. 그리고 수필 62편과 그동안 신문사에 보낸 칼럼 10편을 묶은 산문집 『무릎에 새기다』**를 곧 출간할 예정이다.

"고슴도치도 제 새끼는 예뻐한다."는 말이 있듯이 모성애는 시공을 초월하여 시들지 않고 파릇파릇 살아 있다. 농부는 자신이 애써 가꾼 농작물을 마치 자신이 낳은 자식처럼 애지중지하고, 축산을 하

---

* 『마른 풀잎』: 2016년 3월 20일 발간, 한비출판사

** 『무릎에 새기다』: 2016년 3월 25일 발간, 수필과비평사

는 사람은 자신이 기른 가축을 한 식구처럼 사랑하기 마련이다. 작가 역시 자신이 쓴 글을 친 자식과 같이 사랑한다. 잘났든 못났든 자신이 낳은 자식을 운명적으로 사랑하듯이 잘 썼든 잘 쓰지 못했든 자신이 쓴 글에 대해 애착을 떨칠 수 없다.

세상에서 가장 큰 고통은 산고라고 한다. 어떤 생명이든 탄생하는 과정에서 출산에 대한 고통을 겪는다. 아마 꽃이 필 때도 사람으로 치면 살이 찢어지고 갈라지는 통증이 일어날 것이다. 그리고 땡볕 같은 불볕이나 어둠 같은 아득함을 이겨내야 열매를 맺을 수 있다. 작가가 글을 쓰는 행위도 생명을 낳거나 열매를 맺는 것이나 다름없다. 짧은 시간에 단숨에 글을 쓴 날도 있지만 날밤을 새우고도 단 한 문장 잇지 못할 때도 있다. 이런 시간을 통해 글 한 편을 완성하고 나면 그 글은 단순한 글이 아니라 분신과도 같은 존재가 된다.

난 문단에 얼굴을 내민 지 얼마 안 된 풋글쟁이다. 그러나 작가로서 본분을 다하려고 나름대로 몸부림치며 살고 있다. 글을 쓰는 과정에서 겪는 고통은 글을 완성하고 나서 느끼는 쾌감과 비할 바가 안 된다. 3년째 글에 깊숙이 빠져 살고 있다. 잠자는 시간이 줄어들고 컴퓨터 앞에 앉아 있는 시간이 늘면서 눈이 더 나빠지고 온몸은 기상대가 되었다. 그래서 주변에 있는 여러 지인은 내가 갑작스럽게 많이 늙었다며 글 좀 어지간하게 쓰라고 염려한다.

이 땅에 사는 대부분 부모는 자식을 위해 몸과 마음을 사리지 않는다. 자신을 희생시켜서라도 자식이 잘 성장하고 성숙하기를 바란다. 논밭에서 자라는 농작물은 주인 발소리를 듣고 자라고 가축 역시 주인 발소리를 듣고 큰다고 한다. 오늘도 내 글 밭에 글의 씨를 뿌린다. 밭에 씨를 뿌렸다 하여 모든 씨가 다 싹을 틔운 것은 아니다. 알곡인 씨앗이 있을 수 있고 쭉정이 씨앗이 있을 수 있다. 씨앗이 알곡일지라도 어떤 밭에다 뿌렸느냐가 중요하다.

누구나 자존감을 잃으면 존재에 대한 의미를 가질 수 없다. 한 마디로 살맛이 없다. 농부는 어떤 일이 있어도 땅을 절대 놀리지 않는다. 돈이 되든 안 되든 농부가 농사를 짓지 않고 땅을 내버려 두는 것은 자연을 거슬리는 죄로 여겼다. 농부는 농사를 지으면서 존재에 대한 가치를 깨닫고 삶에 대한 의미를 얻는다. 글쟁이 역시 자신이 경작할 글 밭을 놀리면 안 된다. 안도현이 쓴『연어』에서 '은빛 연어'는 단순히 상류로 거슬러 올라 알을 낳은 게 목적이 아니라 건강한 알 낳는 것을 꿈꾼다. 어릴 적부터 꾼 작가의 길을 늦은 나이에 걷고 있지만 '은빛 연어'처럼 건강한 알, 건강한 새끼를 낳고 싶다. 단 한 사람 독자일지라도 그 사람 가슴을 촉촉하게 적시고 삶의 의미를 밝히는 등불 같은 글을 쓰고 싶다.

2016. 3. 11.

시인

문화체육관광부는 지난 3일 문학, 예술, 공예, 영화, 만화, 건축 등 14개 분야 예술인 5,008명에 대해 1:1 면접조사를 종합한 '2015년 예술인 실태조사'를 공개하였다. 이 조사에 따르면 문학 분야 종사자 평균 연봉은 214만 원으로 나타났다. 미술(614만 원), 사진(817만 원), 무용(861만 원)보다도 훨씬 낮은 수치이다. 시인이란 이름을 문단에 겨우 내민 지 얼마 되지 않은 풋시인 입장에서 자칫 돈타령하는 것 같아 남세스럽다.

작년 이맘때 첫 시집을 내고 일 년 만에 다시 시집을 냈다. 나같이 이름 없는 사람이 쓴 시를 출판사에서 덜컹 책으로 만들어줄 리 없어 전액 자비로 발간해야 한다. 300부를 기준으로 시 주석 원고료까지 합해 보통 300여만 원이 들었다. 게다가 작년에 이어 올해도 수필집을 함께 냈다. 이번에 발간할 수필집을 출판사 회장님께서 원고를 읽으시고 00만 원을 깎아주셨지만 역시 300만 원 정도 들었다.

시집과 수필집을 함께 내는 데 600만 원이 든 셈이다.

이런 상황이다 보니 무명작가가 시집이나 수필집을 한 번 내는 게 만만찮다. 그래서 시집만 겨우 발간하려고 했는데 큰아들 학교등록금을 처제가 내준 덕에 큰맘 먹고 수필집까지 내고 말았다. 지난해 시집과 수필집을 함께 냈을 때 독자가 보인 반응은 시집보다 수필집을 더 선호했다. 나는 수필집보다 시집에 더 많은 시간과 정성을 쏟았는데 독자는 정작 수필집을 더 많이 찾았다. 이런 독서 경향은 일반적인 추세이다. 독자 입장에서 수필을 읽는 것보다 시를 읽는 것이 어렵고 이해하기 힘들기 때문이다.

이미 잘 알고 있는 사실이지만 우리나라 사람은 책을 잘 읽지 않은 것으로 유명하다. 특히 문학이 고사 위기에 처했다고 염려하는 사람이 많다. 책을 출판해도 책을 보는 독자가 없어 작가의 삶은 허기질 수밖에 없다. 우리나라에서 전업 작가가 되는 것은 대통령에 당선되기보다 더 어렵다는 자조까지 나오고 있다. 특히 시를 읽는 사람이 별로 없다. 시를 비롯한 문학작품을 감상하면서 우리는 자신이 겪지 않은 삶을 간접 체험할 수 있다. 그리고 추리 상상력과 비판적 사고능력을 기를 수 있다.

학교 현장에서는 입시를 위한 수단으로 시를 가르치고 학생들은 시를 도구적으로만 수용하고 있다. 그래시 시를 지루하거나 일쏭달쏭하여 애매한 것으로 여기기에 십상이다. 문학교육현장이나 독자에게만 화살을 돌리는 것 같아 송구하다. 좋은 시를 쓰지 못한 나 같은 풋시인에게 일차적인 책임이 있어 부끄럽다. 세상 사람들은 서로 입맛이나 식성뿐 아니라 재능이나 생각이 다르다. 이 다름의 차이가 우리 사회를 넉넉하고 여유 있게 만든다.

작가는 자신이 쓴 작품을 통해 자아를 드러낸다. 작품이 유일한 통로이다. 시인은 시를 통해 자신의 삶과 가치관을 나타낸다. 어떤 시인이든 돈을 벌려고 시를 쓴 사람은 거의 없다. 시를 쓰지 않으면 삶의 퍼즐을 꿰맞출 수 없고 존재할 가치를 잃기 때문이다. 사람은 밥을 먹으면 기본적으로 밥값을 하고 살아야 한다. 시인도 밥을 먹으면 밥값을 해야 한다. 시인이 밥값을 하려면 시 쓰는 것을 게을리하면 안 된다. 나는 이 일을 실천하려고 글을 쓰면 무조건 페이스북에 올린다. 누구에게 보여주거나 감히 자랑하려고 그런 것이 아니다. 시를 쓰기 위해 스스로 최면을 건 것이다.

본의 아니게 부끄럽게도 내 이름자 앞에 선생님, 교수님, 작가님, 시인님 같은 호칭이 몇 개 붙어 있다. 이 호칭 가운데 가장 듣기 좋은 것은 시인이다. 앞으로 살아갈 시간 시를 열심히 쓰다 시 속에 파묻혀 죽고 싶다. 내 생명이 석양처럼 뉘엿뉘엿 져 사그라진 날 내 묘비에 '시인 최 아무개'라고 새기고 싶다. 그리고 죽어서도 시를 쓰고 싶다. 아마 그때 내 눈은 더 맑아져 세상과 자연이 지금보다 훨씬 더 아름답고 보이고, 귀가 더 넓어져 지금까지 듣지 못한 우주의 언어를 잘 들을 수 있을 것 같다. 그나저나 사나 죽으나 가난뱅이 시인으로 살고 싶다.

2016. 3. 8.

어느 봄날

학교 강의가 없는 날은 작업실에 틀어박혀 낯익은 모국어와 온종일 씨름을 한다. 날마다 죽이 됐든 밥이 됐든 글 한 편씩 쓰고 보자는 다짐을 실천한다는 게 녹록하지 않을 때가 있다. 이런 날은 눈 끝에 오감의 신경을 모으고 다른 사람이 쓴 글을 읽거나 하릴없이 신문을 뒤적거리며 글감을 사냥한다. 컴퓨터 모니터 앞에 오래 앉아있으면 눈이 침침해지고, 가슴에서 데우지 않은 눈물이 제멋대로 흘러내려 여간 고역스럽지 않다. 오래전엔 점심때가 가까워지면 함께 밥을 먹자고 연락한 이가 많았는데, 이런 전화를 기대하지 않고 산 지 꽤 되었다. 하기야 어머니께서 직접 도시락을 싸주셔서 밖에 나와서도 집밥을 먹는 호사를 누린 탓도 있겠다.

어깨와 목 주변에 있는 근육들이 주인을 잘못 만나 늘 빼근하게 긴장되어 있다. 아침저녁으로는 공기가 아직 차지만, 대낮 바깥 기온은 초여름과 별반 다르지 않다. 작업실과 가까운 곳에 산책하기에 안성맞춤인 산이 있어 해거름이 되면 종종 오른다. 군데군데 웬만한 운동기구가 있고 편백 숲 사이로 오솔길이 호젓하게 나 있어, 주변 주택지에 사는 사람들이 즐겨 찾는다. 오후 해가 작업실 앞 고층아파트 이마에 걸렸을 때, 차 속에 있는 등산화를 꺼내 신고 산으로 향했다. 온종일 의자에 앉아있다 기죽은 햇볕으로 들어가는 순간 머리에 고압 전류가 흐르는 것처럼 짜릿했다.

초록을 덧쓰기 시작한 수목에서 나는 향기와 종일 햇볕에 달궈진 흙에서 나는 흙냄새가 서로 어우러져 후드득 피어났다. 무거웠던 머리가 홀가분해지기 시작했다. 숲 여기저기서 바스락거리는 소리가 마치 빗방울 떨어지는 것처럼 풍성했다. 알고 봤더니 숲으로 돌아온 새들이 마른 나뭇잎 사이를 헤집고 다니면서 저녁 찬을 준비하느라 분주하게 움직이는 소리였다. 나무 뒤에 몸을 숨기고 카메라에 그 모습을 담으려 했지만, 초상권을 호락호락 허락하지 않았다. 편백 아래에 있는 나무의자에 앉아 나무를 올려다보았다.

우듬지마다 분진처럼 햇볕이 묻어있었다. 수많은 시간을 나무라는 이름으로 살아온 삶의 이력을 잘 정리한 주민등록초본처럼 일목요연하였다. 이름에 걸맞게 산다는 것은 자연이나 사람 할 것 없이 참 외롭고 고단한 일이다. 따지고 보면 사람도 대자연 가운데 하나인 존재일 뿐인데, 자연 앞에서 교만스럽게 우쭐대며 살기 일쑤이다. 내 가 살아온 생애 역시 마찬가지였다. 햇볕을 서로 나눠 가지려고 다른 나무와 거리를 적정하게 유지하여 상대를 얼마나 배려하며 살아왔는지. 비바람 같은 고통과 아픔 속에서도 오직 밝고 맑은 생각만 하면서 곧게 살아왔는지. 지금 앉아 있는 나무의자처럼 힘들고 지친 누군가를 위해 잠시라도 쉼터가 되어준 적이 있었는지.

주변을 둘러보니 숲은 나에게 많은 것을 가르쳐주는 스승이었다. 마른 나뭇잎은 뭇 생명을 끌어안고 있는 생명의 보고였고, 숲 속에 난 오솔길은 너무 앞만 보고 질주하는 삶을 사는 내게 쉬엄쉬엄 돌아가면서 살라고 했다. 너무 앞만 보고 달리다 바늘구멍 같은 현실에 목이 끼어, 이러지도 못하고 저러지도 못해 답답하기 그지없었던 날들이 참 많았다. 어떤 날은 목이 부러질 것 같아 살려달라고 애걸복걸했지만, 주위에 아무도 없었다. 그래서 내 외침이 메아리로 공허하게 멀어지거나 소음으로 부질없이 사라질 때, 풍화작용을 일으킨 삶이 간당간당하였다.

그런데 내 글을 애독하는 독자 가운데 숲 같은 사람들을 많이 만났다. 이들 대부분은 내가 겪거나 겪고 있는 아픔을 이해하고 함께 앓아주거나, 중보기도를 해주고 있다. 대부분 서로 빛깔과 모양은 다를망정 아픔을 겪은 경험이 서로에게로 흐르게 한 지류가 되었다. 강을 건너려면 다리를 놓아야 하듯이 서로가 겪거나 당한 아픔이 다리가 되어 소통할 수 있게 만든 셈이다. 아랫마을 주택가에서 청국장 끓는 냄새가 바람결에 고스란히 묻어 올라왔다. 그리고 아파트 쪽에서 개 울음소리가 새 탁구공처럼 몇 차례 튀어 오르다 데굴데굴 굴렀다.

잠시 후 어느 봄날이 이 숲에까지 저녁을 배달하였다. 숲 속 가로등이 수은 빛 눈동자를 밝히자 숲 속에 난 길이 구색을 갖춰 빛으로 찬란하였다. 그리고 하루를 호방하게 보낸 숲 속 나무는 얕은 어둠을 한 겹 한 겹씩 꺼내 걸쳐 입기 시작했다. 날이 어두워지면 마음이 조급해져 서두르기 마련인데, 오늘은 왠지 고요가 마음속으로 착 가라앉아 평화스럽기까지 했다. 이 평화의 숲에서 또 다른 평화에 다가가려고 마음의 오솔길을 돌아 나무계단을 오르기 시작했다. 곧 애간장을 녹이는 그리움이 어느 봄날밤 달로 떠, 이 숲에 나와 함께 도도하게 머물리라.

2016. 4. 26.

풍선

퇴근길, 저녁 약속이 있어 시내 중심가로 들어갔다. 신호등에 걸린 차량마다 미등에 장미 한두 송이씩을 피워 눈앞이 화사하였다. 집과 학교가 시내 바깥에 있어 학교 오가는 길에 차가 밀린 경우는 거의 없었다. 그래서 이런 풍경을 오랜만에 대하면 오히려 즐기는 여유가 생겼다. 웬만하면 약속시각보다 미리 앞당겨 약속장소에 가서 기다리기 때문에 평소 주변을 잘 살피며 다니는 편이다. 수많은 차량이 신호등 색깔에 따라 멈춰 서기와 가기를 반복하였다. 이때마다 어김없이 미등에 빨간 장미가 피었다 졌다 하였다.

파란불이 들어오기를 기다리고 있을 때 바로 앞에서 풍선이 굴러다녔다. 두 개를 묶어 한 몸이 된 풍선은 몸을 낮추고 위태위태하게 차 사이를 헤집고 다녔다. 드디어 파란불이 켜져 차가 출발하는 순간 알 수 없는 전율이 온몸을 타고 흘렀다. 군에 입대하여 훈련소 사격장에서 처음으로 사격을 할 때 휴지로 귀를 막았다는 이유로 당시

중대장에게 손바닥을 스무 대나 맞았다. 다들 손바닥뼈가 온전한 것이 이상할 정도였다고 축하 아닌 축하를 해주었다.

펑 소리와 함께 풍선 파편이 튈 것이라는 염려는 여지없이 허물어졌다. 몸을 땅바닥에 대고 있던 풍선이 차들이 움직이자 허공으로 날아올랐다. 순간 빗나간 기대가 안도감으로 바뀌어 봄을 맞는 기분이었다. 다음 신호등 빨간 불 앞에서 풍선의 평안을 여전히 바라며 무엇이든 정체하지 않고 움직이면 살아남을 수 있다는 것을 알았다. 우리가 가진 생각도 한 가지 것만 고집하여 꼼짝하지 않으면, 자신뿐만 아니라 주위 사람들이 힘들어져 관계가 서로 시들해지고 구겨지기 마련이다.

이벤트 행사장 출입문에 장식품으로 붙어있다 날아왔거나, 어린아이 손에 들려있다 놓치는 바람에 굴러왔을지도 모를 풍선이 자꾸 눈앞에서 어른거렸다. 우리는 어쩌면 고무풍선과 같은 존재일지 모른다. 가진 게 없어 속이 텅 빈 내공內空에 이것저것을 한꺼번에 채우려고 눈을 붉히며 산다. 그리고 저마다 하늘을 훨훨 날고자 하는 꿈을 꾼다. 그러나 풍선에 바람을 너무 많이 집어넣으면 날개가 꺾이고 바람이 너무 적으면 날개가 될 수 없다. 너무 채워도 안 되고 너무 부족해도 안 된다.

약속 장소에 이르러 지인과 저녁을 먹으면서 일하시는 아주머니가 다리를 심하게 저는 것을 보았다. 언제나 웃는 낯으로 손님을 친절하게 대해주셔서 필요한 것이 있으면 부담 없이 요구했는데, 오늘은 부탁할 수 없을 정도로 미안했다. 그래서 필요한 것을 주방으로 직접 가지러 갔더니 손사래를 치시며 부탁하지 않은 것까지 미리미리 푸짐하게 갖다 주셨다. 식사를 마무리할 무렵 택시비라도 드리려고 마음먹었는데, 지인도 역시 같은 생각을 하고 있었다. 택시비를 받아 앞치마 호주머니로 쑥스럽게 넣는 아주머니 표정이 영 익숙하지 않아 보였다.

아주머니는 몸이 많이 불편한데도 식당에 나와야만 할 이유가 있을 것이다. 자신뿐만 아니라 딸린 식솔들이 꾸는 꿈을 이루려고 아픈 다리를 끌고 희망의 풍선을 불고 있을 것이다. 나 역시 오늘도 내 시의 고무풍선에 바람을 불어넣는다. 맨날 시에 입 맞추고 사느라 어금니가 내려앉고 입술이 터졌다. 그러나 내 시의 고무풍선이 두 날개를 달고 허공을 황홀하게 비행할 날을 꿈꾸며 한순간도 시에서 눈을 뗀 적이 없다. 본디 맨몸뚱이밖에 없어 허기진 삶, 녹녹한 날개마저 가질 수 없어 녹슬고 삭아 내렸던 외로운 꿈, 꼭지 빠진 바람처럼 지천으로 야윌 대로 야위어 뼈만 남아야 하늘로 날아오를 수 있다고 믿으면서.

저녁을 마치고 돌아오는 길에 멈췄던 비가 다시 내리기 시작했다. 빗소리가 유별스럽게 가슴으로 따스하게 파고들었다. 빨간 신호등 앞에서 오늘 써야 할 연서를 골똘하게 생각하고 있을 때 뒤에서 경적이 울렸다. 그래 내 시가 내공內工의 날개를 달고 날아오를 때까지 한눈팔지 말고 달리자. 달려가자.

2016. 3. 5.

홍진벽산紅塵碧山

“마음이 무얼까. 마음이 무얼까. 난 네게 대답했지. 마음이 무얼까. 모르겠어.” ‘정새난슬’이 만든 첫 번째 앨범『다 큰 여자』, 두 번째 트랙「클랩함 정션역으로 간다」에 나오는 가사 일부이다. 같은 학교에 근무하는 차정식 교수님께서 페이스북에 올린 것을 여러 번 들었다. 가사가 서정적이고 선율이 맑아 마음을 흠뻑 적셨다.

특히 “마음이 무얼까.”를 반복하여 묻고 나서 “모르겠어.”라고 갈무리한 부분은 시나 다름없었다. 우리는 세상살이를 하면서 마음을 가만 놔두지 않는다. 마치 경마장을 달리는 말처럼 누군가를 추월하려고 속력을 붙이며 산다. 이러다 보니 사람을 만날 시간이 없고, 길섶에 핀 풀꽃을 내려다보거나 하늘에 뜬 달을 바라볼 겨를이 없다. 그래서 가슴이 메마르고 생각이 딱딱하다.

우리는 누군가의 누구로 살지 못하고 각자가 등을 돌리고 섬처럼 떠다닌다. 세밑이 다가오고 있다. 이럴 때 대부분 사람은 마음이 바

빠지기 마련이다. 한 해 동안 할 일 없이 나이만 먹는 것 같아 조급해지고, 다른 사람보다 뒤처진 것 같아 쓸쓸해진다. 이럴 때 마음을 잘 붙잡으려고 조심하지만, 손 우물에 있는 물처럼 쏙쏙 빠져나가기 일쑤이다. 옆은커녕 뒤를 돌아볼 마음의 여유가 없다.

우리는 길을 가다 몇 번쯤 뒤돌아봐야 한다. 발자국은 잘 따라오는지, 멀쩡하다고 믿는 것 속에 솎아내 버릴 것은 없는지 돌아봐야 한다. 속 깊이 간직해야 할 사연을 혹시 잡동사니로 버리지 않았는지 멈춰 서서 생각해야 한다. 앞만 보고 가는 것은 보행이 아니라 이기이다. 눈 맑게 뜨고 오던 길 다시 돌아봐야 한다. 혹 애절하게 이름 부르며 함께 가자고 부르는 사람 없는지 돌아봐야 한다.

여유는 먼 곳에서 온 것이 아니라 마음에서 온다. 우리 삶은 얼마나 속력을 내며 사느냐보다 어떤 방향으로 가느냐가 중요하다. 그런데 우리는 속력의 노예가 되어 가속페달을 밟고 오로지 질주하는 삶을 살고 있다. 우리 사회는 여러 분야에서 서로 경쟁을 부추기는 구조이다. 그래서 아무 일을 하지 않으면 낙오자가 된 것 같아 괜히 불안해한다. 그래서 앉아 있거나 누워 있지 못하고 달린다.

꽃밭에서는 꽃냄새가 나야 하고 바다에서는 갯냄새가 나야 한다. 그래야 꽃이 꽃답고 바다가 바다답다. 사람 사는 세상에는 사람냄새가 훈훈하게 나야 한다. 그런데 우리 사회는 상대를 짓밟아야 할 경쟁자로 여기기 때문에 사람 사는 세상에 사람 냄새가 나지 않고 피 냄새가 난다. 운전하면서 길바닥에 쓰러져 죽은 들짐승이나 산짐승을 가끔 본다. 이들은 속력에 희생된 것이다. 속력에 희생된 것은 이들뿐이 아니다. 우리 인간도 우리가 만든 속력에 죽어가고 있다.

산중은 따로 있는 것이 아니다. 우리가 어디에 있든 고요하게 마음을 가라앉혀 평화스러우면 그곳이 곧 산중이다. 사람 사는 세상이 조용할 수는 없다. 깊은 도량으로 출가한 수도승이 아니고서는 세상이 들려주는 소음을 어차피 듣고 살아야 한다. 아무리 아름다운 음악도 마음이 고요하지 않으면 소음에 불과하다. 천국도 우리 마음속에 있다고 했다. 우리가 마음을 어떻게 먹고 다스리느냐에 따라 우리 삶이 천국이 될 수도 있고 지옥이 될 수도 있다.

아직도 쌀 한 톨, 밥 한 공기 되지 않는 글을 쓰는데 목을 매달고 있다. 그래서 끼니는 허기와 함께 찾아왔고 허기는 끼니와 함께 굴러왔다. 글과 새살림을 차린 지 오래되었는데도, 아내는 도둑질이나 배워오라며 잔소리 한 번 하지 않았다. 이런 아내 때문에 쫄쫄 굶어도 아침이 내 맘속으로 고요하게 찾아왔다. 농협에서 상환금 독촉장이 몇 번 날아왔지만, 마음은 아직 부자이다.

올 한 해가 아직도 보름 이상 남았다. 내가 쓴 글이 추잡스럽지 않게 마음을 깨끗하게 먹으려고 노력하고 있다. 시집을 낼 때마다 빚이 늘지만, 내가 쓴 시가 우울한 표정을 짓지 않게 하려고 마음을 넓게 먹으려고 한다. 가진 것이 너무 없다고 생각하면 가난뱅이가 된다. 그러나 가진 것이 너무 많다고 생각하면 부자가 된다. 자신이 가난하다고 생각하면 다른 사람을 배려하지 못하고 인색해진다. 자신이 부자라고 생각하면 너그럽고 후해진다.

홍진벽산紅塵碧山, 시끄럽고 추한 속세인 인간 세상도 어떻게 마음

먹고 마음 쓰느냐에 따라 푸른 산중이 된다. 이 고요한 산중에 앉아 시심에 깊이 빠지니 천하에 나보다 더한 부자가 없을 것 같다. 그러나 푸른 기와집에서 모 재단을 설립한다며 기금을 내라고 연락 한 번 한 적 없었고, 국회 청문회장에 한 번도 불려나간 일이 없다. 이래저래 나는 참 행복한 갑부이다.

2016. 12. 13.

둘, 아픔을 경영하다

거리

작년 2학기 개강한 날 서 있던 내 차를 뒤에서 받는 바람에 한 학기 내내 고생했다. 마음 같아선 병원에 입원하여 치료도 받고 좀 쉬고 싶었지만, 강의하는 과목이 교양과목이라 보강을 잡기가 여의치 않았다. 그래서 통원치료를 받았는데 아까운 시간을 허비하고 육체적, 심적으로 스트레스를 많이 받았다. 이렇듯 안전거리를 확보하지 않거나 운전하면서 한눈을 팔면 자신은 물론 애먼 사람까지 골탕 먹일 수 있다.

어떤 사물이든 적당한 거리를 두고 바라봐야 아름답게 보인다. 미술관에서 그림을 감상할 때도 적당히 물러서서 봐야 그림이 한눈에 들어와 겉과 속을 다 들여다볼 수 있다. 꽃도 마찬가지다. 너무 가까이에서 꽃을 보면 부분적인 속살만 볼 뿐 서로 어우러진 조화와 균형의 미를 볼 수 없다. 산도 마찬가지여서 가까이 보면 나무만 시야에 들어오지만, 거리를 두고 보면 숲 전체를 볼 수 있다.

우리가 세상살이하면서 일정한 거리를 두고 살면 편안해지는 것들이 있다. 승리욕 때문에 이기고 지는 것에 너무 집착하면 불안해진다. 돈 벌 욕심에만 눈이 멀면 돈보다 소중한 것을 잃기 쉽다, 진리나 정의가 아니라면 내 고집을 슬그머니 내려놓는 용기가 필요하다. 그러면 상대를 높이고 덤으로 내가 더 높아질 수 있다. 내 기준과 일정한 거리를 두고 사람을 만나거나 사물을 대하면 세상을 객관적으로 볼 수 있다.

사람 사이에 맺은 관계 역시 일정한 거리를 두고 서로 바라봐야 간절하고 오래간다. 만남은 어떤 거리를 두고 유지하느냐에 따라 사랑의 끈이 될 수 있고 서로를 속박하는 오랏줄이 될 수도 있다. 우리 삶에서 가장 핵심적인 것은 죽고 사는 문제이다. 사는 것만큼 간절한 게 없고 죽는 것만큼 절박한 게 없다. 죽음보다 가파른 절벽이 없고 까마득한 절망이 없다. 그러므로 죽는 문제가 아니라면 아침 안개 같고 가을 풀잎 같은 우리 삶을 아등거리며 살 필요가 없다.

우리는 자신과 가까이 있는 사람 영향을 가장 많이 받는다. 그 사람이 희망적인 언어를 쓰면 나 자신도 희망적인 사람이 되고, 그 사람이 절망적인 생각을 하면 나 자신도 절망적인 사고를 한다. 숫돌이 칼날이나 낫 끝을 잘 들게 갈 듯이 자신과 가까이 있는 사람은 내 삶의 날을 세워주는 숫돌이다. 숫돌이 닳아 휘었거나 무디면 칼날이나 낫 끝을 예리하게 갈 수 없다. 그래서 우리는 만남의 거리 안에 좋은 이웃을 많이 두고 살아야 한다.

자신이 늘 다니는 거리만 선호하다 보면 다른 사람이 걷는 거리를 잘 헤아릴 수 없다. 다른 사람이 걷는 거리에 어떤 꽃이 피고 자라는지, 그 거리가 얼마나 길고 험한지를 알아야 한다. 그래야 상대가 왜 그런 신발을 신고 있고 왜 그런 옷을 입고 있는지 이해할 수 있다. 상대가 왜 그 꽃을 좋아하고 그 향기를 고집하는지 알 수 있다. 우리는 자신이 즐겨 걷는 거리에 있는 사물이나 자연에 익숙한 나머지 다른 거리를 걷는 사람이 본 세계에 대해 무관심 한 경우가 많다.

산에서 혼자 자라는 나무는 한 그루도 없다. 땅 밑을 파고들면 나무들은 일정한 거리를 두고 뿌리를 서로 연결하여 공생하고 있다. 풀도 마찬가지다. 풀은 서로 거리를 두고 일사불란하게 한 몸으로 엮여 있다. 풀뿐만이 아니다. 논에서 자라는 벼도 서로 몸을 한 데 묶어 일정한 거리를 두고 자란다. 그래서 이들은 웬만한 바람 앞에서도 쓰러지지 않고 살아남는다. 설령 쓰러질지라도 곧바로 일어선다. 이들에게 일정한 거리는 결속을 만드는 힘이자 생명을 살리는 원천이다.

너무 나서지 말고 한두 발 물러서서 세상과 사람, 자연을 바라보는 여유와 안목을 가져야 한다. 그러면 우리 사이에 존재하는 갈등이나 분쟁이 줄어들고 추하게 보였던 대상이 아름답게 다가올 것이다. 그리고 너와 나, 결국은 우리가 모두 행복한 세상이 될 것이다. 오늘따라 멀리 있던 묵방산이 가직하게 보인다.

2016. 3. 7.

곁

유월 들어 초록이 또 다른 초록과 어깨동무를 하고 띠를 이뤄 장관이다. 거침없이 이어진 초록 위로 햇살이 망설이지 않고 떨어지자 불어오는 바람에 초록이 파도처럼 출렁인다. 초록이 떼로 머문 곳은 어느 곳이든 숲을 이뤄 눈앞이 맑고 시원스럽다. 숲은 나무가 자기 곁에 다른 나무를 두고 있기 때문에 태생부터 공존의 원리를 타고 태어났다. 곁은 어떤 기준이 되는 대상으로부터 공간적, 심리적으로 가까운 쪽을 일컫는다. 측근이란 말도 같은 의미이다.

그래서 곁이란 말 속에는 다분하게 공존이 배어있다. 절대고독을 꾀하며 살지 않는 한 우리는 곁에 누군가가 함께 있어 주기를 바란다. 곁에 아무도 없으면 사는 것이 숨 막히게 고독하고 외로울 것이다. 우리는 많은 사람을 만나고 서로 교제하면서 지내지만, 곁에 늘 함께 있어 줄 사람은 그리 많지 않다. 특히 어렵고 힘든 일을 겪을 때 처한 상황을 이해해주고 고통을 함께 나눠 줄 사람이 드물다. 아무리 예쁜 꽃도 섬처럼 홀로 피어 있으면 아름다움이 덜하다. 곁에 다른 꽃이 함께 무리를 짓고 피어야 미적으로 극치를 이룬다.

공간적으로 같은 곳에 있을지라도 정서적으로 거리를 좁히지 않으면 곁이라 할 수 없다. 어떤 대상과 가까운 거리에 있지만 서로 소통하지 않으면 그 거리는 아득하게 먼 거리가 된다. 우리는 지금 대화가 없는 이른바 "대화의 실종시대"에 살고 있다. 가족이 함께 있어도 서로 얼굴을 바라보며 대화를 나누는 것이 아니라, 각자 스마트 폰을 보며 시간을 보내기 일쑤이다. 이런 상황이다 보니 우리 곁은 마치 갈밭을 스치는 바람만 머물 뿐, 공허하고 허허하다. 따라서 소통은 곁으로 가는 지름길이다.

곁이란 말에는 함께 가는 동행이 물들어 있다. 어떤 일을 계획하고 실행할 때 혼자서 하는 것보다 뜻이 맞는 사람과 함께 하면 지속해서 할 수 있다. 곁에 가까이 둬야 할 대상은 사람이나 특정한 사물일 수도 있지만, 자기 자신이나 생각일 수도 있다. 하루 일과 가운데 산책은 창작의 불씨를 피우는 시간이다. 산책하면서 곁에 있는 풀잎, 돌멩이, 나무, 꽃, 나비, 별, 달, 구름에 상상력을 불어넣으면 시의 옷으로 갈아입는다. 특히, 그리워하는 대상이 먼 곳에 있을지라도 곁에 함께 있다고 생각하면 절박하고 각별해져 시가 된다.

그래서 곁은 객관적인 거리가 아니라 주관적인 심상이다. 길이 없어도 갈 수 있고 다리가 없어도 건널 수 있는 강이다. 훤한 대낮이 아니라 캄캄한 어둠 속에서도 찾아갈 수 있는 세상이다. 그리워하는 한가운데가 바로 곁이다.

그대 그리워할 때마다/ 청명한 시로 오시어서/ 맘속 먼지 털어주시고/ 그대 그리워할 때마다/ 눈 맑은 시로 오시어서/ 어둠 속 등불 켜주시니// 행여 철없이 철이 들어/ 시샘 말라붙지 않을까/ 그리움 생애 같이 안고/ 자벌레처럼 기어가나니/ 종착역 있을 리 만무한/ 그대, 그리움의 한가운데

(졸시: 「그리움의 한가운데」 전문)

어느새 낮이 묽어지고 밤이 짙어지고 있다. 이 어둠 속에서 곁이 비어 말뚝 시계처럼 고독하게 서 있을 풀잎을 생각한다.

바람 앞에서도/ 꺾이지 않고/ 굴복할 줄 몰라/ 풀풀 살아 있는/ 너는 풀이야// 누군가에게/ 짓밟히고 차여도/ 흙 한 번 털고/ 풀풀 일어서는/ 너는 풀이야// 모진 소낙비에/ 흠뻑 젖을지라도/ 빗방울 다스려/ 풀풀 푸르러지는/ 너는 풀이야

(졸시: 「너는 풀이야」 전문)

가로등이 꽃처럼 붉게 피어 어둠을 쫓고 있다. 가로등 불빛 곁에 개망초가 무리지어 피어 있다. 늦은 봄밤 풍경이 비 올 바람에 흔들려 휘청거린다. 섬뜩 놀란 풀잎도 몸을 떤다. “괜찮아. 풀잎아! 내가 곁에 있을게.”

2016. 6. 8.

곰티재

장마 동안 비다운 비가 별로 내리지 않아 정원 잔디와 나무들이 안쓰러울 정도로 맥을 쓰지 못하고 있다. 연일 기상청에서 폭염주의보를 내보낸 가운데 오늘도 여전히 아침부터 푹푹 찐다. 이번 방학때 전북지역 일대를 도보로 돌아보려는 계획을 세우고 날마다 3시간 정도 걷는 연습을 하고 있다. 오늘은 집에서 가까운 곰티재를 택했다. 집에서 가까운 곳에 있고 나무가 우거져 있어 초록 그림자를 밟고 걸을 수 있기 때문이다.

오래전 폐쇄하여 소름이 돋을 정도로 흉물스럽게 생긴 모 기도원에 차를 두고 걷기 시작했다. 작은 모기와 정체를 알 수 없는 것이 떼를 지어 날개 소리를 기분 나쁘게 내며 성가시게 따라붙었다. 곰티재는 웅치재라고도 한다. 소양면 신촌리와 진안군 부귀면을 잇는 고개로 과거 모래재가 생기기 전 진안 사람들이 이 고개를 거쳐 전주를 다녔다. 지금은 사람이나 차가 거의 다니지 않아 한적하다 못해 을씨년스럽기까지 하다. 이곳은 과거 사람들이 오갔던 단순한 길이 아니라 뼈아픈 역사적 상처를 안고 있는 현장이기도 하다.

1592년 5월 서울을 함락한 왜군은 전국을 점령하여 기세가 등등하였다. 이들 가운데 일부가 용담과 진안을 거쳐 이곳 웅치를 넘어 전주로 들어가려고 했다. 이에 권율이 이치를 막고 김제군수 정담에게 웅치를 막게 했다. 1592년 7월 8일, 오늘처럼 무더위가 기승을 부렸을 법한 날을 택해 왜군이 전 병력을 총동원하여 공격하였다. 이치가 무너지고 웅치를 지키던 정담도 화살이 떨어져 백병전을 전개하다 전사하였다. 이것을 웅치전투라고 한다. 왜군이 전주에 이르렀지만 웅치전투에서 힘을 소진하여 이정만에게 패해 물러갔다.

이런 역사를 안고 있는 곰티재 허공을 완주–진안 간 고속도로가 지나고 있다. 하도 높은 곳에 있어 달리는 차 소리가 마치 비행기 지나가는 소리처럼 요란하다. 허공은 우리에게 아득한 곳이지만 새에게는 길이다. 길은 우리가 밟는 땅이지만 새에게는 허공일 수 있다. 그런데 아득한 허공에 최초로 길 낼 생각을 한 사람은 비범한 사람인지 대범한 사람인지 궁금하다. 뿌리를 땅속에 박고 사는 생명체가 대부분이지만, 일부 식물은 공중에 뿌리를 내밀고 사는 공중 뿌리가 있으니 세상엔 역설적인 게 참 많다.

군데군데 차에 치여 죽은 개구리, 산 지렁이, 뱀 몸덩이에 쉬파리가 어김없이 몰려와 장사를 지냈다. 우리나라 사람은 나이를 먹을수록 주변에 함께할 사람이 없어 외로움이 더한다고 그런다. 이 땅에 사는 미물도 죽을 때는 가족이나 친지가 없이 쉬파리 문상만 받은 채 풍장을 하고 이승을 접고 있다. 사람이나 미물이나 외롭고 고독하기는 매한가지이다. 길섶에 핀 한 송이 민들레 미소를 발견하고서야 잠시 마음속에 자리 잡은 우울을 지웠다.

웅치전적비 탑이 가까워지자 매미가 산중의 고요를 목 터진 소리로 깨뜨렸다. 저 애절하게 구애하는 소리를 무시할 암컷이 있다면, 아무리 곤충이라지만 모성애가 없는 몹쓸 것이다. 사랑을 완성하려면 참고 기다려야 한다. 매미는 짧게는 2년, 길게는 10년 동안 땅속에서 애벌레로 살다가 땅 위로 올라와 다섯 번 정도 허물을 벗은 후 성충이 된다. 그리고 약 한 달 정도 사는 동안 짝짓기를 하여 알을 낳고 죽는다. 땅속에서 보내는 긴 시간 동안 애간장이 얼마나 탔을까. 다섯 번에 걸쳐 몸에 맞지 않는 옷을 벗고 젖은 몸을 말릴 때 얼마나 아렸을까.

아! 웅치전적비. 산더미처럼 쌓인 조선군 시체를 왜군이 그냥 지나치지 않고 무덤을 크게 만들고 '조조선국충간의담弔朝鮮國忠肝義膽'이란 표목을 세웠다고 한다. 비록 적군이지만 나라를 위해 싸우다 장렬하게 죽은 조선군이 보인 충성심에 왜군도 감동을 한 모양이다. 간담은 우리 장기 가운데 하나지만 속마음을 일컫는다. 어느 누구든 속마음은 감동을 주고 통하기 마련이다. 웅치전적비 주위에 그때 희생된 넋을 위로하려고 노란 리본을 매달아 놓았다. 낯익은 이름이 많았다. 몇 해 전부터 소양면 장기발전위원회가 주축이 되어 웅치전투에 대한 의미를 역사적으로 되새기는 일을 진행하고 있다.

전적비 앞에 간식용으로 가져온 방울토마토와 오이를 놓고 잠시 고개를 숙였다. 내려오는 길에 '만덕산 미륵사'란 산문을 따라 올랐다. 가도 가도 보이지 않는 산사, 보살의 몸으로 도솔천에서 머물다 미래에 석가모니불에 이어 중생을 구제한다는 미래에 올 부처인 미륵은 아직 올 때가 아니라고 생각한 모양이다. 산사까지 가는 것을 단념하고 내려오는데 길이 너무 가팔라 몸이 자꾸 한쪽으로 기울었다. 균형을 잃지 않으려고 양손에 든 스틱에 힘을 줬다. 길을 따라 올라온 바람이 내 몸을 관통하며 서둘러 올라갔다.

이어서 산악자전거를 탄 청년이 심장 터지는 소리를 내며 페달을 밟았다. 누가 먼저라 할 것 없이 가쁜 숨소리를 잠시 내려놓고 만난 지 오래된 사람처럼 살갑게 인사를 나눴다. 오늘 이 하루 이 땅에 사는 모든 사람이 안녕하기를 빈다.

2016. 7. 25.

관계

한동안 비가 뜸해 땅이 고슬고슬하여 먼지 바람이 일더니 모처럼 꿀 비가 내렸다. 비 맛을 달짝지근하게 맛본 초록 숲이 파도처럼 출렁거리다 이내 고요해졌다. 먼지 묻은 나뭇잎을 씻어 내린 빗방울이 잎 가장자리에 모였다 허공에서 미끄럼틀을 타고 내렸다. 숲 여기저기에 떨어진 빗방울이 장작 타는 소리를 내며 포복하였다. 아직 썩지 않은 잎들이 비에 젖어 서로를 끌어안고 유연하게 결속하였다. 해찰하다 비보다 나중에 이른 바람이 눈치를 살피며 멋쩍게 지나갔다. 곧바로 빗방울이 낙하하는 각도를 가파르게 수정했지만 마른 잎은 꼼짝달싹하지 않았다.

마른 잎을 적신 빗방울 가운데 유별스럽게 청명하게 빛나는 게 있었다. "맑은 비"라 작명한 이름을 주민자치센터에 들러 출생신고를 하였다. 비는 세상에 태어나는 순간 각자 형상에 맞게 이름을 단다. 안개비는 안개처럼 눈에 보이지 않게 내리는 것이고 는개는 안개보다 조금 굵은 비를 일컫는다. 실비는 실처럼 가늘게 내리는 것이고 여우비는 맑은 날 잠깐 내리는 것이다. 작달비나 채찍비는 굵고 세차게 내리는 것이고, 도둑비는 밤에 몰래 살짝 내린 것이다. 약비나 단비는 요긴할 때 내리는 것이고 먼지잼은 먼지가 날리지 않을 정도로 아주 조금 내리는 비를 일컫는다.

이 땅에 이름을 붙이고 사는 것은 대개 다른 존재와 관계를 맺고 산다. 관계를 맺으려면 서로 통해야 한다. 어떤 대상과 소통하려면 우선 이름을 불러야 한다. 길섶에 있는 수많은 풀잎도 각자 이름을 붙여 부르면 정서적 거리를 좁힐 수 있다. 예를 들어 키가 큰 풀잎은 높음이, 키가 작은 것은 낮음이, 잎이 널찍한 것은 넓음이, 잎이 좁은 것은 홀쭉이라 이름 지어도 무방하다. 우리는 대부분 다른 대상에 대해 의미를 부여하는 일에는 익숙하지만, 스스로에 대해 의미를 주는 것은 인색한 편이다.

"○○야! 그동안 고생 많이 했지? 정말 수고했다. 난 네가 대견스럽다. 어떤 어려운 일이 닥쳐도 넌 할 수 있어. 난 널 믿는다." 이렇게 자기 이름을 부르며 자신에게 말을 걸고 대화를 한 기회가 별로 없었다. 오늘 강의실에서 학생들에게 자기 이름을 부르며 스스로 말을 걸어 자신을 위로하고 격려하도록 하였다. 이렇듯 관계는 다른 존재를 대상으로 맺기도 하지만, 자신을 대상으로 삼아 맺기도 한다. 그런데 우리는 다른 사람이나 대상과 관계 맺는 일을 중요하게 여기지만, 스스로와 관계 맺는 데는 소홀한 편이다.

지나온 길을 돌아보지 않고 앞으로 나아가는 것만이 보행이 아니다. 지나온 길을 뒤 돌아보고 빠뜨린 것은 없는지, 누군가 외치는 소리를 외면하지 않았는지, 발자국은 잘 따라오는지 간간이 뒤돌아봐야 한다.

길을 걷다 몇 번쯤은/ 뒤돌아 바라봐야 한다/ 발자국은 잘 따라오는지/ 멀쩡하다고 믿는 것 속에/ 솎아내 버릴 것은 없는지/ 속 깊이 간직해야 할 사연/ 잡동사니로 버리진 않았는지/ 몇 번쯤 눈 맑게 밝히고/ 길 뒤돌아봐야 한다/ 애절하게 이름 부르며/ 함께 가자 하는 이 없는지/ 귀 막히고 마음마저 닫혀/ 아름다운 침묵 건성으로/ 행여 빠뜨리진 않았는지/ 길을 걷다 몇 번쯤은/ 앞 보듯 뒤돌아봐야 한다.

(졸시: 「길을 걷다 몇 번쯤은」 전문)

자신과 맺은 관계가 비뚤어지면 다른 사람이나 대상과 좋은 관계를 유지할 수 없다. 관계를 맺을 때 중요한 것은 거리이다. 우선 관계를 맺으려면 정서적인 거리를 좁혀야 한다. 그런데 거리가 너무 밀착되면 크고 작은 충돌이 일어나기 십상이다. 상대와 거리를 적당하게 유지해야 대상이 그립고 설레는 법이다.

아침 풀잎에 무인 이슬/ 그 영롱한 물빛 가운데/ 그대 있을 리 전혀 없다// 등 마주 대고 핀 꽃잎들/ 그 달콤한 사랑 가운데/ 그대 있을 리 만무하다// 바람 이들 곁에 머물건만/ 그대, 내 맘에 맺혀있고/ 내 안 깊숙이 피어있을 뿐.

(졸시: 「내 안의 꽃」 전문)

그리워하는 사람이 육안 밖에 있을지라도, 마음속에 집어넣고 늘 생각하면 아침 이슬보다 더 영롱하고 꽃보다 더 아름답다. 그리고 늘 시심에 젖어 언어의 창고를 채울 수 있다.

편년체 같은/ 시를 쓰다// 그대 생각 베고/ 잠이 들었다.

(졸시: 「낮잠」 전문)

그대 위해 차린 밥상/ 찬이라곤 그리움뿐// 입맛 없고 밥맛 없어도/ 그리움에 비벼 드소서.

(졸시: 「그대의 밥상」 전문)

2016. 5. 26.

굶식

"어머니, 오늘부터 도시락 싸지 마세요."

"왜? 만날 그 반찬이라서 지겨워서 그러냐?"

"아니요. 오늘부터 저녁을 거르려고 그래요. 실없이 살이 쪄서 살 좀 빼려고요."

밤늦은 시간이지만, 빠트리지 않고 산책하고 운동기구를 이용하여 스트레칭하는데도 허리가 굵어지고 뱃살이 늘었다. 그래서 저녁을 먹지 않으려고 단단히 맘먹었다. 그동안 "먹는 것이 남는 것이다." 아니면 "먹고 죽은 귀신은 때깔도 좋다."는 말을 신봉하며 바동바동 하루 세끼를 찾아 먹으려고 했다. 게다가 주전부리가 심해 간식을 즐겼다.

어머니께 도시락을 싸지 말라고 하자 걱정하는 낯빛이 선명했다. 어머니는 평소 집에서 아침 한 끼 겨우 먹는 것도 텃밭에서 자라는 남새로 나물 무쳐 먹는 게 고작이라며 짠해하셨다. 그래서 밖에서라도 잘 먹고 다니라고 신신당부하셨다. 그런데 저녁을 거른다 하자 여간 신경 쓰지 않는 모양이셨다.

저녁을 먹지 않겠다고 다짐한 것이 작심삼일이 되지 않게 하려고 일단 만나는 사람에게 공포했다. 학교식당에서 점심을 먹다 만난 교수님들께 내 계획을 말하고 강의실에서는 학생들에게 신념 넘치게 말했다. 일단 이렇게 약속에 대한 포자를 널리 뿌려놓고 내가 한 말에 대해 책임지려는 심산이었다.

저녁을 먹지 않은 지 3일이 되었지만, 생각한 것보다 견딜 만하였다. 오히려 이른 아침에 배가 빨리 고파 밥맛이 좋았다. 반찬이 있든 없든 아침을 맛있게 먹자 기분이 상쾌했다. 어머니는 저녁을 먹지 않으려면 아침이라도 많이 먹으라며 간간한 잔소리를 밑반찬처럼 내놓으셨다. 그리고 한사코 됐다고 하는데도 밥과 국물을 한 술이라도 더 주시려고 하셨다.

“다 먹고 살자고 하는 짓인데, 일부러 굶을 필요까지 없지 않으냐.” 그랬다. 종교적 의지로 금식하는 사람을 보고 이 말을 하며 핀잔을 주기까지 했다. 오히려 굶식하는 사람을 보면 기분 좋게 먹고 기분 좋게 소화하며 사는 것이 건강한 삶이라고 충고까지 한 전력이 있다. 사실 저녁을 거르려고 마음먹은 것은 치밀하게 계획을 세운 것은 아니었다. 살이 찐 이유는 둘째이고 진짜 이유는 봄 감기 때문이었다.

내 안에 머무는 봄 감기, 이왕 날 찾아왔으니 좋은 친구라고 여기기로 했다. 그리고 녀석이 떠나는 날까지 참고 기다리려고 한다. 허둥지둥 살다 보면 떠나보내야 할 것을 붙잡고 있고 붙잡고 살아야 할 것을 허망하게 놓을 때가 있다. 소나무란 소나무는 죄다 제 몸에 핀 송화를 누렇게 내려놓고 화심소류지는 사람들이 모여 사는 아랫마을로 물을 흘려보내며 자신을 비우고 있었다.

얼마 전 주사를 맞고 약을 먹어도 한 달째 내 안에서 잠복하고 있는 감기와 함께 마을 안쪽에 있는 원각사에 산책을 다녀왔다. 송화를 내려놓은 오월 솔숲과 자신을 꽉 채우지 않고 비우는 화심소류지를 보며 내가 내려놓을 수 있는 게 무엇일지 생각해보았다. 이때 시상처럼 떠오른 것이 바로 저녁을 거르는 것이었다.

굶식을 하겠다고 하자 몇몇 사람이 '독한 사람'이라고 했다. 본디 음식을 가리지 않고 잘 먹는 편이어서 집사람부터 믿지 않았다. 독한 사람이란 의지가 강하다는 의미로 한 말이겠지만, 전혀 동의할 수 없다. 그동안 독하지 못한 성미 때문에 지독하게 살지 못하고 가난한 시만 부쩍 늘었다. 집사람이 나에 대해 가지고 있는 불신에 대해서는 전적으로 시인한다. 자정 근린에서도 집안 어느 곳이든 은밀하게 숨겨놓은 과자부스러기를 단번에 찾아내 한입에 먹어버린 전과가 수두룩하므로.

주위에서 뭐라고 하든 저녁을 거르는 동안 얼마나 많은 일이 넓게 일어날지 벌써 궁금하다. 이런 일을 그냥 넘기지 않고 일일이 언어의 뜰채로 건져 기르려고 한다. 학생들에게 글을 쓰는 행위는 작문하는 것에 머물지 말고 자신이 쓴 말에 대해 책임져야 한다고 가르쳐 왔다. 이즈음에 이르자 문제가 생겼다. 당장 십여 일 후 연이어 저녁 약속이 있다. 저녁을 거르기로 다짐한 것과 관계없이 일찍이 잡은 약속이었다. 이런 날은 완전히 굶식할 수 없으니 소식 할 요량이다.

어제까지 미세먼지가 날려 흐릿했던 허공에서 아침부터 내린 비가 저녁까지 멎지 않고 있다. 빗소리에 모든 것이 가깝게 느껴지는 순간, 몇 시쯤 되었는지 손전화를 열자 '시스템 쓰레기 파일, 청소 필요'란 문자가 눈에 들어왔다. 다른 날 같으면 저녁 먹을 때가 되었다. 정수기에서 냉수 한 컵을 받아 마시자 근원이 애매한 상쾌함이 깨금발로 따라왔다.

"그래, 내 몸을 청소하는 시간이야. 마음도."

2017. 5. 9.

느티나무에게 묻다

느티나무 아래 떨어진 잎들이 몸을 서로 포개고 어울려 놀고 있다. 가끔 바람이 불어와 이들이 즐기는 평화를 훼방 놓지만, 이들은 다시 흩어진 평화를 한 곳으로 불러 오순도순 모여 있다. 낙엽은 낙엽 나름대로 생존하는 방법을 안다. 저마다 한 마디 이상 깊숙한 사연을 품고 한데 어울려 있다. 서걱서걱 바람 지나는 길 정도로 야무지게 트고 바람에 저를 가만가만 맡긴다. 서로 사랑하는 법도 안다. 숨 쉴 만큼 틈을 서로 절묘하게 벌려 햇살을 한 줌씩 불러 서로를 끌어안는다.

마음을 훤히 열고 귀를 세우면 그들이 나누는 대화를 들을 수 있다. 나무에서 떨어진 잎들은 사연이 다양하다. 바람을 핑계 대는 이가 있고 친구 따라 그저 왔다는 이도 있다. 허공에서 내려와야 할 때가 언제인지를 알고 떨어졌다는 이도 있다. 맨눈으로 보면 그냥 가지에 매달려 있을 성싶은 나뭇잎도 이렇게 다른 생각을 품고 산다.

생각하는 길이나 깊이도 각자 다르다.

느티나무 아래 있는 빈 의자에 앉아 하염없이 지는 잎을 본다. 가을 오후 햇볕이 널찍하게 펴져 있는 건넛산에 무덤들이 옹기종기 모여 있다. 이승과 저승의 거리가 몇 뼘 되지 않는 지척이다. 우리 생은 자신이 키운 나무만큼 자라다 단풍처럼 물들어 어느 날 문득 나뭇잎처럼 떨어지는 것 같다. 우듬지에 매달린 홍시도 까치밥으로 선택받지 못하면 스스로 꽃처럼 떨어진다. 이들 낙하 속에는 시간이 강처럼 흐르고 있다. 생명을 가진 것치고 어느 것 하나 이 강을 거슬러 오를 수 없다.

한 잎 나뭇잎이 되어 느티나무에게 어떻게 살아야 잘 사는 것인지 물었다. 나무는 좀처럼 입을 열지 않고 고요하게 미소만 짓는다. 십수 년 정도 되었을 법한 느티나무는 온몸에 세월의 풍상을 지문처럼 새기고 고고하게 서 있다. 그리고 오래된 사연을 풀듯이 분신과 같은 잎을 하나씩 연신 내려놓는다. 내리고 내려놓았는데도 유산처럼 남은 잎들로 느티나무는 수많은 잎을 껴입고 있다.

느티나무 아래 있는 잎들이 한결같이 곱다. 나이를 먹는다는 것은 단풍처럼 물들어간다는 것이다. 가을 산이 봄날보다 더 아름다운 것은 여름날 모진 땡볕과 폭우를 견딘 잎들이 단풍으로 깊숙이 물들기 때문이다. 물든다는 것은 자연을 거역하지 않는다는 것이다. 자연을 거역하는 것은 생명을 거슬리는 행위이다. 물들 때를 알고 물들어야 물듦이 꽃이 된다. 떨어질 때가 언제인가를 알고 제때 떨어져야 꽃이 된다. 꽃은 떨어져야 다시 생명으로 태어날 수 있다.

지금까지 살면서 빤한 말이라는 핑계를 대고 건성으로 넘기고 무시한 문장이 참 많았다. 인문고전 시간에 학생들에게『논어』를 강의하면서『논어』에 나오는 말은 먼저 나 자신이 배워야 할 것이라고 여러 번 고백했다. 오늘은 느티나무가 마치 공자처럼 보인다. 어리석고 왜소한 문하생이 되어 나무에게 "스승님! 어떻게 살아야 잘 사는 것입니까?"라고 여쭌다. 느티나무는 몸 밖으로 나뭇잎을 가볍게 내려놓을 뿐 여전히 아무 말이 없다.

낙엽 하나가 귀 끝을 날카롭게 스치며 떨어졌다. 눈물이 핑 돌도록 아프다. 낙엽에 맞아도 아프다는 것을 오늘 알았다. 사소한 무게일지라도 정통으로 맞으면 뾰족한 통증이 된다는 것을.

"어떻게 사는 것이 잘 사는 것인지 궁금한가?"
"네, 스승님!"
"나는 자네에게 여러 번 말했네."
"잘 듣지 못했습니다."
"허허, 그랬겠지. 날 자세히 정독해보게."

때맞춰 불어오는 바람에 낙엽이 한량없이 날렸다. 곰곰이 생각해보니 그것은 사소한 무게가 아니라 나무가 나에게 주는 따끔한 충고였다. 낙엽은 나무가 나에게 들려주는 언어이자 문장이었다. 세월을 산만큼 잘 물들어 때가 되면 하나씩 고요하게 내려놓으라는 말이었다. 내려놓아야만 드디어 가벼워지고 자유롭다는 것을 묵언으로 보여준 것이다. 여태 살아오며 생각 속에서만 비워내고 내려놓았지 차마 버리지 못하고 붙잡고 있는 것이 너무 많았다. 부질없이 붙잡고 있던 것을 가을, 느티나무처럼 하나씩 내려놓으려 한다.

2016. 11. 1.

눈 몸살

밤새 뼈마디가 내려앉고 근육이란 근육이 다 나자빠졌다. 잠을 설칠 수밖에 없었다. 일상처럼 아침에 하는 산책 외엔 특별히 몸 쓸 일이 없었는데 행여 비가 내릴지 모르겠다고 생각하고 달아난 잠을 애써 불렀다. 현관문 여는 소리에 겨우 든 잠이 깼다. 온몸이 바위가 누르고 있는 중압감을 느끼며 파들거렸다.

밖은 빛 하나 보이지 않았고 꽁꽁 언 어둠이 켜켜이 접혀 있었다. 목이 화끈거려 물을 마시려고 주방으로 갔다. 목으로 넘어간 물이 껍질을 벗고 빠른 속력으로 위까지 내려갔다. 정신은 환하게 밝아왔지만, 몸은 마치 포식자 이빨 자국만 남은 짐승처럼 성한 곳이 없었다. 거실 안창을 열고 밖을 내다보니 언제 내렸는지 눈이 쌓여 있었다. 아버지께서 눈을 치우러 나가신 것이다.

방한복을 입고 방한모에다 마스크까지 쓰고 밖으로 나갔다. 아버지와 함께 집 안팎에 쌓인 눈을 거의 치우고 나자 날이 훤히 밝았다.

집터가 꽤 넓고 데크까지 있어 아버지와 함께 눈을 치워도 시간이 한참 걸렸다. 게다가 이웃이 홀로 사시는 어르신이 대부분이라서 바깥길도 대부분 우리 부자가 치우기 일쑤이다. 아버지께서 집 앞길을 치우는 사이 몸이 아픈 걸 핑계 삼아 먼저 들어왔다. 팔순이 넘은 아버지는 눈을 치우시는데 혼자 달랑 들어오려니 마음이 편치 않았다.

태생부터 체질적으로 건강한 편이 되지 못해 비 몸살을 한 지 오래다. 그런데 눈 몸살까지 떠안고 살아야 할 판이라 건강하지 못한 몸이 영 마뜩잖다. 아침도 거르고 잘려나간 잠을 이어보려고 침대에 누웠다. 스마트 폰을 무음으로 하지 않았던지 문자 들어오는 소리뿐만 아니라, 메일 들어오는 신호가 조명처럼 켜지는 바람에 잠을 자려던 생각이 흐지부지 시들어졌다.

어머니께서 아침식사를 막 마치고 설거지를 하시던 참이었다. 시래깃국에 밥을 한 술 말아먹고 혈압강하제를 비타민처럼 여기고 먹었다. 올겨울은 다른 해와 비교해 날씨가 따뜻하고 그 많던 눈이 다 어디에서 살고 있는지 소식이 영 오리무중이다. 수저를 놓기 무섭게 부모님은 마을 회관으로 향하신다. 완주군에서 12월부터 2월까지 석 달 동안 연료비와 부식비를 지원하여 마을 어르신들이 회관으로 거의 모이시기 때문이다.

우리 집 1층은 심야 전기보일러를 사용하고 2층은 기름보일러를 작동한다. 겨울에 1층과 2층에 들어간 연료비가 다른 계절에 쓰는 생활비에 버금간다. 아주 따뜻하게 보일러를 가동하지 않는데도 이 정도 돈이 들어간다. 그래서 겨울은 우리 가족에게 또 다른 이름을 가진 추위이다. 마을회관은 찜질방처럼 방이 따뜻하고 여러 사람이 함께 모여 식사를 하므로, 특별한 일이 없는 한 부모님은 마을회관으로 출근하신다.

눈길을 가시는 게 마음이 놓이지 않아 차로 마을회관까지 모셔다 드리겠다고 했다. 아버지는 한사코 걸어가시겠다며 시동을 걸기도 전에 앞서 길을 나시었다. 눈길에 아버지께서 남기신 족흔이 덕지덕지해진 무릎에 가죽을 덧붙여 놓은 것처럼 보였다.마을회관에 어머니를 모셔다드리고 다시 서재 침대에 누웠다. 스마트 폰 전원을 끄자 허공에 열려있던 문이 닫히면서 고요가 다가왔다. 이 고요를 마음의 솥에 안치고 생각의 불을 지폈다. 고요가 익어가는 냄새를 맡자 머릿속에 빽빽하게 자라던 생각이 하나하나 표백되어 하얘지기 시작했다.

“아빠! 12시 30분이에요. 저 2시 열차로 서울 올라가야 해요. 저 좀 태워다 주세요.” 큰아들 목소리가 숨이 넘어갔다. 여전히 몸은 천근만근 같았지만, 12시 30분과 2시 사이 간극을 헤아린 순간 오뚝이처럼 일어났다. 서둘러 씻고 말 그대로 밥 몇 술로 마음에 점 하나 콕 찍었다. 전주역에 아들을 내려주고 해 질 녘 들판에 선 것처럼 빨간 신호등 앞에 멈춰 섰다. 그리고 나 스스로에게 다정스럽게 한 마디 건넸다.

“참, 고생했다.”

2016. 1. 15.

눈길

한파주의보와 대설주의보가 겹치면서 눈이 많이 내렸다. 마을 안길은 사람 손으로 도저히 감당할 수 없어 트랙터로 눈을 치웠다. 산책하려고 집을 나섰다. 발길이 뜸한 원각사 가는 길은 두 줄로 된 차바퀴 자국만 나 있을 뿐 간밤 쌓인 눈으로 눈이 부셨다. 눈 위에 남긴 차바퀴 자국은 날씨가 워낙 추워 매끌매끌해졌다. 걷는 게 불편했지만 눈 위를 걷는 게 오히려 덜 미끄러웠다.

눈 속에 등산화 신은 발이 폭폭 빠졌다. 스패츠가 없을뿐더러 가볍게 걷는다고 생각하고 나섰는데, 한참 걷다 보니 등산화가 젖어 발등이 시렸다. 원각사 입구 주차장에 이르렀더니 차가 산문으로 들어가지 못하고 돌아서 나온 자국이 선명했다. 이곳저곳이 들고양이와 고라니 발자국이 간밤 이동한 경로를 따라 이사를 자주 한 사람 주민등록등본 전출입 기재사항처럼 들쑥날쑥하였다.

차가 돌아 나온 흔적을 따라서 오던 길을 되돌아왔다. 올겨울 들어

한 번도 온몸이 꽁꽁 언 적 없었던 저수지는 숨통 하나 남기지 않고 통째 얼어붙었다. 얼어붙은 저수지가 말이 통하지 않는 사람처럼 답답해 보였다. 되돌아올 때 가면서 밟았던 발자국을 되밟았더니 신발에 눈이 덜 달라붙고 힘도 덜 들었다. 어디서 왔는지 매서운 칼바람 한 무리가 몰려와 얼굴을 사정없이 할퀴고 달아났다. 놀란 기색이 역력한 눈들이 땅바닥에 배꼽을 바싹 붙이고 엎드렸다.

길 중간쯤에 이르러 얼마 전 우리 마을에 귀촌하여 사는 이 선생님 부부를 만났다. 두 분 다 장화를 신고 있었다. 이른 시간에 누가 그렇게 빨리 길을 나섰는지 궁금했다고 하셨다. 그리고 발자국을 밟고 왔더니 힘이 덜 드셨다고 하시며, 미리 길을 내줘서 고맙다고까지 하셨다. 눈이 푹푹 쌓인 길을 맨 처음 걷는 사람은 신발이 빠져 발이 시리고 힘이 들기 마련이다. 그러나 그 뒤를 따라온 사람은 앞사람이 남긴 발자국을 밟고 걸으면 걷는 게 훨씬 수월하다.

우리 삶은 어쩌면 누군가 남긴 발자국을 따라 평생 걸어가는 보행일지도 모른다. 역사적으로 세상 사람에게 선한 발자국을 남긴 사람이 많다. 꼭 이런 인물이 아닐지라도 누구나 우리가 살아가는 일상 속에서 이른바 '롤 모델'로 삼고 있는 사람이 있다. 그래서 그 사람이 걷고 있는 길을 따라가면서 그 사람을 전적으로 닮기 원한다. 얼마 전 신영복 교수님께서 영면하셨다. 독재정권 아래서 민주화 운동을 하시다 20년 가까운 세월 동안 옥살이를 하셨다.

「처음처럼」, 교수님께서 쓰신 붓글씨는 서체가 독특해 이른바 '신영복체'라고 불렀다.

처음으로 하늘을 만나는 어린 새처럼/ 처음으로 땅을 밟고 일어서는 새싹처럼/ 우리는 하루가 저무는 저녁 무렵에도/ 아침처럼 새봄처럼 처음처럼/ 다시 새날을 시작하고 있다.

(신영복 시 「처음처럼」)

우리가 어떤 일을 할 때 처음 마음먹었던 대로 한다면 쉽게 좌절하거나 포기하지 않을 것이다. 또 사람을 대할 때 처음 먹었던 감정과 느낌을 끝까지 잃지 않으면 갈등이나 불화가 생기지 않을 것이다.

눈 위에 새긴 발자국을 뒤따라온 사람이 다시 밟고, 그 발자국을 다시 누군가가 밟으면 발자국은 눈 위에서 길이 된다. 세상살이하는 우리 삶이 늘 봄일 수는 없다. 느닷없이 겨울이 오고 폭설이 내릴 수 있다. 우리 삶에도 폭설이 내려 발이 폭폭 빠지면서 걸어야 할 때가 있다. 길을 가되 혼자 앞서가려고 하지 말고 더불어 어깨동무를 하고 가야 한다. 또 시련을 만날지라도 처음 품었던 생각을 버리지 말고 "처음처럼" 걸어가야 한다. 우리 앞에 눈부신 눈길이 있다. 다 같이 함께 가자 이 눈길을.

2016. 1. 24.

눈(雪)의 충고

대한을 맞아 기상대가 전국적으로 폭설이 내린다고 예보했다. 올 겨울에는 눈다운 눈이 내리지 않아 눈 구경하기가 참 힘들었다. 집이 시내 밖에 있고 귀가가 늦은 터라 한편으로는 마음이 놓였지만, 마음 한구석으로는 눈을 은근히 고대하기도 했다. "와! 눈이 참 많이 내린다." 이른 아침, 주방에 있는 창문을 여는 소리와 함께 어머니께서 소녀 같은 목소리로 눈 소식을 알렸다. 잠시 후 아버지께서 현관문을 열고 나가시는 소리가 났다.

눈이 오면 이웃이 주로 홀로 사는 어르신이 대부분이라 우리 집 앞뿐만 아니라, 이웃집 주변을 아버지와 함께 치운다. 이불 속에서 몇 번 뒤척이다 방한복에 두툼한 모자를 챙겨 쓰고 밖으로 나갔다. 아버지께서 집 밖에 눈을 치우시는 동안 현관에서 주차장까지 눈을 치울 생각을 했다. 빗자루를 챙겨 계단에 쌓인 눈을 쓸고 정원 입구로 내려서는 순간 허리가 삐끗했다. 대수롭지 않게 여기고 빗자루질을 하려는 순간 허리에 통증이 떼로 몰려왔다.

겨우 몸을 추스르고 발을 떼려고 했지만 내 뜻대로 움직이지 않았다. 한마디로 누전차단기가 떨어진 전기회로처럼 온몸이 정전상태가 되었다. 계단을 용케 올라 현관으로 들어서자 실내에 있던 온기가 안경에 달라붙어 있던 냉기와 뒤섞여 눈 앞을 가렸다. 쿵쿵거리는 소리를 예사롭지 않게 들으셨는지, 아침을 준비하시던 어머니께서 말없이 걱정스럽게 다가오셨다. 2층에서 날밤을 새다시피 한 훈용이가 혹 잠들었을지 모르기 때문이다.

다시 이불 속으로 들어갔다. 몸을 따뜻하게 하고 좀 누워있으면 아무렇지 않을 것이라는 믿음을 나름대로 단단하게 만들었다. 요즘 관심 있게 보고 있는『이상심리학의 기초』라는 책까지 비스듬히 누워 넘기는 여유까지 부렸다. 아버지께서 들어오시자 어머니가 내 허리 삔 것을 귀띔한 소리가 낮게 들려왔다. 스마트폰을 들춰 페이스북에 들어갔더니 차정식 교수님이 쓴『남양주』란 글이 눈에 들어왔다.

"처음 와보는 이 낯선 도시에서 나흘째 보내고 있다. (중략) 어제는 해발 886미터 축령산을 올랐다. 얼음길을 아이젠과 스틱도 없이, (중략) 이 컴컴한 산골의 아침, 이유를 알 수 없는 외로움과 오한으로 떨고 있는 이들을 위해 한 모금의 기도를 바친다."

순간, 시상이 섬광처럼 일었다.

눈 쓸다/ 허리 삐걱했다// 해발 886미터/ 기갈과 오한으로/ 떠는 이들 위해// 기도 한 모금 바친/ 그 기도자 위해// 폭설 뚫고 올/ 위대한 속력과/ 담대

한 평안/ 함께 하기를// 뜨뜻한 응원 한 잔/ 끓이고 있다.

(졸시: 「하얀 안부」 전문)

어머니께서 도시락을 건네주시며 나서는 길로 침을 맞고 물리치료를 받으라고 신신당부하셨다. 집에서 나올 때까지만 해도 쉽게 지워질 것이라고 여긴 통증이 연구실에 이르자 예상 밖으로 크게 번졌다. 앉아있을 때는 어딘가 숨어 전혀 내색하지 않았던 통증이 일어서거나 허리를 굽힐 일이 있으면 어김없이 튀쳐나왔다. 이럴 때마다 내 의지를 무시한 채 "아! 아!" 소리가 거침없이 쏟아지는 바람에 옆 연구실 교수님이 신경 쓰였다. 그리고 느닷없이 실체도 없는 통증에게 '양심론'을 걸고 넘어졌다. '내가 요즘 얼마나 바쁜데, 양심이 있으면 곧 나아지겠지.' 늦은 밤 귀가하려고 눈 아래 있는 구두를 신으려 했지만, 앞서가는 마음을 몸이 따라가지 못해 구두와 손 사이 거리가 너무 멀었다.

하룻밤 자고 일어나면 언제 그랬느냐는 듯이 통증이 사라질 것이라는 믿음은 허사였다. 아예 돌아누울 수도 일어날 수 없는 것은 물론, 미세하게 동작할 때에도 통증이 거대하게 따라붙었다. 응급조치로 통증이 모여 있는 발원지 인근에 파스를 벽지 붙이듯이 붙이고 집을 나섰다. 살다 보면 우연히 일치한 것인지 몰라도 몸이 불편하면 할 일이 더 눈처럼 쌓인다. 면사무소에 들러 이런저런 서류를 떼야 하고 농협마트에 들러 시장도 봐야 하고, 설 연휴가 닥쳐 병원에 들러 혈압약도 미리 타야 한다.

잔설 위로 간밤 또다시 눈이 내렸다. 아버지께서 사람 발자국 흔적을 남기지 않을만큼 눈을 어느샌가 치우셨다. 자동차 시동을 걸자 눈을 뒤집어쓴 화살나무 우듬지에 앉아 있던 새가 칼바람을 일으키며 허공으로 발을 들여놓았다. 눈 무게만큼 숙연해져 고개 숙이고 있던 우듬지가 한참 흔들리며 제 몸에 쌓인 잔설을 쓸어내렸다. 안전벨트를 매려고 등을 돌리려는 순간 "아! 아!"라는 날 선 감탄사가 구슬 보따리를 풀듯이 쏟아져 나왔다. 룸미러를 들여다보다 낯선 사내 눈과 마주쳤다.

내 눈이 내 눈 같지 않고 내 얼굴이 친근하게 다가오지 않아 낯설 때가 있다. 내 몸을 자동차처럼 여긴 나머지 핸들을 돌리면 돌리는 대로 이동하고, 제동장치를 밟으면 똑딱 멈춰 설 줄만 알았다. 그런데 눈을 치운답시고 빗자루질 좀 하다 허리를 삐고 나자 내 몸이 내 것이 아니었다. 앉고 서고 걷고 눕는 것은 고사하고 재채기마저 속 시원하게 할 수 없었다. 귀가 순해질 나이가 코앞에 닥쳤건만, 아직도 바람소리 밑에 일일이 빨강 펜으로 밑줄 치며 살고 있으니.

이런 나에게 눈이 손편지처럼 보낸 통증을 곰곰이 숙독하며 눈길을 서행하고 있다.

2017. 1. 22.

똥

"도대체 날마다 누가 이렇게 똥을 싸고 가는 거야." 아버지께서 또 집안에 누군가 싸고 간 똥을 치우고 계신 모양이다. 아마 바람이 뒤척일 때마다 실눈을 뜬 구린내가 바람을 타고 종이비행기처럼 날아다녔을 것이다.

겨울은 사람 체온만 떨어뜨리려는 것이 아니라 산중에 사는 산짐승들 몸도 차게 만든다. 요즘 출근하려고 현관을 나서면 집으로 통하는 정원 잔디밭에 간밤 산짐승이나 들짐승이 똥을 싸놓는 일이 늘었다. 고라니 똥은 환약처럼 둥실둥실하여 귀엽게 생긴 데다 냄새가 별로 나지 않는다. 들고양이 똥은 사람 것과 별반 차이가 없고 냄새가 상당히 역하다.

새벽 기온이 영하권에서 꿈쩍하지 않고 잠든 터라 녀석들이 눈 똥은 대부분 단단하게 얼어 있다. 그래서 쓰레기 줍는 집게로 똥을 집어 정원에 있는 나무 주변에 던져 놓는다. 문제는 설사한 똥이다. 설사하고 간 녀석은 분명히 속이 편하지 않았을 것이다. 밤늦은 시간까지 송년회를 한답시고 과식했거나 과음했을지 모른다. 아니면 요즘 먹을 것을 구하는 게 만만치 않아 식사시간이 불규칙하여 장이 탈이 났을 것이다.

연말이 가까워지면서 이런저런 모임이 많았다. 직장 동료, 문학회 회원, 초등학교 동창생, 학과 교수, 졸업생 사은회, 교수퇴수회에 이르기까지 일주일에 네댓 번을 밖에서 밥을 먹었다. 이런 모임이 있으면 성격상 분위기를 주도하는 편이라 다른 사람에 비해 말을 많이 하는 편이다. 인문고전 시간에 학생들에게 『논어』를 강의하면서 "말을 적게 하고 조심해야 한다."고 했다. 그런데 나는 정작 필요 이상으로 말을 많이 하는 편이다.

모임이 끝나고 나서 곰곰이 생각해보면, 과분하게 말을 많이 한 것 때문에 후회한다. 나름대로 어색한 분위기를 전환하거나 머쓱한 상황을 친밀하게 만들려는 의도로 한 것이지만, 한 말은 이미 엎질러진 물 꼴이 되고 만다. 글은 쓰고 나서 퇴고를 하면서 잘잘못을 판단하고 분석하여 잘못 쓴 것을 고칠 수 있다. 그러나 말은 한 번 입 밖으로 나가면 다시 거둬들일 수 없다. 문단속은 외출할 때 잘하면 되지만, 입단속은 집안이나 집 밖에서 항상 잘해야 한다.

다른 사람과 대화를 하다 어법을 잘못 쓰면 그냥 넘기지 않고 간섭하는 편이다. 국어를 가르치는 사람으로서 '직업정신'이 발동한 탓이다. 우리 국어는 경어법이 발달해 있다. 그래서 지식인도 사물에 꼬박꼬박 존칭을 쓸 때가 많다. 예를 들어 "겨울이 오셔서 날씨가 추우시다."와 같은 표현이다. 문학적인 표현으로 쓴 것이 아니라 일반적인 글이나 말에서 쓴 사례이다. 외국인이 우리 국어를 배울 때 가장 힘든 것이 경어법이라고 한다. 외국에서 시집온 한 여성이 시어머니 머리에 파리가 앉아있는 것을 보고 이렇게 말했다고 한다. "어머니! 머리님 위에 파리님께서 앉아 계셔요." 누가 웃자고 만든 말일 것이다.

똥은 우리가 생각하는 것 이상으로 유용하다. 일부 동물은 똥을 밥이나 영양으로 이용한다. 새끼 코끼리는 장에 균충을 확보하려고 어미 똥을 먹으며, 원숭이도 영양을 보충하려고 똥을 먹는다. 토끼는 식변과 일반 변을 눈다. 이것은 섬유질이 많은 먹이를 소화하기 위해 식변을 본 뒤 이것을 다시 먹기 때문이다. "개똥도 약에 쓰려면 없다."는 속담은 평소 흔하던 것도 긴하게 쓰려면 없다는 것을 의미한다. 민간요법에서 개똥을 약으로 쓰고 있다.

이 밖에도 먹잇감을 포획하는 데 쓰기도 한다. 황조롱이는 들쥐가 싼 똥에서 나오는 자외선을 감지하여, 들쥐가 숨은 장소와 개체수를 알아낸다. 똥은 생명체가 자신을 보호하는 무기로 쓰기도 한다. 일부 애벌레는 생명에 위협을 느끼면 포식자 후각을 고통스럽게 하려고 똥을 쏟아낸다. 그리고 동물이 자기 영역을 표시하는 데 쓰기도 한다. 이뿐만 아니라 사람 똥을 이용하여 여러 에너지를 만들고 있다.

똥꿈은 용꿈이나 돼지꿈처럼 좋은 꿈에 속한다고 한다. 똥이 재물, 돈, 식복, 경제, 선물을 상징하기 때문이다. 온몸에 똥을 뒤집어쓰거나 똥이 가득 차 있는 곳에 빠지는 꿈을 꾸면 경제적으로 좋은 일이 생긴다고 한다. 그리고 똥을 싸거나 옷에 묻히는 꿈을 꾸거나 여러 사람이 보는 데서 똥 누는 꿈을 꿔도 마찬가지이다.

이렇게 똥은 유용성과 긍정적인 이미지를 가지고 있다. 그러나 일반적으로 똥은 더럽고 냄새가 불쾌하다는 이미지를 지워내기 힘들다. "똥이 더러워서 피하지 무서워서 피하냐.", '똥값', '똥배짱', '똥통 학교', '똥파리', '똥차'에서 보듯이 일상에서 부정적인 의미로 많이 고착되어 있다.

연말에 모임이 늘어나면서 사람을 만나는 일이 많아지고 덩달아 말수도 물류창고 짐처럼 늘었다. 하지 않아도 될 말을 쓸데없이 많이 했거나, 내 뜻과는 달리 상대에게 뾰쪽하게 들릴 말을 한 경우가 있었다. 이제 와 후회지만 말문 밖으로 내보낸 말들을 다시 불러들일 수 없어 난감하다. 들고양이나 고라니가 현관 앞 진입로에다 싸 놓은 똥을 주의하지 않으면 자칫 밟기 마련이다. 먹잇감을 찾으러 한밤중에 산이나 들에서 왔을 것이라는 생각이 고개를 흔들며 그들이 싼 똥이 나에게 한마디 하는 것 같았다.

"바깥출입을 할 때 항상 몸을 삼가라." 현관문을 나서는 순간 바깥세상이다. 땅바닥에 이물은 없는지, 밟으면 안 될 생명은 없는지, 조신하라는 것이다. 하물며 말문으로 내보는 말도 매한가지 아니겠는가. 앞으로 입단속 좀 잘해야겠다.

2016. 12. 18.

만남

지난 목요일 아침 학교 연구동 엘리베이터에서 낯이 익지 않은 사람과 마주쳤다. 깔끔한 외모에 한눈에 봐도 목사님 같았다. 동행한 학교 직원에게 귓속말로 오늘 채플 시간 때 말씀을 전할 강사 목사님이냐고 물었더니 그렇다고 했다. 그리고 채플 시간에 광주유일교회 남택률 목사님이란 사실을 알았다. 채플은 장애인의 날을 맞이하여 '해밀'이란 장애인 동아리가 주관하여 예배를 드렸다. 설교하시는 내내 목사님께서 한 손을 호주머니에 넣고 계셔서 마음이 영 찜찜하였다. 그런데 왼손이 없는 장애를 갖고 있다는 것을 알고 너무 부끄러웠다.

'해밀'동아리 학생들이 「사랑의 종소리」와 「내 영혼에 햇빛 비치니」란 찬양을 할 때 꾹 참고 있었던 눈물이 쏟아져 내렸다. 장애아들을 둔 아비가 장애인의 날이란 사실조차 몰랐다는 자책감과 함께 훈용이가 생각났기 때문이다. 보지도 못하고 듣지도 못하고 말도 하지 못해, 하루하루를 마치 두더지처럼 사는 훈용이. 이런 아들을 생각하면 악보를 보면서 입술을 열고 찬양을 하는 학생들이 부럽고 행복해 보였다. 지인이 남자가 너무 눈물이 흔하면 안 된다고 여러 번 충고한 적이 있다. 이 말을 맘속에 걸고 눈물을 참으려고 했지만, 의지의 한계를 넘어 눈물이 함박눈처럼 펑펑 쏟아졌다.

처음엔 함께 예배를 드리는 동료 교수나 학생들에게 들킬까 봐 손가락으로 눈물을 솎아내다 주체할 수 없어 아예 손수건을 꺼내 눈을 감쌌다. 귀동냥으로 들은 바에 따르면 오래전부터 이미 학교에서 울보라고 소문이 난 터라, 그 소문이 영화 예고편으로 작용해 주길 바라며 연신 눈물을 닦았다. 어떤 사람은 시인이라 감성이 풍부하기 때문에 눈물이 많다고 불문 진단하기도 하고, 어떤 사람은 믿음이 신실하여 은혜를 받아 그렇다며 인과관계에 대해 오류를 범하기도 한다. 이런 현상은 출석하고 있는 교회에서도 마찬가지이다.

낯익은 전라도 억양으로 유머 있게 설교를 하시는 목사님 삶 곳곳에서 장애를 가진 사람으로서 겪은 고단함이 배어 있었다. 장애를 가진 것 때문에 맞선을 볼 때마다 퇴짜를 맞았다는 말씀이 왜 그리 가슴 아리게 들렸을까. 하기야 가족 가운데 장애를 가진 사람이 있어도 결혼에 걸림돌이 되는 세상이다. 고등학교 2학년 때 문학 동아리 회원 가운데 한 학년 아래인 여자 후배가 있었다. 서로 관심 있게 글을 주고받으면서 좋아하는 감정을 가졌다. 그런데 어느 날 갑자기 "오빠 동생 가운데 장애인이 있어 그만 만나고 싶다."며 소식을 끊어버렸다. 철부지였던 당시 동생을 얼마나 탓하고 원망했는지 모른다.

설교를 마칠 즈음, 부족한 글이지만 목사님께 내 시집과 수필집을 드리고 싶은 마음이 생겼다. 예배 후 일정이 어떻게 되는지 몰라 축도 시간에 예배실을 나와 연구실에서 책을 챙겼다. 그런데 책이 4권이나 되어 손이 불편한 목사님께 오히려 짐이 되지 않을까 염려스러웠다. 일단 뵙는 것이 우선이었다. 서둘러 경건실천처 사무실로 갔더니 몇몇 교수님과 함께 목사님께서 나오셨다. 내 소개와 함께 훈용이 이야기를 하고 인사를 드렸다. 내 손을 꼭 잡아주셨다. 책을 택배로 보내드리겠다고 했더니 차를 가져왔다고 하셨다. 차까지 함께 가 책을 실어드렸다.

그리고 한참 후에 목사님께 문자를 드렸다. "목사님! 한일장신대 최재선입니다. 오늘 목사님 말씀 듣고 참 많이 울었습니다. 시간 내서 글월 올리겠습니다. 점심 맛있게 드시고 평안히 귀가하시기 바랍니다. 부족한 글, 잘 받아주셔서 감사합니다." 10여 분 후에 답신이 왔다. "귀한 만남 축복입니다. 광주 내려가서 전화 올릴게요. 감사합니다." 목사님 말씀처럼 귀한 만남이었다. 그리고 어제 늦은 시간에 강한 바람과 함께 무성하게 쏟아지는 빗소리를 들으며 목사님께 쓴 편지를 전자우편으로 보냈다.

바람이 울고 비가 통곡했던 어젯밤과 달리 오늘 밤은 고요하게 뜬 달이 어둠 속에서 꾸벅꾸벅 졸고 있다. 나이를 먹어가면서 봄이 되면 춘곤증과 함께 그리워지는 게 점점 늘어난다. 그래서 그리움 때문에 훌쩍 길을 떠나고 싶을 뿐만 아니라 나마저 떠나고 싶을 때가 있다. 무엇인가 그리워하는 것이 있다는 것은 참 행복한 일이다. 이 봄날, 남 목사님과 만남이 마치 짧은 시를 읽고 난 후 느끼는 여운처럼 길고 달콤하게 남아 있다. 어제 목사님께 답신이 왔다. 미국으로 출국하기 위해 상경하는 길이라고 하셨다. 28일에 귀국하면 연락하겠다고 하시며 만나자고 하셨다. 어떤 만남이든 기다리는 것이 그립고 설레야 한다.

2016. 4. 18.

말[言] 무덤

하회마을을 나와 귀갓길에 올랐다. 내비게이션이 집까지 안내하는 시간은 3시간 이상 걸리는 긴 거리였다. 안동에서 예천, 남상주 나들목에서 대전, 그리고 전주까지, 갈 때와 방향만 다를 뿐 빙빙 돌고 돌아야 하는 동선이었다. 그렇다 할지라도 어쩌랴. 하회 마을 역시 낙동강이 휘감아 돌던 곳에 있었으니 내가 강이 되어 돌아가는 수밖에. 도로가 굽잇길과 오르막이 많고 공사 구간이 많은 데다 비가 내린 탓에 바닥이 온통 흙투성이서 차 룸미러가 보이지 않을 정도였다. 지나온 시간이 온통 흐릿했다.

예천군 지보면 대죽리에 이르렀을 때 '말무덤'이란 입간판이 눈길을 끌었다. 당연히 '말[馬] 무덤'이라고 생각했는데 '말[言] 무덤'이었다. 차를 길 한쪽에 세우고 안내판을 따라 들어갔다. "마을에 여러 성씨가 모여 살았는데 집안끼리 싸움이 그칠 줄 몰랐다. 어느 날 지나던 나그네가 마을이 풍수적으로 개가 짖어대는 모습을 띤 혈이라서 싸움이 끊이지 않는다고 했다. 그러면서 개 주둥이 송곳니 되는 곳에 날카롭게 생긴 바위를 세 개 세우고, 앞니가 되는 곳에 바위 두 개를 세워 재갈을 물리게 하였다. 끝으로 싸움을 일으킨 발단이 된 말(言)을 묻어 말(言) 무덤을 만들었더니 싸우지 않고 화목하게 잘 지냈다."는 유래담이었다.

"내 말은 남이 하고 남의 말은 내가 한다.", "가는 말이 고와야 오는 말이 곱다.", "입은 비뚤어져도 말은 바로 해라", "숨은 내고 말은 내지 말라."와 같은 말을 바위에 새겨 말조심하며 살아야 한다는 것을 채찍하고 있었다. 성경에도 혀를 조심하라는 말이 여러 군데 나온다. "혀는 곧 불이요. 불의의 세계라. 혀는 우리 지체 중에서 온몸을 더럽히고..."(야고보서3:6), "무릇 더러운 말은 너희 입 밖에 내지 말고…."(에베소서5:29), "지혜 있는 자의 혀는 지식을 선히 베풀고 미련한 자의 입은 미련한 것을 쏟느니라."(잠언 15:2), 『논어』에서는 "일에는 민첩하되 말은 삼가라敏於事而愼於言."고 가르치고 있다.

이렇듯 동서고금을 통해 혀와 관련된 속담이나 경구가 많은 것은 우리가 세상살이하면서 말실수를 가장 많이 하며 살기 때문이다. 일반적으로 우리가 말을 전달하는 과정에서 보태기 마련이지 덜지는 않는다. 말은 양쪽 말을 다 들어보고 객관적으로 판단해야 껍질을 벗겨내고 속살을 볼 수 있다. 그런데 우리는 흔히 한쪽 말만 경청하거나 듣기 편하고 좋은 말만 가려서 마음에 집어넣는다. 이것으로 끝내면 좋으련만, 상상력을 무한대로 발휘하여 자기 생각까지 덧칠한다.

이 과정에서 사람 사이를 이간질하거나 특정인을 말로 죽이는 상황에 이르기도 한다. 이런 사람이 있는 조직이나 사회는 늘 분쟁과 갈등이 독버섯처럼 자라고 불신이 기생식물처럼 붙어 다닌다. 우리는 아침 햇살처럼 맑고 깨끗한 말을 하기보다 어둡고 칙칙한 말을 하면서 살 때가 많다. 소망적인 말보다 절망적인 말, 품어주는 말보다 밀어내는 말, 등을 대주는 말보다 등을 돌리는 말, 아랫목처럼 따스한 말보다 차디찬 얼음 같은 말을 많이 하며 살아 왔다.

귀갓길, 장거리 운전을 하면서 쓸데없는 말을 모아 '말(言) 무덤'에 묻은 선조들 지혜에 대해 생각해 보았다. 지금까지 살아오면서 내가 한 말 가운데 '말(言)무덤'에 매장해야 할 말은 얼마쯤 될까. 감사하지 못하고 뱉어낸 불평, 불만, 원망, 망은의 말. 겸손하지 못하고 쏟아낸 교만, 자랑, 오만스러웠던 말. 경외하지 못한 불경스러웠던 말, 순종하지 못한 고집스러웠던 말. 관대하지 못한 인색하고 탐욕스러웠던 말들 천지였다. 이번 기회에 그동안 내가 한 이런 말 때문에 상처받았거나 분을 품고 있을지도 모를 사람들에게 이 말들에 대한 부고장을 보냈다. 그리고 용서를 빌었다. 겨울 오후 햇살이 공제선에 걸려 청명하게 빛나고 있다.

2016. 1. 31.

모악을 다시 오르며

폭염주의보가 내릴 정도로 더위가 심해 숨이 막힐 지경이다. 요즘 나름대로 계획한 소논문 쓰는 것이 집중이 잘 안 되고 시상마저 떠오르지 않아 답답하던 참이었다. 아침을 먹자마자 산에 오를 채비하고 집을 나섰다. 모악산 주차장은 무더운 날씨에도 주차할 곳이 없을 만큼 사람이 붐볐다. 어제저녁 달빛이 하도 밝고 고와 달빛을 두 시간쯤 밟으며 걸었던 탓인지 몸이 무거웠다. 이럴 때마다 순간순간 스스로 최면을 거는 버릇이 생겼다.

"일단 대원사까지만 가자. 그리고 거기서 다시 생각하자." 등산로 쪽으로 몸을 일관되게 눕힌 나무 그늘 덕분에 어느 정도 햇볕을 피할 수 있었지만, 땀이 온몸을 빗방울처럼 타고 흘러내렸다. 한참 올랐더니 어디선가 시원한 바람 떼가 한 무리 몰려왔다. 바람이 그냥 스쳐 지났을 뿐인데 마치 물속에 몸을 담근 듯이 시원했다. 우리는 어쩌면 마음에 맞거나 사랑하는 사람을 찾아 바람처럼 떠도는 존재일지 모른다. 그러다 어느 누군가를 만나는 순간 바람이라는 흔적을 지우고 서로 이름을 마음에 새긴다.

수많은 나무가 서로 어울려 이룬 숲이 그리운 풍경 같았다. 나무는 산속에 있는 것처럼 보이지만 산 뒤에 서서 그의 배경이 된다. 산 역시 나무를 품고 있는 것 같지만 나무 뒤에 서서 그의 배경이 된다. 배경은 서로 어울려 풍경이 된다. 누군가에게 배경이 되어주려면 있는 듯 없는 듯 그의 뒤에 서 있어야 한다. 너무 자신을 드러내려고 애쓰거나 앞서 나서면 누군가의 배경이 되는 것이 아니라 배후가 되고 만다. 대원사에 이르러 야트막한 돌담에 앉아 갈증을 달랬다.

어느 시인은 "외로움보다 독한 병은 없어도 외로움보다 다스리기 쉬운 병도 없다."고 했다. 고독도 마찬가지이다. 고독은 독하고 험한 병이다. 온몸에 있는 수분이 빠져나가 마치 마른오징어 같은 기분이 들기도 하고 뼈가 다 녹아내려 해파리 같은 느낌이 들기도 한다. 게다가 가슴이 찢어지고 머리가 터질 것 같은 통증이 잠시도 떠나지 않는다. 이런 육체적 고통보다 더 심한 것은 마음이 썩을 대로 썩어 문드러지고 삶에 대한 의욕을 잃고 무기력하게 된다. 모든 병이 다 그렇듯이 이런 아픔은 어차피 스스로 견디고 이겨야 한다.

오늘 산에 오른 비밀스러운 까닭이 있다. 어느 순간부터 그림자처럼 달라붙은 고독을 지우려고 일부러 폭염주의보까지 내린 날을 택하였다. 살다 보면 누군가 함께 있어도 고독할 때가 있다. 가족과 같이 있어도 외롭고 지인을 만나 커피를 마셔도 외롭고 쓸쓸할 때가 있다. 망망대해에 떠 있는 섬 같기도 하고 나뭇가지 끝에 매달린 마른 잎 같을 때가 있다. 그래서 따가운 햇볕이 든 빨랫줄에 건 빨래처럼 자신을 내걸어 바싹 말리고 싶었다. 몸속에 다닥다닥 붙은 고독을 온몸에 있는 땀구멍을 통해 다 내보내고 바람처럼 떠돌거나 새처럼 훨훨 날고 싶었다.

"날려면 더 올라가자. 수왕사까지 가고 보자." 이렇게 마음먹고 무거운 몸을 다시 세웠다. 대원사에서 수왕사까지 이르는 돌계단을 마치 해녀가 내뿜는 숨비소리를 내며 한 걸음 한 걸음 내디뎠다. 오늘 산에 온 많은 사람은 그 숫자만큼 사연이 많을 것이다. 건강을 위해 운동 삼아 온 사람도 있을 테고, 마땅하게 할 일이 없어 시간을 보내려고 온 사람도 있을 테다. 절실한 그리움 때문에 몸이 타들어 가는 것을 견디지 못해 온 사람도 있을 테고, 문득 혼자가 되고 싶어 온 사람도 있을 것이다. 대원사와 수왕사 중간 지점 쉼터에 이르자 나이가 지긋하신 어르신들이 쉬고 계셨다. 투자한 주식, 사드 배치, 정치, 냉국수가 맛있는 집에 이르기까지 세상 돌아가는 이야기를 맛깔스럽게 주고받으셨다. 한참 귀를 크게 벌려 이런저런 이야기를 심심찮게 넙죽넙죽 집어넣었다.

수왕사 정자에 이르자 초록 바람이 달려와 안아주었다. 온몸에 냉기가 혈관을 타고 흘러 마치 물속에 들어간 느낌이었다. 새떼가 서로 마음에 맞는 것끼리 무리를 지어 세 번에 걸쳐 허공으로 날아올랐다. "저 새들처럼 비상하자." 지금까지 살아오면서 온전하게 날아본 적이 있었던가. 날 힘도 부족했지만 날지 못할 이유가 너무 많지 않았던가. 곰곰이 따져보면 날지 못할 이유는 한낱 핑계에 불과했다.

시간이 없다고 한 것은 게으른 탓이었고 누구누구 때문이라고 한 것은 결국 나 자신 때문이었다.

수왕사 오르막길을 거쳐 정상까지 가려면 가파른 나무계단을 올라야 한다. 계단을 오르려면 평지를 걸을 때보다 더 균형을 잘 잡아야 한다. 그렇지 않으면 발을 헛디뎌 넘어질 수 있다. 수왕사에서 정상까지 걸린 시간은 20여 분 남짓이었다. 20분을 참으면 정상까지 오를 수 있는데, 그 시간을 참지 못하면 정상에 오를 수 없다. 우리 삶은 산을 오르는 것과 같다. 크든 작든 높든 낮든 각자가 정한 정상을 향해 멈추지 않고 오르고 또 오른다. 우리나라 사람은 등산복을 외출복처럼 즐겨 입는다. 심지어 해외여행을 할 때도 등산복 차림을 하여 외국인에게 눈총을 맞기도 한다. 우리나라 사람이 등산복을 즐겨 입는 이유를 어느 문화평론가는 삶을 산을 오르는 것처럼 치열하게 사는 습성 때문이라고 진단하였다.

정상에서 아래를 내려다보았더니 지나온 길이 오래된 과거 같았다. 초록 숲에 가린 길은 비밀스럽게 입을 닫고 있었고 연무에 덮인 들은 기억에서 사라진 이름처럼 아득하였다. 살다 보면 그립고 떠올리면 가슴 얹히는 일이 있기 마련이다. 허기처럼 몰려온 그리움이 허공을 온통 바탕화면처럼 채웠다. 아울러 뿌리째 뽑히지 않는 아픔이 기억 속에 다시 태어났다. 무릎을 세워 지느러미처럼 삼고 초록 숲을 헤엄쳐 사람 사는 세상으로 내려왔다. 불에 달군 화살 같은 햇볕이 몸 구석구석 맹렬하게 박히는 바람에 온몸이 군고구마처럼 익어 냄새가 고소하게 났다.

2016. 7. 22.

사하라 사막에 사는 새우

알제리 사하라 사막 안에 있는 새우양식연구센터 야외양식장에서 알제리 정부 관계자와 우리나라 국립수산과학연구원 연구자들이 얼마 전 양식한 새우를 수확했다. 국내 연구진이 물이 부족한 사막에서 새우를 양식하는 데 성공한 것이다. 사막은 물이 부족할 뿐만 아니라, 수온이 높고 염분이 일정하지 않아 새우를 양식하기 불가능하다. 그런데 우리나라 국립수산과학연구원이 지난 2008년 개발한 '바이오 폴락' 기술을 접목해 벽을 문으로 만든 셈이다.

'바이오 폴락'은 생물이 자라면서 배출하는 노폐물을 미생물로 정화하여 다시 사용하는 친환경기술이다. 이 기술을 쓰면 양식장 물을 갈아 줄 필요 없고 수온을 수개월 동안 일정하게 유지할 수 있다. 그래서 유지비용이 적게 들고 생산량을 늘릴 수 있다. 새우는 양식을 하더라도 바다에서 해야 한다. 그런데 지하수 물을 끌어올리긴 해도 사막에서 새우를 기를 수 있는 것은 순전히 친환경기술 덕분이다.

사막에서 새우 양식을 가능하게 한 '바이오 폴락' 기술 핵심은 노폐물을 미생물로 정화하는 것이다. 정화淨化는 더러운 것을 없애고 깨끗하게 하는 것을 일컫는다. 이런 기술을 우리 삶에 적용할 수 없을까? 마음을 잘못 먹으면 마음에 묵은 때가 낀다. 살다 보면 뜻하지 않게 마음속에 분을 품을 수 있고 괜히 사람을 미워할 수도 있다. 나와 달리 생각한다 하여 적대감을 갖거나 내 뜻대로 따라주지 않는다 하여 서운해할 때도 있다.

한날한시 빠뜨리지 않고 글 한 조각이라도 꿰매려고 몸부림치고 있다. 그런데 마음속에 좋은 생각을 품지 않으면 글감이 손 우물에 갇힌 물처럼 빠져나가고, 시상詩想 오는 길목은 막히고 만다. 이런 상태에서 글을 쓰면 언어는 깨진 사금파리처럼 각이 예리해져 볼품없이 되고 만다. 뒤돌아보면, 허약한 내 언어에 위선의 외투를 입히고 악한 모습을 가리려고 선한 척한 색을 덧칠할 때가 많았다. 맘속에는 수많은 전갈이 우글거리는데, 양의 탈로 낯을 가릴 때도 있었다.

두 해 전, 『이 눈과 이 다리, 이제 제 것이 아닙니다.』라는 수필집을 발간했다. 제목과 같은 작품 끝을 이렇게 마무리했다. "곰곰이 생각하니 밝은 눈 가지고 세상 맑고 청명하게 쳐다보지 못한 저 자신이 눈 어둡고 눈먼 사람이었습니다. 오히려 내 눈이 세상을 삐딱하게 바라보는 사시였습니다. 멀쩡한 다리 가지고 남을 위해 헌신하지 못한 내가 다리가 없는 사람이었습니다. 이참에 이 눈으로 세상을 맑고 깨끗하게 보고 다른 사람을 위해 걸어주는 다리가 되도록 깨어나겠습니다. 오늘부로 이 눈과 이 다리, 이제 제 것이 아닙니다."

이렇게 고백하고 다짐했는데, 실제로 이렇게 살지 못했다. 늘 바동거리고 허둥대며 사느라 눈먼 아들 눈 한 번 되어주지 못했고, 외롭고 힘들어하는 사람들 다리 한 번 되어주지 못했다. 나만 사는 별에 머문 채 다른 사람이 사는 별을 찾은 적이 별로 없었고, 모든 것에 귀 기울이지 못하고 듣기 좋은 것만 골라 들었다. 강물과 함께 동화되어 흐른 것이 아니라 뒤처지지 않고 앞서가려고 살기 위해 살았다.

이웃과 담을 허물고 그곳에 화단을 만들지 않으면 사막이나 다름없다. 힘 있는 사람에게는 굽실거리고 약한 사람은 우습게 여기는 생각이 자라는 곳도 사막이다. 힘들어하는 사람 등을 토닥토닥 두드리며 "당신은 혼자가 아니에요."라고 말해준 사람이 없는 세상도 사막이다. 비 맞는 사람을 보고 우산을 받쳐준 사람이 없는 곳도 역시 사막이다. 힘없고 가진 게 없다는 이유로 그가 한 말을 음악처럼 듣지 않는 땅도 사막이다.

나 역시 사막이었다. 너무 바쁘다는 핑계로 나에게 말을 걸어오는 사람과 차 한 잔 마실 시간 내주지 못했고 마음을 넓게 펴주지 못했다. 내 욕망의 그릇을 먼저 채우려 했지 다른 사람 빈 그릇을 외면할 때가 많았다. 혹한이 들이닥쳤을 때 내 손끝 시린 것을 아프게 생각하면서 냉방에서 지내는 사람이나 노숙자의 한기를 망각했다. 어둠 속에서도 불빛 주변은 밝다. 빛이 자신을 끊임없이 내어 나누어 주기 때문이다. 그런데 나는 끊임없이 내어주지 못했다.

사하라 사막에서 새우가 자라는 것은 불가능하다. 이 말은 사하라 사막에서 새우를 기르지 않았을 때 이야기이다. 지금은 노폐물을 미생물을 이용해 정화한 '바이오 폴락'이란 기술을 이용하여 새우를 키우고 있다. 설날 팔짱 끼고 줄 선 휴일 마지막 아침, 사막 같은 내 마음 밭에 사랑과 배려, 베풂과 나눔, 이타와 희생, 낮춤과 겸손의 미생물을 분양받으려 한다. 그리하여 내 마음을 정화하여 새날부터 더 넓고 멀리, 더 밝고 환한 꽃을 피우며 살고 싶다.

간밤 무성하게 내린 비에 앞산 잔설 가물가물해지고 초록 두드러진 허공을 배경 삼아 몇 마리 새가 새우처럼 폴짝폴짝 날고 있다. 빗물에 눈 녹은 물까지 합세하여 한결 깨끗해진 산물이 도랑을 길 삼아 따라 걷기 시작한다. 잔돌에 수없이 부딪히고 모래 틈을 빠져나가 강에 이르면 그의 몸에서 풀냄새 진동하리라.

2017. 1. 30.

속도

갑자기 쏟아진 소낙비가 처마를 타고 떨어지고 있다. 낙수는 시시각각 다양하게 변모하면서, 처마를 줄 삼아 공중에서 연기를 현란하게 펼친다. 비가 많이 내리면 꽤 체중이 나가는 남자 무용수가 느릿하면서 묵직한 동작을 선보이고, 비가 적게 내리면 날씬한 여성 무용수가 날렵하면서도 선이 약한 동작을 보인다. 바람이 불면 일정하게 선을 이루고 낙하하던 빗줄기가 공중에서 분해하여 굵거나 작은 물방울이 되어 불꽃처럼 퍼진다. 하늘에서 떨어진 비가 지붕에서 잠시 모였다가 다시 처마를 타고 낙하하기 때문에 이들은 짧은 생애에 아찔함을 두 번이나 경험한다.

이들은 일사불란하게 함께 떨어지고 있지만, 같은 속도로 떨어지는 일이 거의 없다. 늦게 간다고 뒤에서 닦달하는 법이 없고 먼저 가면서 늦게 온다고 채근하는 일도 없다. 다만 서로의 속력을 존중하면서 말이 없는 가운데 순서를 정해 선착순으로 떨어진다. 서로 먼저 가겠다고 아우성을 치거나 경적을 울려대며 시끄럽게 하지 않는다. 빗방울이 모였다 낙하하는 길은 정체를 빚어 막히지 않고 늘 순조롭다. 그래서 그 길에는 과속을 경고하는 교통 표지판이나, 속력을 감시하는 감시카메라를 한 대도 볼 수 없다. 그저 속력을 빗방울에 자율적으로 맡기고 있다.

소낙비가 그치고 나자 고운 이름을 가진 해밀에 물기의 허물을 벗은 햇살이 눈부시다. 푸른 잔디밭에 달라붙어 있던 빗방울이 저마다 눈을 감았다. 비록 지붕에서 마당까지 아찔한 거리는 아닐지라도, 자기 몸뎅이 몇 곱절 된 거리를 균형을 잡고 미끄러져 내려야 하기 때문이다. 짧은 길을 가는 이들 역시 서두르는 법이 없다. 햇볕이 먼저 든 곳에 짐을 풀고 살던 이들부터 서서히 떠날 채비를 한다. 햇볕이 늦게 든 곳에 임시거처를 마련한 이들은 먼저 떠난 이들을 향해 손을 흔드며 짐을 챙긴다. 잠시 후 땅속에서 해후하기 때문에 먼저 가고 나중 가는 것은 문제가 되지 않는다.

정원 한쪽에 비 맞은 작약이 수줍게 젖은 문을 열고 있다. 언제 날아왔는지 꿀벌 몇 마리가 작약의 정원을 통통 뛰어다니며 온몸을 금빛으로 채색한다. 제 문을 햇볕에 선선히 열어주는 꽃잎이나, 그 정원을 활보하는 꿀벌 역시 서로 다투는 법이 없다. 햇볕이 먼저 든 곳에 자리한 꽃잎이 문을 열면, 기다렸다는 듯이 꿀벌은 작약이 열어준 문으로 들어간다. 그렇다고 꿀벌은 우리처럼 사다리 타기를 하거나 가위바위보 삼세판을 하지 않는다. 묵언 가운데 몸짓과 눈짓으로 순서를 정할 뿐이다.

작약이 핀 아래쪽에 잔디패랭이꽃이 한 가족을 이루며 피고 있다. 꽃이 다퉈 피고 있다는 낯익은 말에 대해, 잔디패랭이꽃은 고개를 절레절레 흔든다. 그는 키가 작지만 이른 봄부터 늦가을까지 쉬지 않고 꽃을 피운다. 풀이 지닌 끈질긴 생명력과 꽃이 만나 굳은살을 길러서 그럴지 모른다. 이런 속성으로 인해 그는 절대 개화를 서두르지 않는다. 옆 동료가 피었다 지는 때를 골라 제 몸에 꽃잎을 매단다. 그래서 잔디 패랭이는 지는 때와 피는 때를 잘 측량하기 어렵다. 꽃이 피고 지는 속도가 비슷하기 때문에 계절과 관계없이 언제나 배경이 봄이다.

호강한 시선이 끝나는 종점에, 꽃양귀비가 떼로 피어 있다. 빨강이 너무 진하면 머리에 쥐가 나고 눈이 피곤하다. 그런데 꽃양귀비 색깔은 앙증스러우면서 마음이 짜릿해지고, 눈이 부드러워져 그 은은한 색깔 속으로 온몸이 빨려 들어간다. 그 색깔은 금빛보다 고고하고 달빛보다 청아하여 뼛속까지 파고든다. 바람 앞에서 흔들리는 모습은 너무 매혹적이어서 숨이 막힐 지경이다. 이러한 꽃양귀비도 처음 가지고 태어난 색을 서서히 지우며 야위어간다. 나이를 따지지 않고 처음 본 사람이 먼저 인사를 하듯이 서로 피고 지는 속도를 배려한다.

이들 작은 우주 속에 존재하는 속도를 보면서, 육순 문턱까지 달려온 내 삶의 속도계기판을 바라본다. 다른 사람한테 지지 않으려고 신호등을 무시하고 헐떡거리며 과속하기 일쑤였던 삶, 내 속도를 기준으로 삼고 다른 사람 속도를 비난하고 무시했던 삶, 진득하게 기다리거나 참을 줄 모르고 성급하게 설쳤던 삶, 좋은 생각을 하는 데 속도를 줄이고, 나쁜 생각을 하는 데 급하게 속도를 낸 삶이 기억의 꽃으로 피어났다. 앞으로 남은 생애, 내 삶의 속도를 조절하고 다른 사람의 속도를 배려하며 남은 길을 걸어가야겠다.

2016. 5. 18.

아픔을 경영하다

어느 해처럼 홍청망청 봄이 왔고 허겁지겁 봄이 가고 있다. 그리고 빈틈없이 5월이 왔고 어김없이 어린이날이 왔다. 이순을 코앞에 둔 처지에 아직 손자나 손녀를 보지도 않았고 늦둥이를 둔 적도 없는데, 이날을 기다리는 마음은 마치 황사가 자욱하게 낀 날처럼 뿌옇게 다가온다. 바로 20년째 어린이 아닌 어린이로 살고 있는 아들 때문이다.

태어난 지 스무 해째/ 아직 다섯 살 몸으로/ 이제 돌 지난 머리로/ 앞 한 번 못 본 눈으로/ 어린이날 맞는 아들에게/ 널 사랑한다고 했다/ 말귀 알아들을 리 없는/ 귀문, 바람에 삐걱거리다/ 아들, 함박꽃처럼 웃었다/ 정원 꽃들 할 말 잃고/ 바람에 착하게 흔들렸다.

(졸시: 「어린이날」 전문)

경영이라는 말은 여러 가지 의미로 사용한다. 상점이나 공장, 농장과 가정을 경영한다는 것은 어떤 일을 계획적. 체계적으로 운용하거나 관리하는 것이다. 또 어떤 목적을 달성하는 데 필요한 사람과 물자, 경비를 결합한 독립된 조직단위로 보는 생산조직체. 서비스조직체를 뜻하기도 한다. 이것은 넓은 뜻으로 사용하는 경영이다. 그리고 경영과 흔히 혼동하여 쓰는 말로 기업이 있다. 기업은 국민경제를 구성하는 기본 단위이자 영리를 추구하는 경제단위로 자본주의경제 체제가 지닌 특유한 조직체이다. 이것은 좁은 의미로 쓰는 경영이다.

요즘 경영이란 말을 여러 곳에 두루 쓰고 있다. 행복 경영이나 미소 경영, 인간 경영. 심지어 교회 경영이란 말까지 나오고 있다. 이런 의미로 본다면 하루하루 삶을 계획하고 실천하는 것을 이른바 생활경영이라고 해도 별 무리가 없을 것 같다. 하루하루를 잘 계획하고 체계적으로 잘 관리해야 자신이 꾼 꿈을 실현하는 데 유리하기 때문이다. 여러 교육시설이나 기관에서 시간을 잘 관리하여 자기를 계발하는 프로그램을 많이 개설하여 구성원에게 교육하고 있다.

이 세상에 발 딛고 사는 생명치고 아픔이 없는 존재는 별로 없다. 특히 우리 인간은 크든 작든 나름대로 아픔을 거의 갖고 있다. 그래서 우리는 각자가 가진 아픔을 경영하는 CEO일지 모른다.

봄은 마을 앞 징검다리를 이미 건넜지만 사람 사는 마을 곳곳엔 거미줄처럼 겨울이 달라붙어 있다. 떼어낼 수 없는 추위가 있다. 밤새 저수지에 가둬

둔 물 같은 눈물, 고드름 같은 눈물이 있다. 각자 그 눈물 다스리고 사는 사람들, 우린 누구나 아픔을 뿌리치지 못해 아픔에 대한 주식을 일정 부분 갖고 있다. 늘 아픔을 경영하며 산다.

(졸시: 「아픔을 경영하다」 일부)

셰익스피어는 "아플 때 우는 것은 삼류이고, 아플 때 참는 것은 이류이며, 아픔을 즐기는 것이 일류 인생이다."고 했다. 몇 년째 인문고전 읽기 수업 시간에 '안도현'이 쓴 「연어」를 학생들에게 읽히고 리포트를 쓰게 하고 있다. 자신이 인생에서 만난 폭포와 그 폭포를 어떻게 뛰어넘었는지에 대해 고백하는 형식이다. 이 시간은 강의실이 거의 눈물바다가 된다. 일일이 다 소개할 수 없지만, 젊은 세대는 젊은 세대대로 나이를 먹은 만학도는 만학도대로, 산이나 바위 아니면 돌멩이 같은 아픔을 나름대로 거의 떠안고 있다.

아파보지 않은 사람은 상대가 아파하는 것에 대해 무감각하기 마련이다. 상대적으로 아픔을 경험하지 않은 사람은 아픔에 대해 공감하거나 소통하기 어렵다. 예컨대 수업을 시작하기 전 시를 한 편 읽어주면 눈물을 흘리는 학생이 있는가 하면 벽 같은 모습을 보인 학생도 있다. 우리 주위에는 삶이 너무 무거워 숨비소리를 내며 삶을 물길질 하는 사람이 많다. 예기치 않게 찾아온 고통으로 인해 온몸과 마음에 아픔을 짊어지고 사는 사람이 많다. 경제적으로 가지지 못하고 신체적으로 불완전하고 사회적으로 소외된 약자가 너무 많다.

이러한 세대에 자신이 앓고 있는 아픔을 어떻게 다스리고 어떻게 대할 것인지에 대한 마음가짐이 중요하다. 개인적으로 두 자녀를 하늘나라에 먼저 보내고 20년째 빛 한 점 보지 못하는 중증 복합장애를 가진 아들을 키우면서 뾰쪽뾰쪽한 아픔을 여러 번 맛보았다. 그동안 내가 겪은 아픔만 크다고 여기며 살아왔다. 그런데 주변에 나보다 몇 배 더 크고 무거운 아픔을 당했거나 지금도 그 아픔을 떠메고 사는 사람이 너무 많은 것을 알았다. 지금까지 아픔으로 인해 밤새 눈물을 흘리거나 마지못해 울음을 삼키며 살아왔다. 그러나 앞으로는 아픔을 가진 이들과 함께 아픔을 즐기는 일류 인생을 살고 싶다.

오늘 밤 대전에서 오랜만에 친한 친구 몇과 모인다. 2년 전 설암을 앓다 아내가 세상을 뜨자 미국에 이민한 친구가 잠시 귀국하여 모인 자리이다. 유학한 두 아들을 뒷바라지했던 아내의 빈자리를 채우려고 모 신문사 편집국장 자리를 내려놓고 이민했다. 부부가 서로 날개가 되어 알콩달콩 살았는데, 아내의 부재가 얼마만큼 큰 아픔일지 난 감히 가늠할 수 없다. 그 친구와 가끔 국제전화를 할 때마다 마음속에서는 지금도 아내와 함께 살고 있다는 말을 하였다. 친구를 만나면 비록 짧은 시간이지만 그의 맘속에 있는 아내를 잠시 잊을 수 있도록 아픔을 경영해야겠다.

2016. 5. 6.

전지剪枝

오월에서 유월을 지나면서 산야뿐 아니라 정원이 온통 초록으로 촘촘하다. 우리 집 정원은 금잔디를 심은 곳이 많고 나무가 많아 초록이 각별하다. 정원 옆에 딸린 밭은 반송을 심은 지 여덟 해째 되어 10년이 넘은 반송으로 가득하다. 그리고 집 주변에 심은 주목은 수령이 족히 40년 이상 되었다. 우리 머리가 길면 이발소나 미장원에 들러 머리를 깎듯이 나무도 전지해야 한다. 그래야 수형이 아름답고 건강하다. 반송이나 주목뿐만 아니라 길옆에 있는 낙상홍이나 화단 둘레에 심은 회양목도 때맞춰 전지를 해줘야 한다. 잔디도 마찬가지이다. 너무 길게 자랄 때 잔디를 깎으면 잘 깎이지 않고 병치레를 한다.

몇 해 전부터 기르기 시작한 분재목도 나무에 따라 제각각 때를 맞춰 전지해야 한다. 그래서 나무를 많이 기르는 사람은 손에 전지가위를 들고 살아야 한다. 전지는 나무가 일정한 수형을 유지할 수 있게 하려고 쓸데없이 자란 부분을 자르는 것이다. 분재를 배우기 전에는 나무에 가위 대는 것이 불안하였다. 무조건 크게 키우는 것이 능사인 줄만 알았기 때문이다. 이런 점에서 전지는 성장을 위해 덜어내는 일이다. 아무 때나 덜어내는 것이 아니라 자연의 섭리에 따라 덜어내야 탈이 없다. 일반적으로 나무가 성장을 멈추거나 이제 성장하기 시작한 시점에 맞춰 전지한다.

우리 삶도 마찬가지이다. 인생이라는 나무에 잎을 무성하게 매달고만 있으면 폭풍이 부는 날 쓰러지거나 겨울이 오면 동사할 수 있다. 나뭇가지도 마찬가지이다. 필요 이상으로 가지가 많으면 햇볕을 제 몸 구석구석으로 끌어들이지 못해 성장하는 데 장애가 된다. 버리지 못하고 움켜쥐고 있는 것만이 능사가 아니다. 무엇인가를 채우려면 채우려고 한 만큼 비워내야 한다. 공익을 꾀하려면 사적인 이익을 내려놔야 하고, 정신적인 가치를 추구하려면 신체적인 가치를 버려야 한다. 즉 잘라내야 할 것을 과감하게 가위질하면 당장 왜소하고 부족해 보이지만 건강하게 성장할 수 있다.

나무는 스스로 제 몸을 전지할 수 없어 사람이 전지를 해줘야 한다. 우리는 대부분 모난 성격이나 그릇된 습관을 지니고 있기 마련이다. 이런 것을 자기 스스로 고칠 수 있으면 더없이 좋으련만, 스스로 할 수 있는 여력이 부족하거나 없다. 그래서 다른 사람에게 도움을 받거나 교육이나 훈련을 통해 모난 성격이나 그릇된 습관을 전지해야 한다. 이 말은 곧 누군가와 올바른 관계를 맺으며 살아야 한다는 의미이기도 하다. 아무리 친한 사이일지라도 상대에게 충고하는 말을 건네려면 용기가 필요하다. 애지중지하며 기르는 나무에 가위질하는 것과 같은 이치이다.

햇볕이 많이 든 곳에 나무를 심고 물만 주면 잘 자랄 것이라고 기대한 것은 잘못된 생각이다. 시절에 따라 방제를 하고 시비를 해야 한다. 분재는 분토가 마르지 않게 마치 어린아이에게 분유를 주듯이 때를 맞춰 물을 줘야 한다. 수목에 따라 잎을 솎아주거나 따줘야 하고, 꽃도 수효를 가려 따야 한다. 어떤 것은 가위를 대지 않고 손으로 일일이 따야 하는 것도 있다. 분갈이도 때를 맞춰 적기에 해야 한다. 이런 과정에서 사랑을 담뿍 불어넣어 줘야 꽃을 아름답게 피우고 열매를 튼실하게 맺는다. 사람도 마찬가지이다. 그저 태어나기만 하면 여름날 풀처럼 자라는 게 아니다, 자신이 원하는 모습으로 성장하는 과정에서 불필요하게 자라는 잎을 수없이 솎거나 따내야 한다. 그리고 전지를 해야 한다.

해변에 있는 몽돌은 수많은 세월 동안 자기 몸에 파도라는 가위를 대며 살아왔다. 모난 생각을 파도에 맡겨 깎아내고 그릇된 사고를 파도로 잘라내 동그랗게 빚은 것이다. 질기고 단단한 몸을 파도에 유연하게 맡기고, 많은 시간을 침묵하며 견뎠다. 그래서 둥글어진 몸을 서로 포개고 파도의 칼날을 다스릴 수 있게 되었다. 우리가 세상살이하다 보면 파도 같은 가위를 들고 있는 사람을 만난다. 그 사람이 내 자신일 수도 있고 친구나 스승일 수도 있다. 아니면 책 속에 있는 특정 인물일 수도 있다. 이런 사람을 만난 것은 복된 일이다. 자신을 잘 전지하려면 다른 사람이 한 말을 경청할 줄 알아야 한다.

시골에 가면 마을 입구에 대부분 당산나무가 있다. 당산나무 수령은 몇십 년에서 백 년을 훌쩍 넘긴 것이 대부분이다. 이들 당산나무가 아름다운 자태와 위엄 있는 수형을 유지한 것은 나무 스스로 자연의 섭리를 깨우쳤기 때문이다. 즉 자연의 섭리에 순응하면서 자신을 전지한 것이다. 비바람이나 폭설을 다스리는 법뿐만 아니라 온갖 병충해를 물리치는 법을 체득하며 살아왔다. 누구든 사람에게 고유한 향이 있다. 이 향이 고매할 수도 있고 역겨울 수도 있다. 이 차이는 자신을 어떻게 전지하면서 어떤 수형으로 만들어가며 사느냐에 달려 있다. 외모는 얼마든지 성형하여 전지할 수 있다. 그러나 내면은 성형외과 의사 손을 빌려 성형하는 것이 불가능하다.

나 자신에게 가위질하여 잘라낼 것이 어떤 것이 있는지 꼼꼼하게 들여다보았다. 차마 잘라내지 못한 이기와 부정의 잎, 다름을 인정하지 않은 아집의 잎, 내려놓지 못하고 붙잡고 있는 탐욕의 잎으로 무성하다. 그리고 얽히고설킨 가지들이 무질서하게 서로 허리를 감고 다투고 있다. 남은 생애, 이들 잎과 가지를 평생 손이 부르트도록 전지해야 할 것 같다.

셋, 새끼들

무감독시험 1

오월 초록이 풍성하여 눈앞이 시원스럽다. 그러나 낮은 한여름 못지않게 폭염으로 푹푹 찐다. 오늘은 원래 강의가 없는 날이지만 간호학부 1학년 학생들 시험을 치르기로 했다. 언어활동을 할 때 적용해야 할 기준과 원칙, 오류 파악하기, 요약하기 원칙에 관해 설명하라는 시험이다. 답안지에 "고사"라는 말 대신 "학습 과정 자기진단"이라고 썼다. 그리고 나와 학생들이 함께 서명했다. "부정행위를 한 사람이 있으면 선생으로서 잘못 가르친 것에 대해 책임을 지겠다."며 내가 서명한 것과 "인성, 지성, 영성을 배워 미래 지도자가 되려는 학생으로서 부정행위를 하면 책임을 지겠다."고 학생이 서명한 것이다.

무감독시험을 치르기 이전까지 학생들과 여러 번 합의하는 과정을 거쳤다. 무감독시험을 치르는 것에 대해 처음부터 호응하는 학생이 많은 게 아니었다. 수업시간마다 무감독시험을 실시해야 하는 당위

성에 관해 설명하고 참여해 줄 것을 호소했다. 매주 2~3회씩 예배를 드리고, 인문고전 수업을 수강하면서 무감독시험을 치르지 못하면 앎과 지식을 죽이는 행위라고 말했다. 우리 학교 교육목표는 인성과 지성과 영성을 길러 지역과 교회, 국가와 인류를 리더하고 변화시키는 지도자를 기르는 것이다.

그런데 학생은 자신은 물론 동료를 믿지 못하고, 교수는 학생을 믿지 못해 무감독시험을 실시하지 못했다. 오늘 무감독시험을 치르기 전 몇몇 교수님과 개인적인 자리에서 무감독시험 실시에 대해 의견을 들었다. 대부분 교수님께서 과거 무감독시험을 치른 결과 폐해가 많았다며 부정적이었다. 한마디로 학생들 의식이 아직 성숙하지 못해 무감독시험을 치르는 게 시기상조라는 것이다. 얼마 전 교수회의 때 무감독시험에 대한 단기, 중기, 장기계획을 세워 실시할 필요가 있다고 건의했다.

대학교 다닐 때 동료들이 부정행위를 밥 먹듯이 하였다. 그래서 총장님께 시험감독을 철저히 해달라고 편지를 보냈다. 이 일이 일어난 후 다른 학과는 시험감독이 1~2명 들어왔는데, 우리 학과는 2~3명이 들어왔다. 한동안 과 학생들이 편지를 보낸 사람을 색출하려고 학과 분위기가 살벌하였다. 콕 날 꼬집지 않았지만, 대다수가 심증으로는 나를 의심하였다. 이런 경험과 아픔을 겪었던 터라 무감독시험을 치르는 것이 단순하고 쉬운 일이 아니라는 것을 잘 안다. 그러나 우리 대학 교육목표와 교육과정을 고려하면 어떤 희생을 감수하고라도 무감독시험을 치러야 한다는 오기가 생겼다.

희생 가운데 교수가 할 수 있는 일은 교수 자리를 내려놓는 것이다. 내 것 다 가지고 챙기면서 조직을 변화시키려는 것은 모래성을 쌓는 것과 같다. 혹자는 그 자리가 정년을 보장한 자리가 아니라서 쉽게 말한다고 할지 모른다. 정년보장 유무를 떠나 이 자리는 내게 정말 귀하고 세상 어느 것과 바꿀 수 없다. 왜냐하면 이 자리에 있으면서 평생 하고 싶었던 글쓰기 작업에 집중하고 있기 때문이다. 순간적으로 솟은 감정이나 객기를 부리려고 한 행위가 결코 아니다.

희생 가운데 학생이 할 수 있는 일은 자퇴하는 것이다. 갈수록 학생이 급감하여 학생을 모집하는 데 전쟁을 치러야 한다. 이런 상황에서 학생 한 사람 한 사람은 정말 귀하고 소중한 존재이다. 그런데 시험을 치르면서 부정행위를 했다 하여 자퇴하라는 것은 비교육적인 처사 이전에 비경제적인 논리일 것이다. 그러나 교수가 학생을 잘 가르치지 못해 책임을 지고 자리에서 물러나면, 당연히 학생도 버금가는 행동을 해야 한다. 이러한 희생을 각오하지 않으면, 어떤 조직이든 만날 그 물이 그 물이고 그 풍경이 그 풍경에 머물고 만다.

입시철이 되어 고교를 방문할 때마다 우리 대학이 내세울 수 있는 상표가치가 무엇인지 고민했다. 서서평 선교사의 삶, 새벽기도와 매주 2~3회 드리는 예배, 신입생에게 연 200만 원을 지급하는 교회장학금, 교수가 학생을 가르치려고 하는 열정, 이런 것은 분명 다른 대학과 차별된 우리 대학만이 가진 자산이다. 그러나 이것에 자족하고 말면 미래가 환할 수 없다. 중요한 것은 배운 것을 머릿속에 가둬두고 행동을 냉동고에 얼려두면 한 발도 앞으로 나아갈 수 없다.

오늘 시험을 치른 학생들 가운데 행여 양심에 반한 행동을 한 사람이 없는지 오늘 밤이 참 길 것 같다.

2016. 5. 20.

무감독시험 2

기말고사기간으로 접어들면서 학교는 마치 파장 분위기이다. 이런저런 학교행사나 공휴일로 인해 휴강한 날이 있어 시험을 한 주 늦춰서 치렀다. 지금쯤 옆 강의실에서는 학생들이 답안지를 작성하느라 정신이 없을 것이다. 볼펜 구르는 소리가 재봉틀 돌아가는 소리처럼 들려왔다.

지난 학기부터 내가 강의하는 과목은 전부 무감독으로 시험으로 치르고 있다. 처음 학생들에게 무감독으로 시험을 치르겠다고 했을 때 대부분 반대하였다. 부정행위를 하는 사람이 있어 평가에 대한 공정성을 확신할 수 없었기 때문이다. 우리 학교 교육이념은 인성, 지성, 영성을 두루 갖춘 지도자를 길러 사회와 교회를 변화시키는 것이다. 이를 위해 매일 새벽기도를 드리고 화, 목, 금요일은 채플 시간을 통해 예배를 드린다.

그런데 동료에 대한 불신과 무감독시험을 치르는 분위기가 성숙하지 않았다며, 학생 대다수가 무감독 시험을 치르는 데 부정적으로 생각해왔다. 공자는 『논어』에서 "잘못을 저지른 것이 잘못이 아니라 고치지 않는 것이 잘못이다."고 했다. 교육이념과 인문고전 수업을 통해 인성을 강조하면서, 행동으로 실천하지 않는다면 쓸데없는 구호에 불과하다. 강의할 때마다 무감독으로 시험을 치르는 것은 자존감을 스스로 찾는 행위라고 강조했다.

의지가 있으면 방법을 찾지만, 의지가 없으면 핑계를 찾기 마련이다. 어떤 사회나 조직을 변화시키려면 불편함과 자기희생을 감수해야 한다. 그래서 학생들에게 내가 먼저 의지를 보였다. 만약 학생이 부정행위를 하면 선생으로서 잘 가르치지 못한 데 대해 책임을 지겠다고 했다. 책임을 지겠다고 한 것은 교수직을 내려놓겠다는 것이다. 그리고 학생도 그에 합당하게 책임을 지라고 했다. 바로 자퇴하는 것이다.

이런 의지와 진정성이 모여 수강생 전체가 무감독으로 시험을 치르는 것에 동의했다. 그리고 답안지에 서로 서약을 하고 시험을 치렀다. 한 사람이라도 부정한 행위를 하면 교수직을 내려놓겠다고 했지만 불안했다. 서약한 대로 교수라는 자리를 내놓아야 할 상황이 올지 몰랐기 때문이다. 그런데 이런 염려는 맑은 하늘을 보고 우산을 준비해야 할지 몰라 걱정하는 것과 마찬가지였다.

우리 학생들은 정말 순수하고 지혜로웠다. 고맙게도 여섯 식솔이 딸린 가난한 시인 선생 밥줄을 끊지 않았다. 종강할 때 한 학기를 돌아보며 각자가 느낀 소감을 발표하게 했다. 대다수 학생이 무감독시험을 치른 것에 대해 자부심을 가졌고, 자신을 믿을 수 있어 행복했다고 고백했다. 그리고 옆에 있는 동료를 믿지 못한 것이 부끄럽다고 했다. 얼마 전 한국지도자 육성장학재단 장학금을 신청하려고 자기소개서를 첨삭 받으러 온 학생은 학교생활 가운데 가장 인상 깊은 것이 무감독시험이라고 했다.

배운 것을 머릿속에 가둬두면 썩은 지식이 되고 만다. 삶 속에서 꺼내 행동으로 실천해야 한다. 『연어』에 나오는 은빛연어는 폭포를 만나 쉬운 길을 선택하지 않고 연어로서 가야 할 길을 갔다. 우리도 어떤 길을 가야 할 것인지 머리를 싸맸다. 『소유냐 존재냐』를 통해 사적인 삶을 살 것인지 공적인 삶을 살 것인지 고민했다. 『목민심서』를 통해 지도자로서 갖춰야 할 덕목을 알아보았다. 『고령화의 쇼크』를 읽고 발표하면서 고령화 시대에 어떤 목회자 사회복지사, 상담심리사, 음악가, 시민활동가가 되어야 할지 고뇌했다. 『유쾌한 혁명을 작당하는 공동체 가이드북』를 통해 좋은 공동체를 만들기 위해 관계, 소명, 유쾌, 통제가 얼마나 중요한지 공부했다.

그리고 『논어』에 나오는 공자와 제자가 나누는 대화를 경청하며 인을 실현하고 이웃과 사회, 나아가 세계와 관계를 어떻게 맺으며 살아야 할지 학습했다. 그리고 "말을 앞세우지 않고 행동을 앞세워야 한다."는 말을 주어로 삼고 수강생 대부분이 장기를 기증하겠다고 서약했다. 무감독시험을 치르고 나서 생긴 자존감과 자부심이 강물처럼 흘러 봉사하고 섬기는 마을로 흘러간 것이다.

2016. 12. 7.

빚

지난 화요일 몸이 좋지 않아 오전 수업을 결강하고 말았다. 몸을 겨우 추스르고 오후 수업을 하려고 학교로 가는 길에 문자를 받았다. 작년에 논리적인 글쓰기 수업을 수강한 강 모 학생이었다. 군산에 있는 유명한 빵집에 빵을 사러 갔다가 우리 어머니가 생각나서 단팥빵을 사서 연구실 앞에 두었다고 했다. 어머니 얼굴을 단 한 번도 본 적이 없는데도 어머니를 위해 빵을 샀다는 말에 눈물이 핑 돌았다. 아마 수업시간에 내 이야기를 들었거나, 내가 쓴 수필집을 읽고 팔순이 넘은 부모님과 함께 살고 있다는 사실을 안 것 같다. 그런데 강 모 학생처럼 여러 학생들이 어머니께 갖다 드리라고 하면서 이런 저런 것을 챙겨 줄 때가 있다.

오늘 채플을 마치고 연구실에 도착하여 손전화를 확인했더니 이 모 학생이 전화한 흔적이 있었다. 아침에 쓴 시 「듣다」를 교정하고 있을 때. 그 학생이 어디에 계시냐며 문자를 했다. 연구실이라고 했더니 잠깐 들르겠다고 했다. 잠시 후 노크하는 소리와 함께 손에 보자기를 들고 들어섰다. 친정어머니가 가까이 살고 계셔서 김치를 자주 담가주신다고 했다. 그러면서 우리 어머니가 생각나서 김치를 가져왔다는 것이다. 보자기 속에 김치통과 강냉이 튀밥이 든 통이 사이좋게 들어 있었다. 고마운 마음에 내가 쓴 책을 두 권 주었다.

이 모 학생은 올해 신학부 3학년에 편입하였다. 장애를 가진 아들은 사회복지학부 1학년으로 입학했다. 아들과 함께 인문고전과 글쓰기전략을 청강했는데, 힘이 들었던지 요즘 나오지 않아 궁금했던 참이었다. 선생과 학생을 떠나 장애를 가진 자식을 둔 부모로서 아픔의 무게를 동병상련으로 느꼈던 것 같다. 내가 페이스북에 올린 글을 하루도 빠지지 않고 꼬박꼬박 들어와 손자국을 남기는 페친이기도 하다. 오후에 곧바로 강의가 있어 별다른 이야기를 나누지 못하고 후일을 측량하기로 했다.

오후 강의는 글쓰기 전략이다. 수강생 50여 명에다 청강생이 예닐곱 정도이다. 다른 강의와 비교해 수강생 가운데 만학도가 많고, 청강생은 주로 신대원생과 졸업생, 외부에서 온 일반인도 있다. 다른 과목과 같이 수업을 하기 전에 내가 쓴 시나 수필을 배경음악과 함께 학생들에게 읽어준다. 감정이 메마른 학생들에게 심미적 가치를 깨닫게 하고, 매일 일기를 쓰듯이 글을 써야 글쓰기에 대한 두려움을 없앨 수 있다는 것을 보여주려는 의도 때문이다. 기회 있을 때마다 문학작품을 많이 읽으라고 노래를 부르지만, 경청할 뿐 행동으로 옮기는 사람은 별로 없는 것 같다. 그래서 매주 한두 작품이라도 읽어주면, 문학에 대해 친근감을 느낄 수 있으리라는 기대 때문이기도 하다.

다행히 대다수 학생이 오감의 문을 열어 작품을 감상한다. 녹음하는 학생도 있고 손수건을 꺼내 눈물을 닦는 학생도 있다. 이번 학기에 학생들과 함께 두 가지 문제에 도전하기로 했다. 무감독시험을 치르는 것과 어려운 가정형편 때문에 자비 00 만 원이 없어 해외공연을 포기한 학우를 위해 커피 한두 잔 마시지 않기이다. 무감독시험에 동참하겠다는 학생이 90%를 넘었다. 그리고 하나님을 찬양하기 위해 해외공연을 가는 학우를 후원하는 후원금도 반 가까이 모았다. 5천 원에서부터 5만 원에 이르기까지 학생들이 많이 동참하고 있다.

홍해가 갈라지는 것만이 기적이 아니다. 따지고 보면 기적은 기적처럼 오지 않고 소리 소문 없이 일상처럼 온다. 한 사람 한 사람이 진정성 있게 힘과 뜻을 모으면, 절대 안 될 것이라는 포기와 절망을 희망과 꿈으로 바꿀 수 있다. 돈 많은 부자가 단번에 00만 원을 후원하는 것보다, 같은 처지에 있는 사람들이 한 푼 한 푼 힘을 보태는 것이 외롭지 않고 뜨끈뜨끈하다. 며칠 전 학교에서 그 학생을 만나 후원 상황을 얘기했다. 그리고 절대 포기하지 말고 꿈을 꾸라고 했다. 우리 몸속 혈관에 피가 멎지 않고 흐르는 것, 심장이 지쳐 쉬지 않고 뛰는 것, 눈이 가리지 않고 보이는 것, 말문과 귀문이 닫히지 않고 열리는 것, 숟가락질과 젓가락질을 할 수 있는 손가락이 온전하다는 것, 이것만으로도 이미 우리에게 기적이 일어난 것이 아니겠는가.

그리고 글을 쓰는 작가로서 개인적으로 도전하고 있는 게 있다. 내년에 戀詩集을 발간하는 것이다. 요즘 의도적으로 거의 연시를 쓰고 있다. 그래서 사랑을 젊은 사람이 독차지하는 전유물처럼 여기는 편견을 깨고 싶다. 또 우리 대학 학생이 4년 동안 언어활동 능력을 잘 길러 여러 현장에서 의사소통 능력과 문제를 해결하는 능력을 무변광대하게 발휘하는 것을 꿈꾸고 있다. 나는 학교나 학생들에게 너무 많은 빚을 진 채무자이다. 내가 진 빚을 물질적으로 다 갚을 능력은 없다. 다만 학생들과 동고동락하면서 그들이 꾼 꿈을 지지하고 늘 박수를 보내려고 한다.

2016. 4. 22.

새끼들

학교식당에서 점심을 먹고 식판을 비우려는 순간, 한영이가 식당 입구에서 멈칫거리고 있었다. 한영이는 앞을 전혀 보지 못한다. 도우미 없이 기숙사에서 식당까지 혼자 온 모양이다. 식판을 서둘러 비우고 한영이 손을 잡고 의자에 앉혔다. 오늘 점심 메뉴가 가락국수라 한영이 혼자 식사하는 것이 여간 힘들지 않을 것 같았다. 마침 오후에 곧바로 강의가 없어 한영이에게 밥을 먹여주었다.

한영이는 혼자 밥 먹으러 오는 것이 불편하여 점심을 건너뛰려고 했는데, 어머니가 꼭 밥을 챙겨 먹으라고 전화했다고 하였다. 앞을 보지 못한 아들을 학교에 보내놓고 매 순간순간 기도의 끈을 놓지 못했을 것이다. 밥과 달리 가락국수 면발이 젓가락에 잘 잡히지 않았다. 수저를 뜰채 삼고 젓가락으로 천천히 면발을 집어 올려 한영이 입속으로 넣었다. 괜히 울컥했다.

훈용이 생각이 차분하게 떠올랐다. 스무 해째 낮에는 이 땅에 핀 꽃 한 송이, 밤에는 달빛 한 가닥 보지 못하고 살아온 새끼. 여태까지 밥 한술 제 손으로 떠먹을 줄 모르고 그 많은 어휘 하나 부리지 못하고 사는 새끼. 이런 훈용이에 비하면 한영이는 단지 앞만 보지 못하지 않는가. 한영이에게 앞이 보이지 않는다고 기죽지 말고 당당하게 살아야 한다는 말을 귀에 못을 단단히 박고 걸어주었다.

한영이는 제법 빠르게 식사를 마쳤다. 그를 기숙사 오르막길까지 데려다주고 연구실로 가는 길에 발달 장애를 앓고 있는 다윤이와 유진이를 만났다. 두 사람은 손가락이 정상적이지 않은데도 피아노를 전공하고 있다. 내 강의를 듣지 않지만, 학교에서 마주칠 때마다 살갑게 대해줬더니, 먼저 아는 척하며 반갑게 인사를 곧잘 한다. 양치하고 나서 쓰고 있는 논문을 들여다보려는 순간, 누군가 연구실 문을 둔탁하게 두드렸다.

그 소리는 영민이 만이 만들 수 있는 고유한 소리이다. 다른 세상을 전혀 의식하지 않아 육필 선연한 소리. 배뇨가 급한 사람이 필사적으로 문에 주먹다짐하는 소리. 반사적으로 뒤 호주머니에서 영민이에게 줄 커피 값을 꺼냈다. 영민이는 날씨가 제법 더운데도 옷을 두껍게 걸쳐 입고, 슬리퍼를 질질 끌고 들어왔다. 땟물이 줄줄 흐르는 발과 며칠 보지 못한 동안 자랄 대로 자란 턱수염 때문에 몰골이 형편없었다. 영민이에게 다음에 올 때 면도를 깨끗이 하고 운동화를 신지 않으면 만나주지 않겠다고 했다. 학교를 졸업했는데도 영민이는 별일 없으면 재학생보다 더 학교에 잘 나온다.

우리 주위엔 가고 싶은 세상을 제 발로 스스로 걸어가는 것이 아득한 꿈인 사람이 있다. 휠체어 바퀴를 발 삼고 살아가는 사람, 목발을 발처럼 여기고 사는 사람이 있다. 머릿속에 든 생각을 혀끝으로 반듯하게 펴 입 밖으로 툭 꺼내고 싶은 것을 꿈꾸는 사람이 있다. 배가 고프고 목이 메마르고 아픈 곳이 있어도, 밥을 먹고 싶다고, 물을 마시고 싶다고, 약을 달라는 말 한마디 못하며 사는 사람이 있다. 이들이 사는 삶은 늘 허기지고 목이 밭아 더 가난하고 아프기 일쑤이다.

늦은 오후 '수필산책' 강의시간에 학생들이 쓴 글을 각자 발표하게 했다. 은혜는 고향이 북한이다. 목숨을 걸고 탈출한 곳을 아이러니하게도 그리워하며 산다. 그곳이 고향 땅이고 피붙이가 있기 때문이다. 이 땅 어디든 정 붙이고 살면 고향 같다고 하지만, 피붙이가 없는 땅은 불쑥불쑥 낯설어지거나 꾸불텅하게 어색해질 때가 있다. 은혜가 쓴 글 곳곳에는 깊게 팬 웅덩이가 있다. 은혜는 애초부터 측량할 수 없는 그리움을 글로 쓰면서 영혼이 야위어져 눈물의 우물을 팠을 것이다.

은혜가 어느 날 문자로 날 "아빠"라고 불렀다. 서울에 있는 모 교회에서 전도사로 사역하고 있는 큰아들 얼굴을 못 본 지 2년이 넘었다. "아빠! 어디야?", "아빠! 뭐해?" 잊힐 만하면 한 번씩 전화하여 틀에 박힌 단문 앞에 슬그머니 끼워 넣은 "아빠!"란 호명과 체온이 달랐다. 하나님께서는 일찍이 두 딸을 데려다 당신이 기르시고 다른 새끼들을 많이 주셨다. 나는 이 많은 새끼들 아비가 될 힘이나 근육이 없지만, 그들이 앓고 있는 상처를 다디달게 삭혀주고 싶다. 어루만지고 안아주면서.

2017. 6. 11.

생각의 근원

꽃을 먼저 피운 꽃나무들은 이제 꽃잎을 땅에 서둘러 내려놓고 연둣빛 나뭇잎을 달기 시작했다. 감기에 걸리지 않으려고 몸단속을 애써 했는데, 도둑처럼 찾아온 목감기 때문에 몸이 마치 대문이 떨어져 나간 폐가처럼 썰렁하다. 이런 몸을 이끌고 학교에 갔다. 금요일은 강의가 없어 문학 동아리 학생들이 쓴 작품을 합평하거나 학생들이 쓴 리포트를 주로 대면 첨삭한다. 오늘은 지난주 간호학과 1학년 학생들이 쓴 리포트에 대한 대면 첨삭을 하기로 했다.

쉰여섯 명 가운데 쉰 명이 대면 첨삭을 해야 할 상황이었다. 학교 식당에서 대충 점심을 때우고 연구실에 들러 양치를 하자마자 학생들이 약속 시각을 가로질러 찾아왔다. 논리적인 글쓰기를 하기 전에 자존감을 높이고 정체성을 찾게 하려고 정서적인 글쓰기를 먼저 한다. 간호학과 학생은 다른 학과 학생보다 철저한 소명의식과 직업윤리를 가져야 한다. 이런 정신을 '인문고전 읽기'를 통해 데워주려고 나름대로 흔들림 없이 달려왔다.

과연 몇 사람이나 나올지 궁금하기도 했고 은근슬쩍 불신이 풍선처럼 부풀었다. 약속했던 1시 언저리가 되자 연구실 앞이 두런두런 왁자지껄하였다. 아스팔트 수증기처럼 피었던 궁금증이 안도감으로 바뀌고 불신은 미안함으로 변했다. 학생들이 너무 많아 다섯 사람씩 들어오게 했다. 그리고 지난 시간에 첨삭하여 준 리포트를 보고 일일이 설명해주었다.

지금까지 살아오면서 가장 힘들었던 일이 무엇이고 어떻게 견디고 이겼는지에 대한 이야기는 각양각색이었다. 갓 스물 된 학생 대부분이 나름대로 아픔 하나 이상씩 지문처럼 새기고 살거나 슬픔 한둘씩 매달고 살고 있었다. 이런 아픔이나 슬픔에 토를 달거나 시비를 붙일 생각을 아예 하지 않았다. 그래서 글쓰기를 할 때 기본적으로 지켜야 할 형식만 보기로 했다.

간호학과 학생은 고등학교 다닐 때 이과를 선택했고 글쓰기에 대한 학습을 대부분 체계적으로 받지 않아 글쓰기에 대한 기본을 잘 모르는 경향이 있다. 타 학과 학생도 매한가지이다. 대부분 학생이 들여쓰기와 단락 나누기를 하지 않고 글을 쓴다. 또 문장을 너무 길게 써서 논지가 산만해지거나 비문법적인 문장을 많이 부리고 있다. 긴 문장은 학생들뿐만 아니라, 지식인 가운데도 습관적으로 쓰는 경향이 많다. 띄어쓰기를 제대로 하지 않거나 문장부호를 아예 쓰지 않는 학생도 꽤 있다.

마흔 명 정도 된 학생들 리포트를 일일이 첨삭하고 나자 4시가 되었다. 허기와 함께 목이 바짝바짝 타들어 갔다. 점심을 먹고 먹으려 했던 감기약이 책상 위에 덩그러니 놓여있었다. 약국 이름이 선명하게 박힌 투명한 비닐봉지 속에 약 여섯 알이 서로 엉겨 있었다. 애매한 맛 때문에 혓바늘 돋은 혀가 추운 날 오줌 싸고 난 것처럼 부르르 떨었다.

글쓰기 상담 기록카드를 정리하고 하릴없이 냉장고 문을 열었다. 허기를 면해줄 만한 것이 하나도 없었다. 바람을 좀 쐬려고 복도로 나와 창밖을 내다보았다. 고덕산 자락이 온통 초록으로 물들어 강처럼 흘러내렸다. 서로 다른 이름을 달고 서 있는 나무들이 엇비슷한 색깔로 한데 어울려 마을을 이루고 있었다. "교수님!" 엘리베이터 문 열리는 소리와 함께 찬성이가 가쁜 숨을 몰아쉬며 날 불렀다. 기숙사에서 낮잠이 들어 일어나자마자 달려왔다고 했다.

"머리에 털 나고 처음으로 밤새우고 쓴 글입니다." 찬성이 역시 다른 학생처럼 들여쓰기와 단락 나누기를 제대로 하지 않고 글을 썼다. 그리고 처음부터 끝까지 긴 문장 일색이었다. 게다가 "~하였었다."와 같은 표현을 남발하였다. 잘못 쓴 것을 하나하나 설명하자 찬성이 얼굴에 화색이 만개하였다. "저 때문에 교수님 퇴근이 늦어져 죄송합니다."라는 인사를 남기고 부리나케 나갔다.

온몸이 빨랫줄에 걸린 젖은 빨래처럼 축 늘어졌다. 한기와 함께 피곤이 엉겨 붙었다. 감기약 탓인지 졸음까지 몰려와 허공을 걷는 것처럼 흔들거렸다. 여벌 남은 힘으로 정신을 차리고 일어났다. 단풍나무는 아기 속살 같은 잎을 틔우기 시작하고 철쭉은 첫니처럼 솟기 시작했다. 수선화는 변덕스럽지 않게 인사를 건네고 운동장 잔디는 일제히 푸르게 일어서고 있었다. 담쟁이는 햇볕 넉넉한 곳에서부터 잎을 세간처럼 들이기 시작하였다. 캠퍼스 곳곳이 오래전 살림을 차린 봄으로 환했다.

몸은 피곤하지만, 마음은 풍성하고 부자가 된 것 같다. 이런 생각을 하게 한 근원은 어디에서 흘러나왔을까?

2017. 4. 21.

스키다시

맘먹고 인사를 드려야 할 분과 횟집에서 만났다. 횟값이 적잖게 부담스러웠지만, 그보다 더한 것이라도 대접해야 마음이 편할 형편이었다. 그래서 아무 곳에서나 만날 수 없어 주변 사람에게 물어 소문이 자자한 횟집을 예약했다. 횟집을 소개해준 사람들 이야기가 스키다시가 잘 나온다고 했다.

스키다시는 우리말로 곁들어 나오는 음식을 일컫는다. 그러니까 메인 음식이 아니라 곁들여 나오는 부수적인 음식 정도이다. 아닌 게 아니라 소문처럼 우럭과 광어가 나오기 전에 곁들인 음식이 많았다. 멍게, 개불, 해삼, 새우, 가리비, 게, 키조개, 낙지, 소라가 연이어 나왔다. 중간중간 찌거나 구운 생선도 엿줄처럼 따라 나왔다.

이것만 먹어도 배가 얼추 불렀다. 드디어 메인 음식인 우럭과 광어가 나왔다. 일반적으로 횟집을 선택할 때 스키다시가 어떻게 나오느냐를 많이 따진다. 우럭이나 광어뿐만 아니라 스키다시란 이름을 붙인 것들도 바다가 본적이고 주소지이다. 그런데 어떤 것은 곁들인 음식류에 속하고 어떤 것은 주메뉴에 속한다. 한마디로 대우를 불공정하게 받고 있다.

우리는 지구라는 우주를 본적으로 삼고 태어났다. 그런데 바다를 본적으로 삼고 태어난 생명체가 어떤 것은 곁들이 취급을 받고 어떤 것은 메인 대접을 받듯이 생명체 사이에도 차별이 존재한다. 스키다시가 비싼 메인 음식을 먹기 전에 미리 분위기를 잡거나 배를 채우는 역할을 한다 해도 지나친 말은 아니다. 곰곰이 생각해보면 이 사회에서 스키다시 취급을 받는 사람이 있는가 하면 메인 음식 대우를 받는 사람이 있다.

우럭과 광어로 태어나지 못한 멍게나 개불, 해삼은 횟집에서 평생 스키다시가 될 수밖에 없다. 조개류나 소라 역시 메인 음식 대우를 받을 수 없다. 같은 바다에서 태어났고 함께 자랐지만, 잘못 타고난 이름 때문에 주연이 되지 못한 것이다. 이 땅에 사는 우리 대부분은 각자 타고난 이름 속에 백과 같은 든든한 배경이 없다. 붙잡아야 할 줄이 없고 눈 씻고 찾으려 해도 권력의 뒤태마저 볼 수 없다.

사람이 사는 곳에는 사람 냄새가 나기 마련이다. 이 사람 냄새는 인간적인 것을 의미하는 것이 아니라, 차별과 편견으로 인해 분쟁이나 갈등이 일어나는 것을 일컫는다. '갑질'이란 말이 있다. 갑질은 힘을 가진 갑이 약자인 을에게 힘을 부당하게 행사하는 것이다. 지성의 전당이라 하는 대학에서도 교수와 학생, 교수와 교수, 교수와 직원 사이에 갑질이 존재한다. 교수가 학생을 비인격적으로 대하거나 선임 교수가 후임 교수를 얕잡아 보는 일이 심심찮게 일어난다.

취향에 따라 광어나 우럭보다 스키다시를 더 즐기는 사람이 있다. 메인 음식도 스키다시와 같이 곁들인 음식이 배경이 되어야 빛이 난다. 사람 사는 세상도 마찬가지이다. 스키다시 역할을 하는 사람과 메인 역할을 하는 사람이 서로 잘 어우러져야 살맛 나는 세상이 될 수 있다. 오늘 인사드리면서 회를 대접한 분은 은퇴하신 지 오래되었지만, 나에게 학문적으로 도움을 많이 주신 은사님이시다.

전액 성적장학금을 받지 않으면 학교에 다닐 수 없는 형편인데도, 난 정신을 차리지 못하고 방황한 적이 있다. 그때 은사님께서 눈에서 눈물이 핑 돌 정도로 따끔하게 야단을 치셨다. "문학을 하든지 공부를 하든지 제대로 해라." 그날 이후 책장 앞에 은사님께서 하신 말씀을 적어놓고 오로지 공부만 했다. 그 은사님 덕분에 지금 변두리에 있는 대학이지만 대학에 몸담고 어쭙잖은 글을 쓰며 학생들을 만나고 있다.

오래전부터 제대로 음식 대접을 한 번 하려 했는데, 생각 속에서만 머무르고 말았다. 마침 은사님께서 전주에 오실 일이 있어 식사자리를 만들었다. 제자가 가난뱅이 시인인 걸 잘 아신 은사님께서 한사코 횟집에서 만나는 것을 마다하셨다. 그러나 나이가 드셔서 그런지 이제 내 고집을 꺾지 못하셨다. 노년의 은사님과 이순을 눈앞에 둔 제자가 함께 회를 먹으면서 누가 스키다시이고 메인인지 분간할 수 없을 만치 화기애애했다. 외람된 말이지만, 은사님과 내가 다정하게 나이를 먹으며 함께 늙어가고 있었다.

나는 강의실에 들어갈 때마다 학생들을 가르친다고 생각해 본 적이 없다. 오히려 학생들에게 무엇인가 배우려고 마음먹고 들어간다. 글쓰기와 관련한 지식은 내가 좀 더 가지고 있을지 몰라도, 학생들이 살아온 삶을 쓴 글을 보고 오히려 많은 것을 깨우치고 배운다. 그래서 우리는 누가 메인이고 누가 스키다시인지 서로 간격을 가늠할 수 없는 숨결 하나 사이이다.

2017. 5. 5.

아빠! 고생하셨어요

모처럼 향수를 뿌리고 집을 나섰다. 우리 대학 학생이자 수강생 학부모가 학생들 먹으라고 과자를 보내줘도 괜찮겠냐고 전화를 했다. 순간 김영란법이 머릿속을 고추잠자리처럼 맴돌았지만, 다다익선이라고 말했다. 때로는 전혀 기대하지 않았던 일이 생겨 마음을 부자로 만든다. 이런 일이 일어날 것을 기대하면서 살다 보면 살맛이 난다.

오늘 약간 눈이나 비가 내리겠다고 기상대에서 소문을 냈다. 이 소문이 하늘까지 퍼져 온통 흐리다. 오늘 인문고전 수요일반 보강을 하였다. 오후 4시 수업을 오전 10시로 앞당겨서 했는데도 거의 모든 학생이 나왔다. 모 학생은 집이 먼 데도 수술 일정을 바꿔 출석했다. 한 학기 내내 우리 학생들 고생을 많이 했다. 매주 책을 읽고 요약문을 써서 발표하고, 주어진 논제에 따라 또 글을 쓰느라 힘든 나머지 날 원망했는지 모른다. 조별로 발췌해온 『논어』를 학생들과 함께 공부했다.

정오에 교수출판기념회가 있어 쉬는 시간 없이 강의했다. 강의를 마치고 한 학기 동안 함께해주신 주님께 감사하는 기도를 드렸다. 무감독으로 시험을 치렀는데 한 사람도 헛생각하지 않는 것, 한 학생만 빼고 강의를 다 들은 것, 모두가 장기를 기증하겠다고 서약한 것, 다 주님께서 주신 은혜이다.

강의를 마치고 학생들과 일일이 포옹을 했다. "수고했다.", "고생했다.", "감사합니다.", "고생하셨습니다."라고 학생들과 주고받는 말이 아랫목 같은 체온이 되었다. 그리고 서로를 따스하게 데워 주었다. 모 여학생이 "아빠! 고생하셨어요."라고 속삭였다. 그 학생을 꼭 안아주었다. 나는 그 학생이 수업시간에 리포트로 쓴 글을 보고 그가 얼마나 큰 아픔을 앓고 있는지 잘 알고 있다. 문득 김소월 시인이 쓴 「길」이란 시가 떠올랐다.

어제도 하로밤
나그네 집에
가마귀 가왁가왁 울며 새었소

오늘은
또 몇 십 리
어디로 갈까

산으로 올라갈까
들로 갈까
오라는 곳이 없어 나는 못 가오
(중략)

여보소, 공중에
저 기러기
열십자 복판에 내가 섰소

갈래갈래 갈린 길
길이라도
내게 바이 갈 길은 하나 없소

우리가 발 딛고 사는 지구에서 가고 싶어도 갈 수 없는 땅이 있다면 그곳이 어디일까. 더욱이 그 땅에 피를 나눈 혈육이 있다면 얼마나 애틋하고 그리울까. 올 한 해가 한 장씩 찢어 넘기는 일일 달력처럼 어김없이 얇아지고 있다. 허기진 사람이 그러하듯이 그리움에 곯은 사람은 세밑이 가까워지면 그림자마저 희미해져 나 혼자가 된다. 우리에게 익숙한 세상이 어느 누군가에게는 지구 밖 같은 우주가 되어 생경하게 보일 수 있다.

그 학생을 힘주어 안았다. 그리고 그가 겪고 있는 아픔이 따끈따끈하게 나아지기를 바라며 속삭였다. "딸아! 고생했다. 이 겨울을 함께 잘 이기자." 녀석이 파르르 떨었다. 그에게서 파도 소리가 들려왔다. 그것은 단순히 물결이 떼로 몰려온 것이 아니라 바다가 소리 내어 우는 울음이었다. 내가 안고 있던 것은 바로 바다였다. 출렁거리는 바다는 한겨울에도 눈물을 흘릴지언정 절대 얼지 않는다.

그가 앓고 있는 아픔의 바다에 해풍이 몇 번 모질고 불고, 눈이 몇 차례 퍼붓고 나면 봄이 올 것이다. 아픔의 파도가 오래 출렁거리고 나면 봄이 보라는 듯이 꼭 오고야 말 것이다.

2016. 12. 8.

영민이

"선생님! 언제 밥 한 번 사 주세요."

영민이가 페이스북에 올린 글이다. 영민이는 지적발달 장애를 앓고 있다. 오래전 모 학부를 졸업했지만, 재학생들보다 학교를 더 잘 나온다. 가끔 페이스북에 취업이 안 돼서 힘들어 죽고 싶다는 말을 남기기도 한다. 오늘도 영민이가 내가 강의하는 강의실 앞에서 인사를 했다. 나는 영민이를 만날 때마다 커피값 정도를 준다.

강의를 마치고 소파에 앉아 있을 때 연구실 문을 누군가 조심스럽게 두드렸다. 영민이었다. 취업자리를 알아봐 달라고 했다. 옷을 지저분하게 입은 영민이에게 옷부터 깨끗하게 입고 다니라고 했다. 그리고 수염을 깎고 양치질을 잘하라고 했다. 취업하려면 취업준비를 열심히 해야지 가방만 메고 왔다 갔다 하면 취업할 수 없다고 했다.

영민이는 내가 지적한 것을 잘 알아듣는 편이다. 옷을 깨끗하게 갈아입었다고 자랑하러 오기도 하고 수염을 깎았다고 보여주러 오기도 한다. 가끔 헷갈리는 시간표와 강의실을 영민이는 나보다 더 정확하게 기억하고 있다. 게다가 강의 중간에 쉬는 시간을 용케 맞춰 강의실로 곧잘 찾아오기도 한다. 이런 영민이가 싫지 않고 기특하다.

혹자는 영민이가 커피값을 받으러 날 만나러 온 것으로 생각할지 모른다. 영민이가 나에게 밥을 사달라고 하고 강의실이나 연구실로 시간을 맞춰 찾아온 것은 배가 고파서 그런 것이 아니다. 커피값을 받으려고 그런 것도 아니다. 사람이 그립기 때문이다. 사람 냄새를 맡고 싶어서 그런 것이다.

영민이는 대학을 졸업하면 으레 취업이 되는 줄 알았을 것이다. 세상 사람들이 양팔을 벌리고 어서 오라고 환영해줄 것이라고 여겼을 것이다. 음식을 먹다 옷에다 흘리고 양치를 잘 하지 않은 자신을 이 사회가 품어주고 감싸주리라고 희망했을 것이다. 커피를 마시고 싶을 때 누군가에게 손을 내밀면 자판기처럼 커피를 내어줄 것이라고 믿었을 것이다.

나도 영민이에게 가끔 세상 사람이었고 이 사회였고 어느 누군가였다. 난 평소 지갑을 옷에 넣고 다니는 것이 귀찮아 차에 두고 다닌다. 영민이를 만나면 주려고 바지 호주머니에 잔돈을 미리 준비하지만, 허둥지둥 살다 보면 잊어버릴 때가 있다. 이런 날 영민이를 만나면 난감해진다. 주변에 아는 사람이라도 있으면 빌려달라고 해서 주지만, 외나무다리에서 단둘이 마주치면 미안하다고 미리 말한다.

이런 날 영민이 표정은 매우 흐릿하다. 표정만 그런 게 아닐 것이다. 아마 믿는 도끼에 발등 찍힌 기분일 것이다. 그 순간 내 마음 역시 불편하지만, 내 일에 몰두하느라 영민이 감정을 기억 밖으로 금방 내놓고 만다. 장애를 앓는 아들을 둔 아비로서 장애를 앓는 사람을 누구보다 잘 이해한다고 하면서도, 입에 침 바른 소리가 아니었는지 모르겠다.

요 며칠 영민이가 보이지 않았다. 아니 내가 영민이를 까마득하게 잊어버렸다고 해야 할 것 같다. 학교 식당으로 점심 먹으러 가는 길에 모 학과 여학생 둘을 만났다. 점심 먹으러 가느냐고 했더니 집에 간다고 했다. 지나가는 말로 밥을 사주겠다고 하자 "정말이세요?"라고 되물었다. 밥값이 없어 집으로 가서 먹으려고 했던 참이었다고 했다. 두 학생은 밥이 꿀맛 같다며 다디달게 먹었다. 그리고 밥을 먹고 도서관으로 가겠다고 했다.

"선생님! 언제 밥 한 번 사 주세요."

영민이가 있을지 몰라 식당을 둘러보았다. 그러나 금요일 점심 학교식당은 다른 날보다 사람이 별로 없었고 영민이도 보이지 않았다. 목감기 때문에 입맛이 달아나 밥 먹는 것도 귀찮던 참이었다. 그런데 두 여학생이 맛있게 밥 먹는 모습을 찬 삼아 모처럼 점심을 찰지게 먹었다. 누군가에게 밥을 사준다고 하거나 밥을 사달라고 한 것은 사람이 그리워지고 보고 싶다는 것이다. 그리움에 대한 허기를 채우려고 밥을 먹자고 그런 것이다.

그래서 누군가에게 밥을 먹자고 그럴 때는 '언제'라 하지 말고 구체적인 날짜와 시간을 내밀어야 한다. 다만, 영민이가 나에게 '언제'라고 한 것은 자신은 언제든지 좋으니 내가 시간 있을 때 만나고 싶다는 배려였을 것이다. 나 역시 영민이처럼 "언제 밥 한 번 사 주세요."라고 말하고 싶은 사람이 있다. 봄은 더디게 온 듯 만 듯 왔다가 잽싸게 도망치듯 달아나버린다.

겨울엔 첫눈 내리면 말해야지 하고 마음먹었다 봄이 와버렸고 봄이 되면 청명한 날 말해야지 하고 미루다 보면 어느새 여름이 서둘러 오곤 했다. 이 봄날이 허망하게 가기 전에 영민이랑 꼭 밥 한번 먹어야겠다.

2017. 4. 22.

은빛 연어와의 만남

토요일 모처럼 집에서 점심을 먹고 연구실로 향했다. 집 주변에 벚꽃이 만개하여 상춘객으로 도로 곳곳이 꽉 막혔다, 학생들이 제출한 리포트를 주중에는 볼 수 없어 주말에 첨삭해야 하기 때문이다. 150명 정도 되는 수강생들 리포트를 첨삭하려면 강의가 없는 금요일과 토요일에 마무리해야 한다.

글쓰기에 대한 기준과 원칙, 오류를 파악하는 법, 요약하기 원칙에 대해 강의를 마치면 학생들은 내가 정해준 책을 읽고 글쓰기를 해야 한다. 학생들이 처음 읽은 책은 '안도현'이 쓴『연어』이다. 은빛 연어가 초록 강을 거슬러 오르다 폭포를 만나 어떻게 뛰어넘는가를 보고 자기 삶에 적용하여 글쓰기를 하는 과제이다. 자식이 지금까지 살면서 만난 폭포와 같은 어려움은 무엇이며 어떻게 극복했는지 성찰하는 글쓰기이다.

학생들이 낸 리포트를 첨삭하면서 깨닫는 것이 많다. 고등학교 때 글쓰기 학습을 제대로 하지 않아 기본적으로 들여쓰기나 단락 나누기를 하지 못하는 학생이 꽤 있다. 그러나 그들이 만난 폭포에 관해 이야기한 것을 읽다 보면 내가 배워야 할 것이 더 많이 있다. 그들이 만난 폭포는 가정적인 문제, 대입을 앞두고 성적에 대한 문제, 친구들에게 따돌림당한 문제에 이르기까지 참 다양하다.

선규는 연세가 많으신 아버지가 자신에 대해 크게 기대한 것을 폭포라고 고백했다. 그는 여덟살 때 어머니가 돌아가시자 아버지와 단둘이 살았다. 어머니에 대한 기억이 별로 없어 어머니의 부재를 폭포로 여기지 않았다. 가난한 집안에서 태어나 중학교밖에 졸업하지 못한 아버지가 공부를 강요한 것 때문에 아버지와 관계가 늘 불편했다. 그래서 초등학교 때부터 고등학교 때까지 시험을 치르고 나면 아버지와 다퉜다.

월남전에 참전한 아버지는 1년 전 파킨슨병을 얻었다. 이전까지 아버지는 자신을 키워준 사람이기 때문에 그에 합당하게 부양해야 할 대상으로만 여겼다. 아버지에게 사랑한다는 말을 한 번도 듣지 못했고 자신도 아버지를 사랑한다고 말한 적이 없었다. 아버지는 귀가가 늦은 적이 한 번도 없었고 술을 먹고 방탕하게 생활한 적이 없는 성실한 사람이었다. 선규는 그런 아빠가 혼자 있다 돌아가실까 걱정하였다. 선규에게 아버지 건강이 회복되길 바란다며 문자를 남겼다.

나리는 건강이 나빠진 어머니가 수술 후 화를 잘 내고 매사에 예민하게 반응하여 마음이 아팠다. 어머니가 감정을 절제하지 못하고 말로 상처를 줄 때 죽고 싶은 충동을 느꼈다. 어머니가 앓는 병 때문에 그런 현상이 일어난다는 것을 아버지한테 들었지만, 너무 서운하여 창틀에 올라가 뛰어내릴 생각마저 했다. 아버지가 발견하지 않았으면 어떻게 되었을지 아찔하다고 했다. 아버지는 평소 가족을 몹시 사랑하는 따스한 가장이었다. 이런 아버지가 나리에게 가장 노릇을 제대로 하지 못해 일어난 일이라며 울었다고 했다.

나리는 태어나서 아버지가 우는 모습을 처음 보았다. 나리도 아버지를 안고 함께 울었다. 그리고 그날 어머니한테 전화하여 아버지 이야기를 했다. 어머니가 울면서 아버지처럼 가정에 충실한 사람이 없는데, 아버지까지 힘들게 해서 미안하다고 사과했다. 그날 이후 온 가족이 더 화목해지고 어머니 병세도 나아졌다. 원하지 않았던 어머니 병으로 인해 자칫 가족 사이에 금이 갈 뻔했지만, 아버지가 흘린 눈물이 서로를 용서하고 더 사랑하게 하였다.

선규와 나리 글을 읽으며 나 자신을 돌아보았다. 나는 자녀들에게 어떤 아버지일까. 앞을 보지 못하고 말 한마디 못하는 작은 아들 훈용이가 앞을 보고 말을 한다면 나에게 맨 먼저 무슨 말을 할까. 신학 공부를 하면서 서울 모 교회 교육전도사로 사역하고 있는 큰아들 찬용이는 날 어떤 아버지로 여기고 있을까.

팔순을 넘긴 부모님과 함께 산 지 아홉 해째 되었다. 속 모른 사람은 부모님을 모시느라 고생한다고 하지만, 오히려 부모님께서 우리를 더 도와주신다. 집사람은 혼자서 아무것도 할 수 없는 훈용이를 온종일 돌봐야 하고 나는 날마다 정신없이 허둥지둥 살기 때문이다. 온몸이 통증의 발원지인 어머니는 날마다 찬을 준비하시고 아침을 하신다. 아버지는 텃밭과 정원을 관리하신다. 이런 부모님께 선규처럼 사랑한다고 고백한 적이 한 번도 없다.

세상에 태어날 때부터 스승과 제자, 선생과 학생인 사람이 어디 있겠는가. 단순히 나이를 더 먹었다거나 선생이란 직책은 무늬에 불과하다. 자신이 살아오면서 만난 폭포를 어떻게 뛰어넘었는지에 대한 연어 떼 이야기를 들으며 듬뿍 웃고 눈물을 펑펑 쏟았다. 들여쓰기나 문단 나누기를 제대로 하지 않았으면 어쩌랴. 길고 비문법적인 문장을 썼으면 어디가 덧나랴. 이번만큼은 정통적인 글쓰기 시선으로 보지 않고 폭포를 넘다 비늘이 벗겨지고 지느러미가 찢어진 아픔만 보았다.

다가오는 금요일 연어를 하나하나 연구실로 불러 대면 첨삭을 할 요량이다. 행여 연구실에서 일대일로 대면 첨삭하는 것을 폭포로 여길 연어는 없을까?

2017. 4. 15.

점심

오늘은 강의가 없지만, 학생들이 이번 주에 낸 리포트를 첨삭하려고 학교에 나왔다. 점심시간에 되어 식당으로 가는 길에 은애를 만났다. 은애는 신학부 1학년 학생이다. 아버지가 여수에 있는 낙도에서 목회하고 계신다. '인문고전' 수업시간에 늘 맨 앞에 앉아 수업에 열중할 뿐만 아니라 조장을 맡아 최선을 다하고 있다.

"점심 먹었니? 내가 밥 사줄 테니 함께 가지 않을래?"
"정말이세요? 아니에요. 괜찮아요."
"다른 일 없으면 밥 먹고 가."
"네, 너무 사양해도 예의가 아니겠죠?"

밥과 찬을 푼 식판을 앞에 두고 은애가 두 손을 가슴에 올렸다. 그리고 오랫동안 기도를 했다. 식사 기도를 너무 진지하게 하는 은애

앞에서 기도를 대충 하고 숟가락을 집어 든 나 자신이 머쓱해졌다. 은애는 감사하게 잘 먹겠다는 말을 여러 번 했다. 점심을 대충 때우려던 참이었는데, 날 만났다고 했다. 삼천오백 원 안팎 하는 학식이 부담스러워 끼니를 대충 때우는 학생이 생각보다 많다는 것을 오래 전 알았다.

요즘 저녁을 거르기 때문에 점심을 든든히 먹는 편이다. 밥과 찬을 과하게 퍼 온 것이 은애에게 좀 부끄러워 저녁을 거른다고 말했다. 내 말을 들은 은애가 자신도 저녁을 거르고 싶다고 했다. 집을 떠나 객지에서 객밥을 먹으면서 저녁까지 거르면 생활하기 어려울 것이라며 소식할 것을 권했다. 문득 기숙사에서 생활하는 있는 큰아들이 생각났다. 워낙 입이 짧아 끼니나 제대로 찾아 먹는지 알 수 없다.

"선생님! 점심을 어떤 사람과 먹느냐에 따라 하루 생애가 달라질 것 같아요."

"아! 그 말 정말 의미 있는 말이다. 그 말을 가지고 오늘 글 한 편 써야 하겠다."

"정말요? 선생님 어떤 내용일지 기대할게요."

세상살이 하면서 우리는 수많은 사람을 만난다. 그리고 함께 밥을 먹어야 할 일이 생긴다. 무엇을 먹느냐가 중요한 것이 아니라, 어떤 사람을 만나 어떤 대화를 나누느냐가 중요하다. 좋아하는 사람을 만나 좋아하는 음식을 먹는 것만큼 기쁘고 맛있는 일은 없을 것이다.

밥을 먹는 것은 끼니를 채우는 일뿐만 아니라, 만남을 통해 서로를 연결하는 합일점이기도 하다.

최근 '혼밥'이라는 말이 유행이다. 이 말은 혼자 밥을 먹는다는 말이다. 1인 가구 가 520만 시대에 이르면서 1인이 생활하는 소비 경향이 늘고 있다. '혼밥족'이 많아지면서 편의점 도시락, 간편 조리 식품 이용이 크게 늘고 있다. 이런 현상을 반영이라도 하듯 얼마 전 일본 푸드 저널리스트 히라마쓰 요코는『혼자서도 잘 먹었습니다』라는 에세이집을 발간했다. 혼자 영화를 보고, 혼자 여행을 가며 혼자가 편해진 세상에 혼자 밥을 먹는 것은 어쩌면 평범한 일상일지 모른다.

그러나 이런 '혼밥'을 먹는 사람들 뒤꼍에는 우울한 그림자가 있다. 몇천 원 하는 밥을 다른 사람과 함께 먹는 것이 부담스러운 불황의 그림자와 사람을 만나는 것이 마뜩잖은 우울한 정서의 그림자가 있다. 그래서 '혼밥'은 결핍과 고독을 서로 맞물고 있다. 오래전에 쓴 「홀로 먹은 점심」이란 시이다.

북적북적한 학교 식당/ 점심시간에/ 툭 떨어져/ 혼자 밥 먹으면서/ 나 홀로 먹는 밥/ 밥 아니라/ 단단한 고독이란 걸 알았다// 씹어도 씹히지 않는/ 돌 같은 시간/ 겨우 삼키고/ 물 한 컵 마셨지만/ 체한 것처럼 명치에 걸린/ 거북한 외로움// 밥 먹은 자리마다/ 식판 밥알 같은 어휘들/ 문장으로 엮이다/ 썰물처럼 빠져나가고/ 공허의 낭떠러지에서/ 무뚝뚝하게 마주한/ 홀로라는 어원// 가을비/ 아주 천천히 내리며/ 해독하였다.

때로는 혼자서 깊게 생각하고 고요하게 앉아 절대자를 바라보는 시간을 가져야 한다. 가끔 다른 사람과 간격을 벌려 자기 내면으로 침잠하는 시간도 필요하다. 그러나 살다 보면 내가 필요한 사람이 있다. 밤늦은 시간이지만, 대화 나누기를 원하는 사람이 있고 눈코 뜰 새 없이 바쁜데, 차를 함께 마시길 원하는 사람이 있다. 그리고 배가 고파 함께 밥 먹기를 바라는 것이 아니라, 사람이 그리워서 밥을 먹고 싶다고 한 사람이 있다.

이럴 때 그 사람이 '혼차'하거나 '혼밥'하지 않게 핑계를 없애고 짬을 내도록 하자. 우리가 어떤 사람과 차를 마시고 밥을 먹느냐에 따라 우리 생애의 빛이 달라질 수 있다. 우리는 은연중에 서로에게로 물들어가는 존재이다. 식당에서 나오자 바람이 나무란 나무를 초록으로 덧칠하고 있었다. 은애가 다시 감사하다고 인사를 했다. 꽃이 왜 화사하게 피는지 그 이유를 알 것 같다.

2017. 5. 12.

종강

언제 거기까지 갈 수 있을까 하고 막연하게 생각했던 거리가 삶에 떠밀려 살다 보면 짧게 느낄 때가 있다. 엊그제 개강한 것 같은데 오늘 '논리적 글쓰기' 수업을 종강했다.

매주 학생 스스로가 논제를 정하고 토론과 토의를 거쳐 리포트를 쓰게 했다. 오늘은 한 학기 동안 수업한 것에 대해 소감을 써서 발표하게 했다. 모 학생은 이 수업을 통해 "암이 나았다."고 고백했다. 이 학생은 지난 학기 '인문고전'을 강의할 때 늘 외톨이였다. 눈 마주치는 것을 꺼렸고 강의실 한쪽 기둥 뒤에 앉아 무슨 질문을 해도 아무 대답도 하지 않았다. 그런데 '논리적 글쓰기' 시간에 주변 사람들과 잘 어울리고 발표도 잘했다. 글 쓰는 솜씨도 놀랄 만큼 늘었다.

늦은 나이에 대학 생활을 시작한 모 학생은 글을 어떻게 써야 할지 막연하고 두려웠다고 했다. 그래서 이 강의를 수강할 엄두가 나지 않아 망설인 끝에 친구 권유로 수강했다고 고백했다. 글쓰기 원칙을 적용하여 글을 쓰려고 하지만 잘 안 되고, 오류를 범하지 않고 글을 쓰려고 하지만 아직 아득하다고 했다. 남편과 떨어져서 학교생활을 하면서 새벽 4~5시까지 리포트를 썼다고 했다. 그리고 울었다.

글을 잘 쓰려면 책을 많이 읽고 문장을 잘 부리는 문장가가 되어야 한다. 문학적인 글쓰기도 마찬가지이다. 맨 마지막 발표한 신학부 1학년 이성신 학생은 마흔이 넘은 나이에 글을 잘 쓰려고 몸부림치고 있다. 매사에 적극적이고 활동적이다. 이 학생이 발표한 「논리적 글쓰기 수업을 마치며」란 글을 소개하고자 한다.

지난 3월에 사랑관 옆에 수선화가 기억이 난다. 올가을에 노랗고 빨갛게 물든 단풍도, 도서관 옆에 감나무도 눈에 선하다. 이제는 새벽에 서리가 내리고 아침에 등교할 때는 너무 춥다. 이제 방학이다. 눈이 오겠지. 아이들이 손꼽아 기다리는 크리스마스도 얼마 안 남았다. 특히 대통령 때문에 시민들이 거리에서 횃불을 들고 많이 분노하고 있다. 참 잊지 못할 한 해가 가고 있다.

최재선 교수를 만난 건 1학기 수업이었다. 그 수업은 내가 학교에 적응하는데 큰 도움을 주었다. 글쓰기를 배웠다기보다 한 사람을 만나서 그 사람을 알아가는 시간이었다. 그는 시인이었다. 밥은 안 먹어도 시를 쓰는 사람, 좋은 글을 쓰려면 책을 많이 읽어야 한다고 했다. 책을 읽지 않으면 도둑이라고 했다. 긴 문장은 살인문장, "의"자 표현, 외국어 번역 투 문장, 피동문, 이제 귀에 딱지가 생겼다.

지난 10월 콘서트 때 '둔필승총'이라는 말이 생각이 난다. 예리한 펜보다 메모하는 게 낫다는 뜻이다. 이제 나는 어딜 가도 메모를 한다. 그 메모가 자료가 되어 귀하게 쓸 때가 있다. 글을 쓰는 목적은 소통과 문제를 해결하기 위해서라고 했다. 우리는 설교를 해야 하는 직업이다. 글쓰기는 반드시 잘해야 한다.

매주 최 교수는 글쓰기 숙제를 매주 냈고 거의 피드백으로 수업을 진행했다. 우리는 개요를 짜는 법, 들여쓰기, 서론에서 관심 끌기 등 자세히 배울 수 있었다. 병철이는 제법 글도 잘 써왔다. 여자 친구도 데리고 와서 소개했다. 대견했다. 지현이는 팔 수술을 했다. 아픈 몸으로 학기를 잘 마쳤다. 너무나 감사하다. 미경 언니는 형부와 처음으로 떨어져 독립심을 길렀다. 이제 제법 글도 잘 쓴다.

역대기를 가르치는 이 교수는 우리 학교 학생이 잘해야 할 부분이 글쓰기와 말하기라고 했다. 그만큼 글쓰기는 우리에게 중요하다. 또한, 어렵다는 말이다. 관심을 끌려면 배경지식이 있어야 한다. 그러려면 영화도 보고, 책도 읽고, 논거를 찾아야 한다. 시간이 많이 필요하다. 공부할 시간이 부족한 우리 만학도에게 스트레스가 쌓인다. 그러나 동료 피드백을 하며 조금씩 알고 있다는 사실에 놀란다. 너무나 감사하다.

겨울 방학에 특강이 있다. 이번기회를 잘 활용해서 글쓰기를 배워야겠다. 내년에는 인문고전을 배워야 한다. 나는 이과를 공부해서 이성적이고 냉철한 편이었다. 나는 신속하게 문제를 해결하고 시간을 줄여 수학 문제를 풀었던 기억이 난다. 시를 쓴다거나 글을 쓰는 것에 별 관심이 없었다. 중요하게 여기지도 않았다. 그동안 글이 가진 힘을 몰라 얼마나 답답하게 살았는지 모른다. 글로 해결할 수 있는 일이 생활 속에 가득하다. 그러나 글쓰기 수업을 통해 소통과 해결능력을 배웠다. 내 생활이 분명해졌다.

다시 태어난 기분이다. 마음껏 배우고 마음껏 사랑해야겠다. 글쓰기에 자신감이 생기면서 학교공부에 흥미가 더해진다. 이제 2학년부터 전공수업을 들어가는 데 큰 도움이 될 것이다. 1학년부터 글쓰기 공부를 해야 한다고 후배들에게 홍보할 것이다. 글이 가진 힘이 얼마나 큰지를 알게 되었다. 앞으로 살면서 글쓰기는 내게 엄청나게 힘이 될 것이다.

성적처리를 끝내자마자 오는 20일부터 겨울방학 글쓰기 특강을 시작한다. 이 강의를 통해 이성신 학생처럼 글쓰기에 대해 자신감을 가졌으면 좋겠다. 세상에서 가장 무서운 병은 불치병이나 희소병이 아니다. 몸은 아픈데 어디가 아픈지 병명을 모르는 병이 가장 무섭다. 글쓰기도 마찬가지이다. 글을 쓰는 기준이나 원칙을 모르고 쓴 글은 무엇이 문제인지 판단할 수 없다. 다른 사람이 쓴 글을 읽을 때도 마찬가지이다. 그래서 쓰기는 읽기와 정원에 배경으로 나란히 서 있는 나무와 같다.

2016. 12. 6.

책거리

엊그제 개강한 것 같은데 벌써 종강이다. 다른 수업은 지난주에 종강했는데 논리적인 글쓰기 수업 월요일 반은 오늘 종강하였다. 수강생 열두 명에 청강생 세 명이 알콩달콩 모여 매주 논제를 정하여 토의와 토론을 한 후 글을 써서 제출하게 하였다. 매주 글을 써야 하는 부담 때문에 학생들이 힘들어했지만 나 역시 학생들이 쓴 글을 일일이 첨삭하느라 힘이 들었다.

학생들이 매주 글을 쓰느라 고생을 많이 하여 마지막 주는 책거리를 하기로 했다. 강의실에 들렀더니 칠판에 누군가 "교수님, 한 학기 동안 수고하셨습니다. 감사합니다. 사랑합니다."라고 써놓았다. 그리고 책상에 여러 먹을거리를 차려놓고 기다렸다. 찰밥과 곤드레나물, 갓 담은 배추김치와 통닭과 과자, 단감에 이르기까지 푸지게 준비하였다. 케이크에 불을 붙이고 종강을 축하하는 노래를 부른 후 학생들과 함께 촛불을 껐다. 문학 동아리에서 활동하다 지난 한 학기 휴학했던 일흔넷 먹은 기정애 학생도 자리를 함께했다. 미국에서 교수로 있는 딸이 몇 달 동안 있어 달라고 도움을 청해 미국에 갔다가 돌아온 것이다.

책거리는 서당에서 책 한 권을 다 읽고 떼었을 때 행하던 의례로 스승에게 감사하고 친구들과 함께 자축하는 것이다. 책례라고도 부른다. 이때 준비하는 축하 음식으로는 국수장국, 송편, 경단이 있다. 특히 송편은 깨나 팥 · 콩으로 만든 소를 꽉 채운 떡인데 학문도 그렇게 꽉 채우라는 바람을 담았다. 책례는 학동으로 하여금 학업 성취를 독려하는 의미도 있지만, 선생님 노고에 답례하는 뜻도 담고 있다.

공자는 자신과 제자들 관계를 '師友'라고 하였다. 나이를 많이 먹고 학교에 온 만학도든 젊은 학생이든 나름대로 배울 것이 있는 스승이고 세대를 초월하여 친구 같은 존재이다. 대다수 학생이 비록 비중은 다르지만 나름대로 아픔을 떠안고 학교생활을 하고 있다. 그러나 겉으로는 아프다는 내색을 하지 않고 의연하게 살고들 있다. 작고 사소한 일에도 불평을 앞세우고 호들갑을 떨었던 나 자신이 부끄러웠다.

한 학기 동안 고생했다는 위로와 함께 방학 때 실시하는 글쓰기 특강수업에 참석하여 공부를 더 하라고 권하였다. 모든 학문이 그렇듯이 글쓰기를 하루아침에 잘할 수 없다. 재채기가 나올 듯 말 듯 하다 멈춰버린 유쾌하지 않은 경험을 한 사람이라면 어정쩡한 경계가 주는 기분이 얼마나 칙칙한지 잘 알 것이다. 공부도 알 듯 모를 듯

할 때가 가장 위험하다. 한 학기 수강한 것으로 글쓰기를 완성했다는 것은 자만이자 교만이다.

책거리는 종강을 의미하는 것이 아니라 새롭게 시작하는 출발점이다. 교수는 한 학기 동안 학생을 가르치면서 부족하고 미흡했던 것이 없었는지 점검해야 한다. 이 시간을 통해 다음 학기 때 더 좋은 수업을 할 수 있도록 준비해야 한다. 학생은 학점 받은 것으로 끝내지 말고 부족하고 이해하지 못한 것을 완전하게 알 수 있도록 되짚어보아야 한다.

글쓰기는 단순히 작문능력을 기르는 데 머물러서는 안 된다. 글쓰기는 언어활동 가운데 한 활동이자 소통하는 능력이다. 그리고 어느 현장에서든 문제를 해결하는 능력이다. 책거리를 하면서 내 수업을 수강한 학생들이 이러한 능력을 길러 사회에서 유능한 지도자가 되기를 갈망한다.

2015. 12. 7.

청강생

지난주 채플을 마치고 학교식당으로 가는 길에 '수필산책' 과목을 수강하는 심영섭 목사님을 만났다. 목사님은 거동이 불편하여 전동 휠체어를 타고 다니신다. 며칠 전 병원에서 글쓰기와 관련된 책을 손에 든 어르신을 만났는데, 그 어르신이 '수필산책' 수업을 청강해도 괜찮겠냐고 하셨다. 늘그막에 글을 쓰고 싶어 글쓰기에 대한 책을 몇 권 빌려 봤지만, 생각한 것처럼 글을 쓸 수 없어 고민하고 있다고 했다.

다음 날 오후 4시 강의실에서 목사님께서 말씀하셨던 어르신을 뵀다. 어르신의 첫인상은 외모가 깨끗하고 등이 꼿꼿하였다. 수업 중간에 잠깐 짬을 내어 자신을 소개해달라고 부탁드렸다. 소양면 일임리에 사신다는 일흔한 살 임 모 어르신이었다. 어르신은 서울에서 살다 9년 전 홀로 계신 어머니를 봉양하려고 고향으로 내려왔다고 하셨다. 가족은 다 서울에 있고 두 해 전 아흔일곱을 일기로 어머니가 돌아가셔서 지금 혼자 지내고 있다고 하였다.

낮에 경로당에서 마을 사람들과 어울리다 밤이 되어 집으로 돌아오면 어둠이 너무 무섭다고 하셨다. 전주 시내에 나가 지인들과 만나 놀면 그때뿐, 손에 잡힌 것 하나 없이 시간만 쓸쓸하게 지나버려 아프다고 하셨다. 날이 갈수록 인생을 헛산 것 같아 속이 상하고 속이 상한 것만큼 외로움의 골이 깊어졌다고 하셨다. 그래서 머릿속에 꽉 찬 생각을 글로 쓰고 싶어 글쓰기와 관련된 책을 보고 계신다고 하셨다.

어르신 말씀을 들어보니 거창하게 자서전이나 회고록을 쓰려는 것이 아니라, 고독이 딱딱하게 밀려와 숨이 막힐 때 글을 쓰면서 숨통을 트고 싶은 것일 뿐. 당신이 거대한 어둠의 밧줄에 묶여 꼼짝달싹하지 못할 때 글을 쓰면서 어둠을 잘라내고 싶을 뿐. 예고 없이 불쑥불쑥 생긴 삶의 상처를 글을 쓰면서 후후 불어 잦아들게 하고 싶을 뿐. 그 위 그 아래도 아니었다. 어르신은 수업시간 내내 자세 한 번 흩뜨리지 않으시고 학생들이 쓴 글을 온몸으로 경청하셨다.

둘째 주 강의 때 강의실에서 또 어르신을 뵀다. 시내버스를 타고 오시다 상관을 지나쳐버려 항공대 근처에서 내려 학교까지 걸어왔다고 하셨다. 소양은 시내와 달리 가물에 콩 나듯 잊힐 만하면 시내버스가 한 대씩 온다. 소양에서 시내버스를 타고 전주로 나왔다, 전주에서 신발 갈아 신듯이 시내버스를 갈아타고 학교로 오는 길이 노구에 여간 녹록지 않았을 것이다. 이날 따라 끝물에 이른 봄 햇살이 숨을 턱턱 막힐 정도로 기세등등하였다. 학생들이 쓴 글을 발표하는 중간쯤 어르신에게 마이크를 드렸다.

"감사합니다. 이 늙은이를 마다하지 않으시고 이렇게 좋은 공부를 할 수 있게 해주셔서 몸 둘 바 모르겠습니다. 손자들 같고 자식 같은 사람들과 있으려니 쑥스럽기도 하지만, 여러분이 쓴 글을 보면서 많은 것을 배우고 있습니다. 저는 나이만 철없이 먹었지 아는 것이 아무것도 없습니다. 나이를 먹으니까 외롭고 고독할 때가 많습니다. 아니 외롭고 고독합니다. 이럴 때 글을 쓰려고 여러 번 시도해봤지만, 생각과 글이 따로 놀았습니다. 도서관에 가서 글쓰기 책을 빌려 보기도 했는데, 글쓰기가 잘 안 되더라고요. 지난주 내내 오늘 수업을 기다렸습니다. 열심히 배우겠습니다."

쉬는 시간이 되자 학생들이 어르신에게 학교버스 타는 방법을 알려드리기도 하고, 음료수나 간식을 챙겨 드리기도 했다. 어르신을 불편하게 여긴 학생이 한 사람도 없었다. 오히려 그 나이에도 굴하지 않고 글쓰기를 공부하려는 간절한 몸짓에 도전받는 모습이었다. 강의시간마다 노후를 유쾌하게 보낼 수 있는 가장 좋은 방법은 자신을 드러내는 글쓰기라고 학생들에게 강조해왔다. 이런 잔소리를 뜻하지 않은 청강생이 나타나 증명해주었다.

오늘은 문학 동아리 학생들과 모임이 있는 날이다. 요 며칠 한낮은 여름처럼 날씨가 무더웠는데, 오늘 부는 바람 끝은 꽤 매웠다. 오전에 학생들이 쓴 리포트를 첨삭하고 동아리 학생들이 올 시간에 맞춰 책상을 정리하였다. 회장인 혜리가 어르신을 모시고 맨 먼저 연구실로 들어왔다. 강의시간에 어르신께 문학 동아리를 안내해드렸지만, 곧바로 참석하실 줄은 몰랐다. 글쓰기에 대한 절박함이 노구를 이토록 민첩하게 만들었을까.

학생들이 쓴 글을 합평하면서 글감이 없어 글을 쓰지 못한다거나, 시간이 없어 글을 쓸 수 없다고 한 것은 핑계이자 사기라고 했다. 우리 삶 자체가 글감이고 우주가 다 글감의 원천이다. 글쓰기는 작문하는 행위로 끝나는 것이 아니라, 쓴 글을 행동으로 옮겨야 완성한 것이다. 글을 쓰지 않고 참석한 학생을 꾸짖고 나자 어르신이 자신은 띄어쓰기도 잘못하고 문장부호도 잘 부릴 줄 모른다고 하셨다.

수업시간이나 동아리에 참석하여 글을 발표하지 않아도 좋으니 하루에 한 문장이라도 매일 쓰는 연습을 하시라고 했다. 오늘 감사할 일은 무엇인지, 내가 용서할 사람은 누구인지, 자신을 친구로 삼고 말을 건넨다면 이야깃거리는 무엇인지, 내 안에 있는 분노의 정체는 무엇인지, 왜 지금 아픈지, 왜 사랑했는지, 아니면 왜 미워했는지, 사람들 사는 마을엔 바람이 왜 잠들지 못하는지, 누군가를 위해 왜 노래하지 못하고 춤추지 못하는지.

청강생이 쓴 구구절절한 이야기를 구수하게 들을 날이 여름 오듯이 왔으면 좋으련만, 서두르지 않고 오래 걸려도 좋으니 기다리려고 한다. 폐활량을 키워야 글의 집으로 귀가하는 시간이 늦지 않을 테니까.

2017. 5. 27.

초코파이

식품업계에서는 기계로 평가하기 어려운 맛이나 향기를 혀와 코 같은 감각기관으로 가늠하는 일을 '관능검사'라 부른다. 오늘 아침 모 일간지에 나온 기사에 따르면 초코파이 맛을 개발하기 위해 모 제과 회사에 근무하는 강 모 팀장은 15년 동안 하루 평균 초코파이를 스무 개 정도 먹어왔다고 했다. 게다가 초코파이 맛을 제대로 감별하려고 평소 커피를 마시지 않고 담배를 피우지 않는다고 했다.

말이 그렇지 보통 사람이 매일 스무 개 정도 초코파이를 먹으면 금방 질리거나 지겨워질 것이다. 그런데 초코파이 맛을 더 향상하고 수출국 기온이나 국민 취향에 맞는 맛을 개발하려면 이런 수고를 감수해야 한다는 것이다. 컴퓨터가 사람이 할 일을 대신하고 인공지능 컴퓨터까지 나오고 있지만, 기계나 컴퓨터가 감별할 수 없는 것이 많다. 인공지능 컴퓨터가 사람 감정을 인지할 수 있다 할지라도 누군가를 사랑하며 속앓이하는 마음마저 일일이 다 읽을 수는 없다.

시를 쓰는 시인도 마찬가지이다. 언어가 가지고 있는 맛이나 향기를 초감각으로 가늠하고 부려야 한다. 초코파이 맛을 제대로 가리려고 누리고 싶은 기호식품까지 멀리하며 하루에 스무 개를 먹는 사람은 적어도 먹는 것 가지고 장난치는 일을 하지 않을 것이다. 시인도 시를 쓰려면 여러 유혹을 물리쳐야 한다. 그리고 장난치듯이 건성건성 시를 쓰면 안 된다.

거의 날마다 글을 쓴답시고 창작하는 데 목을 매달고 있다. 글감이 넘치거나 시상이 떠오를 때는 상관없지만, 바쁜 일상에 매몰되어 정신을 잃다 보면 글 한 줄 쓰지 못한 날이 있다. 글감이 없거나 시상이 말랐을 때 억지로 글을 쓰면 글 속에 영혼을 불어넣지 못해 글맛이 맹탕이 되어 아무 맛을 느낄 수 없다. 글을 쓰고도 자신에게 떳떳하지 못하고 독자에게 미안한 마음이 앞선다.

귀가 순해진다는 나이가 가까워지면서 비슷한 또래 친구들을 만나면, 대부분 노후대책이나 건강에 관심이 많다. 대부분 주식 몇십 주 정도 가지고 있고 정년퇴직하고 수입원을 마련하려고 투자처를 찾는 데 몰두하고 있다. 나는 아직 이런 것을 나와 상관없는 일이라 여기며 틈만 나면 시 나부랭이나 쓰려고 나대고 있다. 어쩌면 시인은 천명이 가난할 수밖에 없다는 말이 좋아 시를 쓰기 시작했는지 모른다.

잔액이 늘 간당간당한 통장에 바람은 시도 때도 없이 잘도 드나들지만, 어쩌다 돈푼이라도 좀 모이면 주식 살 생각보다 시집을 발간할 생각이 앞질러 왔다. 내 욕심을 앞세우거나 사람을 미워하면 시가 구깃구깃해지기 마련이다. 돈을 밝히면 시심이 멍들어 시에서 더러운 냄새가 나기 마련이다. 철들면 시인이 될 수 없다는 말이 있다. 너무 이해타산에 얽매이면 시다운 시를 쓸 수 없다. 그래서 나는 평소 내려놓는 연습을 많이 한다. 지금 내가 가지고 있는 것이나 누리고 있는 것이 영원히 내 것이 될 수 없다. 내가 있는 자리 역시 영원히 머물 곳이 아니다.

지금 함께 사는 가족과도 언젠가는 이별하게 될 것이다. 팔순을 넘기신 부모님은 앞으로 사실 날보다 살아오신 날이 더 많다, 중증 복합장애를 앓는 아들은 우리나라 어느 시설에서도 받아주지 않아 집에서 지내고 있다. 하나님께서 축복해주시면 우리보다 먼저 데려가실 것이다. 그렇지 않고 우리 부부가 죽고 나면 하나님 마음을 닮은 사람이 아들처럼 길러줄지 모른다. 유일하게 있는 집은 남에게 빌어먹지 않을 정도로 살다 시집 발간할 비용으로 쓰고 싶다.

오늘 오후 강의시간에 빠뜨리지 않고 모 학생이 간식으로 초코파이를 준비해왔다. 학생들에게 강 모 팀장 이야기를 해주었다. 우리는 자신이 살아온 삶을 성찰하려고 하루에 초코파이를 몇 개나 먹고 있는지. 자신이 살아온 삶을 제대로 감별하기 위해 불쑥불쑥 다가오는 다른 유혹을 어느 정도 멀리 내쫓고 있는지. 우리 삶의 반나절이나 하루쯤은 그럴지라도 15년 동안 초지일관할 수 있을지 서로 돌아보는 시간을 가졌다.

더욱이 오늘 강의는 '에리히 프롬'이 쓴 『소유냐 존재냐』를 읽고 자신이 살아온 삶을 성찰하고 자신이 전공한 과목과 연결하여 글을 쓰는 것이다. 예를 들면, 신학부 학생은 앞으로 어떤 목회를 할 계획인지, 사회복지학부 학생은 어떤 사회복지사가 될 것인지에 대해 생각하고 글쓰기를 해야 한다. 대다수 학생은 지금까지 소유적인 사고를 하고 이기적으로 살아왔다고 고백했다. 그러나 앞으로는 다른 사람을 배려하고 함께 더불어 사는 삶을 살고 싶다고 했다. 이러한 꿈을 실현하기 위해 우리 학생들은 앞으로 얼마나 많은 시간 동안 삶의 초코파이를 먹어야 할까? 나 역시 얼마나 긴 시간 동안 창작의 초코파이를 먹어야 할까?

배가 출출할 때 간식으로 때웠던 초코파이에 숨은 출생에 대한 비밀이 걸음을 멈추지 않고 교훈으로 다가왔다.

2017. 4. 25.

축제

이번 학기 강의 가운데 '수필산책'이란 과목이 있다. 매주 학생들이 수필을 써서 발표하면 내가 첨삭하는 식으로 진행하는 수업이다. 처음에는 제목을 정해줬는데, 학생들이 부담을 느껴 학생 스스로 제목을 정하여 글을 쓰게 하였다. 수강하는 학생은 스무 명 정도 되고 청강하는 학생도 몇 있다.

'수필산책' 강의를 하는 오늘 학생회가 주관하여 축제를 열었다. 지난주 학생들이 축젯날인데, 수업하느냐고 여러 차례 확인하였다. 수업도 축제라며 강의를 정상적으로 하겠다고 했다. 오후 4시부터 시작하는 수업시간과 축제 하이라이트인 모 인기연예인이 공연하는 시간이 엇비슷하게 물렸다. 운동장에 설치한 무대에서 점심시간 이후부터 노랫소리가 나고 학생들이 지르는 함성 때문에 축제 분위기를 물씬 느낄 수 있었다.

강의 시간을 훨씬 앞질러 강의실에 도착했다. 창밖을 보니 무대 앞에 모여 있는 학생들 모습이 한눈에 들어왔다. 그들은 바람에 일제히 춤추는 나무처럼 몸을 흔들거나 환호하였다. 수업시간에 학생들이 저렇게 한곳에 눈길을 주면서 즐겁게 강의에 빠지게 하는 방법이 없을까. 말로는 수업도 축제라 하면서 강의에 참석하라 했지만, 내 안에서 한 보따리쯤 되는 야유가 터져 나왔다.

강의시간이 되자 세 학생이 강의실로 들어왔다. 하모니카 연주를 잘하는 청강생 이경용 학생, 휠체어를 탄 김서정 학생과 현준이었다. 현준이는 지난 학기에 '인문고전'을 수강하였다. 그때 들여쓰기와 단락 나누기를 잘하지 못해 내 강의가 없는 금요일 오후에 연구실로 불러 글쓰기 상담을 하였다. 상담하고 나서 현준이 글쓰기 실력은 나날이 향상되었다. '인문고전' 수업시간에 쓴 글은 주로 논리적인 글쓰기였다. 글쓰기에 대한 자신이 생겼는지 현준이가 이번에 '수필산책'이란 문학적 글쓰기 과목을 수강하였다.

현준이가 쓴 글은 '나를 칭찬하기'였다. 현준이는 고등학교 때 일기장에 자신이 가진 장점 100가지를 썼다. 이 가운데 두 번째가 숨을 잘 쉰다는 것이다. 숨을 잘 쉬지 못해 코에 호스를 꽂고 산소를 공급받는 사람을 떠올리며 살아있는 것이 감사하다고 했다. 그것이 그는 자신이 가진 장점 가운데 하나라 했다.

열세 번째 장점은 가족이 있는 것이라고 했다. 현준이 가족은 현준이와 할머니, 누나이다. 현준이는 다른 가족보다 숫자가 적지만, 서로 따스하게 지내기 때문에 가족 숫자가 많은 가정이 부럽지 않았다. 지금 있는 가족만으로 행복하다고 했다. 일전에 아버지에 대한 이야기를 글로 쓴 적이 있어 아버지가 부재한 것을 알았지만, 어머니까지 안 계신 줄 몰랐다.

부모가 없는 것에 대해 절망하거나 슬퍼하지 않고 행복하다고 고백한 현준이 글을 읽고 가슴이 아렸다. 현준이가 만날 웃는 낯빛을 하고 다녔기 때문에 한 번도 넘어진 일이 없을 것으로 생각했다. 매주 글을 성실하게 잘 써왔기 때문에 그냥 열심히 생활하는 모범생 정도로 여겼다.

김서정 학생은 몸이 불편하여 도우미 도움을 받아 학교에 다닌다. 사전 투표하는 날 동사무소에 투표하러 갔다 된바람을 맞았다. 투표소가 2층에 있어 휠체어로 오를 수 없어 구청으로 가라는 통지만 받았다. 사전에 미리 연락받은 게 하나 없을 정도로 행정기관이 장애인을 전혀 배려하지 않았다. 화가 났다. 남부시장에 가서 순댓국을 먹고 비를 맞았지만, 모처럼 바람을 쐐서 좋았다고 했다. 이런 내용을 '사전투표'라는 제목으로 쓴 그녀는 앞으로 자주 외출하고 싶다고 했다.

이경용 학생은 올해 일흔한 살이다. 신학부를 졸업하고 상담심리학부에 다시 편입하여 공부하고 있다. 아내가 손녀를 봐주러 서울 딸 집에 갔다가 손녀가 끓는 물에 화상을 입었다. 딸도 딸이지만, 사위 볼 낯이 없어 스트레스를 받아 아내가 혀에 종양이 생겼다. 병원에서 당장 수술을 권했지만, 혀를 절단할지 몰라 아내가 수술을 거부했다. 이때부터 금식하면서 하나님께 기도했더니 기적처럼 종양이 없어졌다. 이런 내용을 '아내에게 일어난 일'이란 제목으로 글을 쐈다.

비록 세 학생이 참석하여 수업을 진행했지만, 이런 이야기가 강이 되어 서로의 가슴을 흥건하게 적셨다. 춤과 노래 그리고 환호가 있어야만 축제가 아니다. 자신이 살아온 삶을 성찰하고 부재한 것에 대해서도 감사하는 삶. 남들은 평범한 일상이지만, 잠시 콧바람 쐬는 것을 즐거운 외출로 여기는 삶. 금식기도를 통해 기적같이 치유를 경험한 삶도 축제와 다를 바 없다. 우리가 즐긴 축제를 끝낼 무렵, 밖에서 함성이 울울창창 더 무성해졌다.

고요하게 견디면서 때를 기다리는 것도 축제가 아닐까. 때로는 침묵하고 때로는 홀로 앓으면서.

2017. 5. 11.

혜련이

오늘 오후 수업을 마치고 연구실에서 오전에 쓰다만 「춘곤증」이란 시를 손질하고 있을 때, 문자가 들어왔다. 올해 사회복지학부를 졸업한 혜련이가 잠깐 연구실로 들른다고 했다. 바로 문학동아리 어두문학회 학생들 수업이 연구실에서 있다는 사정을 이야기하고 빨리 들르라고 했다. 혜련이는 내 강의를 열심히 수강한 학생 가운데 한 사람이다. 글쓰기와 관련된 수업을 여러 번 수강하거나 청강하면서 언어활동 능력을 길렀다. 모처럼 연차를 받아 날 보러왔다는 말에 가슴이 뭉클했다. 그리고 강의 때문에 만나지 못할지 몰라 편지를 썼다며 편지를 주었다.

최재선 교수님께

오랜만에 한일 캠퍼스에 왔어요.

올해 2월 추적추적 비 내리는 졸업식이 마지막이었는데, 다시 찾은 캠퍼스에 봄기운이 완연하네요. 5년 대학살이 매듭짓고 고향 땅, 함양으로 내려갔어요. 사회복지 전공으로 새내기 사회복지사 한 달 차에요. 헤헤.

이 현장은 특히 '기록'이 중요하잖아요. 최재선 교수님께 배운 글쓰기를 통해 자극받고 서툴고 흠 있는 문장일지라도 열심히 글을 쓰고 있어요. 현장에서 아이들, 선생님, 이웃을 두루 만나며 제 마음을 살피고 있어요. 우선 제 마음이 먼저 채워지고 넉넉해졌으면 좋겠어요. 교수님께서 페이스북에 올리시는 시와 사람 냄새나는 글 찬찬히 읽으며 제 마음에 잘 담고 있어요.

글이 지닌 힘! 교수님을 통해 배우고 느낄 수 있게 해주셔서 감사합니다. 특히 청강으로 수업을 받을 때 저를 치켜세워 주시고 격려해주셔서 힘을 많이 얻었습니다. 제 안에 왜소하게 존재하고 있던 저 자신을 크게 만들어주셔서 고맙습니다.

연차가 끝나고 나면 다시 일상으로 돌아가 함양에서 일하겠지요. 어느 곳에 있든지 정말 성실하고 열심히 살겠습니다. 그리고 어두문학을 응원합니다. 학생들 정말 복 받았습니다.

2016년 4월 11일

감사를 전하며, 제자 김혜련 올림

혜련이는 사회복지사로서 포부를 밝혔다. 우선 지역사회에 있는 20대 청년을 중심으로 이른바 '함양청년 책모임'을 주선하여, 독서토론 모임을 만들 계획이라고 했다. 혜련이는 학교 다닐 때 책을 참 많이 읽었다. 그리고 함양에서 일하는 사회복지사 모임을 결성하여 다양한 정보를 교환하고, 지역사회 복지를 위해 함께 고민하고 싶다 했다. 사회복지사가 된 지 이제 한 달밖에 되지 않은 혜련이가 이런 당찬 계획을 세우고 있는 게 참 대견스러웠다.

혜련이에게 복지 현상에서 겪은 일상을 매일 일기 쓰듯이 쓰라고 했다. 그리고 잘 정리하여 기회가 되면 책으로 내라고 권하며, 『새내기 사회복지사의 함양살이』란 제목까지 아예 정해줬다. 그리고 대학원에 입학하여 계속 공부하라고 했다. 복지현장에 문제가 있고 현장에 해결방법이 있기 마련이다. 이런 것을 학문적으로 잘 적용하면 더 유능한 사회복지사가 될 수 있기 때문이다.

혜련이가 미리 연락을 하고 왔으면 여유 있게 밥을 먹거나 차라도 한 잔 마셨을 텐데, 어두문학회 학생들 수업시간이 지척에 와 있었다. 내 시집과 수필집에 사인 해서 낙관까지 찍어 줬더니 얼굴이 봄꽃보다 더 환해졌다. 뒷날을 약속하며 혜련이를 보냈다. 그동안 주로 시간 강의를 했지만, 학교에서 학생들과 만난 시간이 스무 해를 훌쩍 넘겼다. 늘 하는 이야기지만 이 시간 동안 내가 학생들에게 가르친 것보다 배운 것이 더 많았다. 바쁘다는 핑계로 그동안 은사님을 뵌 지 오래되었다. 혜련이를 보내고 나서 죄책감이 몰려 왔다.

한 번 찾아뵙겠다고 한 지 2년째가 되어간다. 이제는 전화 드릴 용기조차 나지 않는다. 이 봄날이 다 가기 전에, 혜련이처럼 미리 편지라도 한 통 써서 불시에 연구실로 한 번 찾아봐야겠다. 그리고 어떤 글쟁이가 될 것인지에 대해 포부를 혜련이처럼 늘어놓고 싶다. 어두문학 회원들이 한 사람씩 들어오면서 인사말 앞에 "교수님"이라고 꼬박꼬박 호칭을 붙였다. 오늘따라 이 말이 죄스러운 마음의 과녁에 화살로 와서 꽂혔다.

2016. 4. 12.

결벽증일까?

오늘 '논리적인 글쓰기' 강의를 끝으로 이번 학기를 종강했다. '논리적인 글쓰기'를 종강하면서 수강한 학생에게 한 학기 동안 내가 강의한 내용에 대해 각자 피드백하게 했다. 33명 수강생이 한 시간 넘게 발표한 내용은 대강 이렇다.

다수 학생이 첫 수업을 9시에 시작하여 시간 맞추는 것이 어려웠는데, 강의를 5분 늦게 시작하여 여유를 갖고 수업에 참여할 수 있어 좋았다고 했다. 지각한 학생들이 많아 학생들과 서로 조율하여 강의시간을 5분 늦추었다. 이에 대해 모 학생은 강의시간을 5분 늦춘 것은 잘못된 것이라고 지적했다. 강의시간을 5분 늦추어도 어차피 지각한 학생은 지각한다는 것이다.

둘째 주부터 만학도 몇 사람이 중심이 되어 수강생 전체가 먹을 수 있는 간식을 마련하였다. 첫 강의를 들으려면 이른 시간에 집에서 나와야 하므로, 밥을 제대로 먹지 못한 학생을 배려하려고 한 것이다. 때로는 젊은 학생이 이에 보답하려고 간식을 준비했다. 이렇게 주거니 받거니 하면서 마련한 간식은 단순한 먹을거리가 아니라, 서로를 배려하면서 베푼 나눔이자 사랑이었다.

조별로 실시한 토론 수업에 대해 다수 학생이 좋았다고 했다. 교양과목 다수가 함께 수업을 듣는 학생과 교제할 기회가 없는데, 토론을 통해 서로에 대해 이해하고 친밀하게 관계를 맺을 수 있었다고 했다. 토론을 통해 소속감과 문제를 해결하는 능력을 기를 수 있어 좋았다고 했다. 그러나 조별로 토론할 시간이 부족했고 토론한 횟수가 적은 것이 아쉬웠다고 했다.

다수 학생이 글을 쓰는 원칙이나 기준을 적용하여 글을 쓰고 쓴 글에 대해 오류를 파악할 수 있는 능력을 길렀다고 했다. 아직 완벽하게 하지 못하지만, 자신감이 생겼다는 단서를 조심스럽게 달았다. 몇몇 학생은 다른 과목 리포트를 쓸 때 '논리적인 글쓰기' 강의 들은 것을 적용하여 글을 쓴다고 했다. 모 학생은 그동안 자신이 쓴 글이 정말 부끄러웠고 치욕적인 것 같았다고 고백했다.

그런데 부끄럽고 치욕적인 것은 정작 나였다. 모 학생이 호의적인 것은 다수 학생이 앞에서 말했으므로 다른 지적을 하겠다고 운을 뗐다. 토론할 시간이 부족하여 토론이 무의미했다고 한 것까지는 괜찮았다. 그러나 내가 학생들을 편애한다는 말을 듣는 순간, 얼굴이 달아올랐다. 또, 지난주 토론한 '한국교회의 문제점과 해결방안'에 대한 논제에 대해 문제를 제기했다. 교회를 다니지 않은 학생은 교회가 안고 있는 많은 문제를 알고 나면 교회에 나갈 생각을 하지 않을 수 있다는 것이다.

출석을 부를 때나 학생이 쓴 글을 공개하여 첨삭할 때 글씨가 보이지 않아 돋보기를 낀다. 돋보기를 끼면 앞에서 네다섯 줄까지 앉아 있는 학생 얼굴은 보이지만, 그 뒤에 있는 학생은 얼굴을 전혀 볼 수 없다. 그래서 앞에 앉은 학생에게 질문을 주로 한다. 이런 상황을 설명하며 해명했지만, 내 깊은 심중에는 강의를 열심히 경청하고 수업 태도가 좋은 학생을 더 품었던 것이 사실이다.

십여 년간 '한국교회의 문제점과 해결책'에 대한 논제를 가지고 토론하고 글쓰기를 했다. 그동안 이 논제에 대해 특별하게 문제를 제기한 학생이 없었다. 그런데 이번에 그 학생이 교회에 나가지 않는 학생을 전도하는 차원에서 문제를 제기하는 것을 듣고 뜨악했다.

학생들에게 강의에 대해 피드백하면서 긍정적인 것보다 앞으로 개선해야 할 것을 주로 이야기하라고 권했다. 그런데 막상 강의를 5분 늦게 시작한 것과 학생들을 편애하고 논제에 문제가 있다는 것을 지적하자 순간 억울하고 기분이 구겨졌다. 강의를 5분 늦게 시작한 것은 대다수 학생이 원하여 한 것이고 다수 학생이 좋았다고 했다. 학생을 편애했다고 한 것은 순전히 돋보기를 껴야 글씨를 보는 시력 때문이었다. 논제에 대한 문제는 학문적인 차원으로 다룬 것이지 신앙적인 차원에서 다룬 것이 아니었다.

얼굴이 화끈거리는 것을 애써 억지로 내리누르며 불편한 마음을 서둘러 뜯어고쳤다. 마치 마파람에 게눈 감추는 순간 같은 시간이었다. 학생들에게 강의한 내용 가운데 개선해야 할 것을 마음껏 말하라고 큰소리친 배후에는 내 교만함이 어느 정도 버티고 있었다. 학생이 지적한 내용을 다음 학기에 잘 반영하여 한 사람이라도 속이 출출해지지 않는 강의를 해야겠다고 마음먹으니 평온해졌다.

결벽증일까?

2017. 12. 15.

넷, 아들의 바다

상환 안내장

지역농협에서 외상 자재대금을 상환하라는 문자가 왔다. 닷새 간격으로 다섯 번째 들이닥쳤다. 집터에 달린 텃밭 농사지만 구색을 다 갖춰야 한다. 퇴비, 비료, 농약, 고추 모에 이르기까지 농협에서 갖다 쓴다. 50만 원에서 2천 원 빠진 돈이다. 이런 자재는 연초에 농협에 신청하면 외상으로 가져와 연말에 갚는다. 이것만으로는 부족하다. 농약이나 비닐을 추가로 사야 하므로 텃밭 농사에 드는 영농비가 꽤 많다.

오늘 농협에 들렀다. 갖다 쓸 때는 몰랐는데, 갚으려고 하니 큰 짐이다. 빚을 갚고 나니 짐을 내려놓은 것처럼 가뿐하다. 아내가 전화했다. 처형에게 돈을 보냈느냐고 물었다. 큰아들 등록금을 처형한테 빌려 쓰고 매월 몇십만 원씩 보낼 돈이다. 가뿐했던 마음이 다시 무거웠다. 깜박 잊고 지난달에도 부치지 못했다. 사람이 거짓말하는 것이 아니다. 돈이 거짓말을 한다. 경험자로서 맞는 말이다.

통장에 있는 잔액을 확인했다. 두 달 치를 보낼 수 없어 한 달 치만 보냈다. 농협에서만 상환 안내장이 날아온 게 아니다. 처형을 대신해 아내가 상환 안내장을 보낸 셈이다. 오후에 큰아들이 전화했다. 아빠를 부르는 어조와 언간言間을 세심하게 가늠했다. 아빠라고 부르고 나서 다음 말을 하는 간격이 길었다. 무엇인가 부탁하는 말을 꺼낼 때 쓰는 화법이다.

아들이 부탁한 금액에 5만 원을 더 얹어 보냈다. 미안하다는 말을 여러 번 했다. 얼마 되지 않은 전도사 사례비를 받으며 등록금 외에 손 한 번 벌리지 않은 녀석이다. 아들은 내게 미안하다고 했지만, 내가 아들에게 미안하다. 용돈 한 번 넉넉히 주지 못하고 만날 배곯지 말라고 했다. 옷 따뜻하게 입고 다니라고 노래 불렀다. 여자 친구도 사귀라고 했다.

한 해가 휑하게 빠져나가고 있다. 얼마 남지 않은 한 해의 끝을 보며 그동안 체납한 것이 무엇인지 되돌아본다. 언제 밥 한번 먹자고, 커피 한 잔 마시자고 한 사람이 꽤 있다. 약속을 지키지 못했다. 난 그들에게 상환 안내장을 받아야 할 약속의 빚쟁이다. 다른 사람에게만 약속의 빚을 진 게 아니다. 여름방학 때 논문을 쓰고 나서, 사나흘 정도 조용한 섬에 다녀오려 했다. 나 자신에게 단단히 약속했다.

섬은 고사하고 낯선 땅 한 평 밟지 못했다. 그동안 나 자신을 너무 혹사했다. 전신의 시동을 끄고 멈추고 싶다. 내 삶의 시동은 자동으로 꺼지지 않고 수동으로 끌 수 없다. 나 자신에게 빚을 너무 졌다. 휴식을 넉넉하게 주지 않고 함부로 쓴 내 몸에 게 큰 빚을 졌다. 내가 외면했을 뿐이지, 몸은 나에게 빚을 갚으라고 독촉장을 날마다 보냈다.

머리가 무겁고 눈이 아프다. 목이 뻐근하고 뼈가 가끔 운다. 서른 후반부터 혈압강하제를 비타민처럼 여기며 먹고 있다. 만날 신세만 진 몸에게 미안하다. 의자에서 잠시 일어나 몸에게 말을 건다. 맨손 체조와 스트레칭을 하며 몸 구석구석 근육을 푼다. 잔 고장이나 잦아 여러 차례 수리한 허리가 고마워하는 표정이다. 숨을 깊이 들이마셨다 길게 내뱉는다. 머리가 잠시 환해진다.

맑은 정신으로 아직 도착하지 않은 상환 안내장에 대해 생각한다. 따지고 보니, 살아있다는 게 다 갚아야 할 빚이다. 아직도 철들지 않은 마음을 갖게 하시어, 세상 삐딱하게 보지 않게 하심. 어렵고 힘든 사람 보면 눈물 흘리게 하심. 장애 앓는 사람 보면 다가가게 하심. 가난하고 허기진 사람 따스하게 바라보게 하심. 길바닥에 쓰러진 까치 장례 치르게 하심.

좋은 사람들 만났다. 문학의 다리를 오가며 계절을 푸르게 했다. 슬픔 홀로 떠맡지 않고 나눠 가졌다. 기쁨에 대해 환호했다. 매주 만나 시를 얘기하고 책 냄새를 맡고 마음을 토닥거렸다. 밥도 먹도 커피도 마셨다. 날 만져 준 사람도 있고, 내가 쓰다듬어준 사람도 있다. 이런 날 하늘은 파랬고 햇살은 따사로웠다. 지금도 여전히 아픈 사람, 두 손 가지런히 모으고 눈 감는다.

밤 깊은 시간 아중천, 어둠 잔잔히 밝힌 불빛들, 고맙다. 물갈퀴 하염없이 놀리다 소스라치게 놀라 달아난 물오리, 미안하다. 간식 챙겨 놓고 한 바퀴 돌다 보면, 밥그릇 싹 비운 들고양이, 잘했다. 여지없이 짓밟히면서 단 한 번 아프다 소리 하지 않은 징검다리, 아팠지? 다른 생각 한번 하지 않고 내 옆에 있어 준 그림자, 힘들지? 늦은 저녁, 밥 한술 뜨고 아중천변으로 나선다.

2017. 12. 27.

개요 짜기

10월이 슬그머니 발을 들여놓은 지 엊그제 같은데 첫 주가 꼴딱 넘어가고 있다. 오전 강의를 마치자마자 인문학부 글쓰기 특강을 했다. 특강을 마치고 학생들과 함께 식당에서 점심을 먹고 수저를 놓자마자 오후 강의 때문에 부리나케 강의실로 향했다. '논리적인 글쓰기' 수업시간에 '개요 짜기'하는 방법에 대해 강의를 하고 실제로 각자 쓰게 했다. 대다수 학생이 글을 처음 써본 터라 서론만 작성하게 했다.

집을 지을 때 설계도가 중요하듯이 글쓰기를 할 때도 개요를 짜는 것이 중요하다. 그런데 대다수 학생이 개요를 짜지 않고 글을 쓴다. 이 수업을 청강하는 사람 가운데 외람되게도 목회자도 있고 대학원생도 있다. 습관은 당사자에게는 편리한 법이다. 생활습관도 그러려니와 글 쓰는 습관 역시 마찬가지이다. 그러나 그릇되게 익힌 습관은 바로 잡아야 한다. 그렇지 않으면 일에 집중할 수 없고 건강을 잃기 쉽다.

설계도 없이 집을 지으면 공사하는 기간이 오래 걸리고 부실공사가 될 수 있다. 글을 쓸 때 자료를 선택하고 조직하는 개요를 짜지 않으면 과정이 적절하지 않아 추론이 타당할 수 없다. 그리고 유기성이 결여되거나 논점에서 벗어난 오류를 범할 수 있다. 그릇된 습관이 오래 몸에 배어있을수록 바로 고치는 데 시간이 오래 걸린다. 그래서 학생들이 매주 리포트를 낼 때마다 개요 짠 것을 함께 제출하게 하고 있다.

강의를 마치고 연구동으로 내려오다 소나무 가지 사이에 거미가 크게 지은 거미집을 보았다. 거미집에는 마른 나뭇잎으로 쓴 엽서 두 장만 바람이 달랑 놓고 가고 없었다. 거미는 저 거대한 집을 짓기 위해 얼마나 많은 세월 동안 설계도를 그렸다 지웠다 했을까? 그리고 얼마나 창을 많이 내고 닫았을까? 거미는 네모 칸이 없는 허공의 원고지에 위태한 문장을 쓰기 위해 얼마나 많은 시간을 아찔하게 떨었을까? 거미가 쓴 문장을 보며 시 나부랭이를 쓰는 것이 부끄러웠다.

연구실에 도착하여 아침에 쓴 시 「달을 보는 것은」을 퇴고했다. 어제 하굣길에 뜬 초승달을 보고 착상한 것이다. "달을 보는 것은/ 그와의 거리/ 골똘히 가늠하는 것/ 달을 보는 것은/ 마음속에 집을 짓고/ 그를 들여앉히는 것/ 날 환히 밝아도/ 깨어날 줄 모르고/ 그에게 빠져 있는 것/ 이 어둠 속에 앉아/ 너를 생각하는 것도/ 달 보듯이 하는 것." 그리움에 대한 개요를 짠다면 관심을 어떻게 끌어와야 할까? 고덕산 산 그림자가 멋모르고 두껍게 낸 첫 시집처럼 운동장에 누워있다.

귀갓길에 시장을 봐야겠다. "쉿! 무엇을 사야 할지 개요를 짜는 중." 새들이 일으킨 칼바람 소리가 고요해졌다. 요즘 걸핏하면 물을 찬으로 삼으시는 부모님 모습이 짠하게 아른거린다. 모처럼 삼겹살을 사서 고기 굽는 냄새 좀 풍겨야겠다. 혈압이 높은 어머니와 나 때문에 집사람은 삼겹살을 마치 독버섯 취급하여 어쩌다 한 번씩 예고없이 민첩하게 사서 들어가야 한다. 농협 마트에 들러 삼겹살을 푸짐하게 샀다. 비계가 좀 있어 집사람 잔소리를 피할 재간이 없었지만 먹음직스럽게 보였다.

간만에 식구가 함께 모여 저녁을 먹었다. 식구들과 저녁 먹는 시간조차 없을 정도로 날마다 기우뚱 쓰러질 듯 분주하게 살았다. 삶에는 왜 그리도 많은 핑계가 겨우살이처럼 다닥다닥 붙어사는 걸까. 그 많은 핑계 가운데 '바쁨'은 견고한 논거로 늘 자리하고 있을까. 따지고 보면 핑계의 뒤안길엔 무관심하고 배려하지 못한 것이 똬리를 틀고 있을 뿐인데. 고기 굽는 냄새로 집안이 온통 야단법석이다. 얼마 전 새끼를 낳아 식솔이 는 들고양이네도 고기 굽는 냄새에 끌려 창밖에서 거실을 들여다보았다.

팔순 고갯길을 넘으면서 눈에 띄게 기력이 쇠한 부모님, 나이 스물이 되도록 몸은 다섯 살에 정신은 돌 지난 수준에 머물러 있는 작은 아들, 이 아들을 24시간 내내 품고 있는 집사람, 집을 떠나 신학도라는 좁은 길을 걷고 있는 큰아들. 세상의 눈으로 보면 어떻게 개요를 짜야 할지 아득하고 난감할 때가 있다. 그러나 캄캄하게 끼었던 안개가 아침 햇살이 찻물을 끓이는 동안 서둘러 떠나듯이 우리 집에 낀 안개도 곧 걷히고 말 것이다.

살다가 보면 어느 날 불쑥/ 안개처럼 어두운 날 온다/ 단 한마디 예고도 없이/ 뜬금없이 들이닥친 손처럼/ 참 야속할 법도 하려니와/ 눈치만 줄 수 없지 않으냐/ 우리 삶의 현관까지 온 것/ 웃는 낯으로 거실로 맞이하자/ 오래 눌러앉아 있을 것 같이/ 바리바리 이고 진 짐짝도/ 찻물 끓이는 시간 못 참고/ 서둘러 챙겨 들고 떠나잖느냐/ 앞 아득하고 뒤 까마득해도/ 찻물 끓이는 그 시간만큼/ 이왕 설레며 기다려보자/ 어느 날 불쑥 찾아온 안개/ 아침 햇살 찻물 끓일 동안/ 저리 바삐 길 떠나지 않느냐?

(졸시: 「안개」 전문)

2016. 10. 7.

어쨰야쓰까

이른 아침 집 전화가 울렸다. 주방에서 아침을 지으시던 어머니께서 거실에 있는 전화를 받으셨다. “오메, 어째야쓰까 이~.” 분명 고향 사람이나 친지 가운데 누군가 하늘나라로 갔다는 부음일 것이다. 화장실로 들어가신 어머니께서 한참 후에 나오셨다. 우셨는지 어머니 눈은 이미 빨갛게 부어 있었다. “누가 또 돌아가셨대요?” “상열이 엄마가 죽었단다. 되게 고생만 하다… 짠해 죽겠다. 병원 신세만 지더니.”

상열이 어머니는 어머니처럼 장애를 앓는 아들이 있다. 고향 마을은 특정한 성씨가 모여 사는 집성촌이어서, 우리 집과 작은집을 비롯하여 몇 세대만 빼고 마을 사람들이 모두 일가친척이었다. 상열이 어머니는 우리처럼 타성바지는 아니었지만, 장애를 앓은 아들이 있다는 것으로 유일하게 어머니와 속을 트고 살았다. 갑자기 쓰러져 병원 신세를 지기 전까지만 하더라도 이틀이 멀다고 어머니와 자주 통화를 하였다.

상열이 어머니 부음 소식을 듣고 어머니는 당신 스스로 조문할 수 없는 상황을 탓하셨다. 아침도 건너뛰고 방으로 들어가셔서 눈물 바람을 멈추지 않으셨다. 고향을 떠나온 지 아홉 해, 이제 어머니는 여든 고개를 넘어오셨고 두 고개를 더 넘으셨다. 장애가 있는 아들을 모래재 넘어 진안에 있는 시설에 맡겨놓고, 중증 복합장애를 앓는 손자를 만날 바라보며 사시는 마음이 아마 썩어 문드러졌을지 모른다. 이런 상황에서 부음은 꾹꾹 참으며 막고 있던 어머니의 눈물 둑을 한순간에 무너뜨렸는지 모른다.

우리는 살아있다는 것만으로 누군가에게 힘이 되고 희망이 된다. 당장 볼 수 없고 만날 수 없지만 살아 있으면 언젠가 만날 수 있기 때문이다. 가족은 말할 것도 없지만, 친지나 친구도 마찬가지이다. 그래서 이별 가운데 가장 슬프고 아픈 것이 죽음이다. 나는 이순을 코앞에 두고 가족과 죽음으로 인해 이별한 경험을 세 번 하였다. 첫 번째 이별은 대학 다닐 때 할아버지께서 돌아가신 것이다.

그리고 두 번째와 세 번째는 딸을 잃은 것이다. 큰딸이 건강하게 자랐으면 지금 29살이 되었을 것이다. 대학을 졸업하고 취업준비를 하느라 속을 끓였던지 일찍이 남자친구를 만나 시집을 보내달라고 졸랐을지 모른다. 둘째 딸 역시 별 탈 없이 잘 자랐으면 25살이 되었을 것이다. 이 녀석도 제 언니랑 마찬가지로 취업한답시고 이력서깨나 써대며 나에게 이력서 좀 고쳐달라고 엔간히 귀찮게 했을지 모른다. 녀석들이 지금 살아 있다면 장애를 앓는 훈용이가 태어나지 않았을지 모른다. 설령 훈용이가 태어났더라도 제 엄마를 대신하여 밥 한 끼 정도 먹여주고, 평소 살뜰히 챙겨주었을 것이다.

나이를 먹으면서 문득문득 딸들 생각이 난다. 여학생이 대부분인 간호학과 수업은 학생 숫자가 많아 강의하는 것이 다른 수업과 비교해 힘이 든다. 그런데 꽃처럼 피어나는 여학생들을 보면 "나도 저런 딸 하나 있으면 참 좋겠다."는 생각을 저절로 한다. 때로는 먹고 살기 힘들고 여자가 마음 놓고 밤거리 다니는 것이 위태로운 시대에, 두 딸이 있었으면 아비로서 힘이 들었을지 모른다며 애써 위안을 삼기도 한다.

집에서 맏이로 부모님과 함께 살면서 남동생과 여동생이 부모님께 하는 것을 보면, 온도 차가 다른 것을 느낀다. 여동생은 한결같이 살갑고 속이 깊지만, 남동생은 제수씨 눈치를 많이 살피는 경향이 있다. 하기야 삼천리 화려강산에 사는 대다수 남자는 일단 결혼을 하면 부모보다 처자식을 먼저 챙겨야 하는 운명에 묶여야 하니 뾰족한 수가 없지 않겠는가.

주민등록등본에 이름을 올리지 않았을 뿐 나를 아버지처럼 여기는 딸이 꽤 있다. 수업을 받는 여학생 가운데 날 아빠처럼 여기거나, 실제로 아빠라고 부르는 사람도 있다. 지난 학기 인문고전 수업을 종강하고 학생들과 포옹하는 시간을 가졌다. 남학생은 상관이 없었지만, 여학생은 원하지 않으면 하지 말라고 했다. 그런데 한 사람도 빠지지 않고 다 참여하였다. 이때 몇몇 여학생이 귓속말로 "아빠! 수고하셨어요.", "아빠! 감사해요."라고 인사를 했다. "아빠!"라는 말에 가슴이 찡했다.

내가 낳은 딸은 비록 꽃처럼 지고 이 땅에 없지만, 나는 더 많은 딸이 생겨 딸 부자이다. 남녀를 막론하고 학생으로 보지 않고 아들이나 딸처럼 여기려고 애쓴다. 얼마 전 모 학생이 해외단기선교를 간다며, 00만 원을 지원해달라고 몇 차례 부탁하였다. 여섯 식구 가장으로 겨울에는 전원주택 난방비, 큰아들 기숙사비와 등록금, 00집 발간까지 겹쳐 부탁을 들어줄 형편이 아니었다. 내 형편을 말해주고 다녀와서 보자고 했지만, 마음이 영 편하지 않았다. 아빠 노릇을 제대로 하지 못해 부끄럽다.

점심때가 되었는데도 어머니는 방에서 나오지 않으셨다. 아마 슬픔을 애써 지우고 계시거나, 자식들에게 짐이 되지 않게 잠들듯이 데려가 달라고 허구한 날 해 오신 기도를 다시 시작하셨는지 모른다. 상열이 어머니 부음을 듣고 어머니께서 맨 먼저 꺼내신 이 말을 나도 모르게 복사했다. 뒷산에서 비상한 한 무리 새떼가 세상에 영원한 생명은 없다고 한마디씩 하면서, 빈 텃밭에 꽃잎처럼 떨어져 내렸다.

"어째야쓰까."

2017. 1. 23.

점자 선거공보물

자정 언저리쯤 퇴근하면 서재에 있는 우편물을 먼저 확인한다. 여러 문학단체에서 활동하기 때문에 우편물 가운데 대부분은 월간지나 개인 문집이다. 한국문인협회에서 보낸 『월간문학』과 이런저런 고지서보다 두껍고 널찍한 봉투가 눈에 먼저 들어왔다. 모 지방 선거관리위원회에서 훈용이 앞으로 보낸 점자 선거공보물이었다.

자음과 모음 없이 점으로 돌출된 글자 위에 손가락을 댔다. 한 자도 해독할 수 없었다. 눈으로 읽은 문장 가운데 오독하는 것이 헤아릴 수 없이 많은데, 저 문장을 손끝으로 다 정독해낼 수 있을까. 잠시 후 만날 어린아이로만 생각했던 훈용이가 투표권이 있는 유권자가 되었다는 사실이 마음 곳곳에 구멍을 아프게 숭숭 뚫었다.

훈용인 올해 만 스무 살이다. 그러나 신체는 다섯 살 정도이고 지능은 갓 돌 지난 아이 수준이다. 태어나자마자 눈이 까마득하게 먼데다 "엄마, 아빠"란 말 한마디 하지 못한다. 무궁화 삼천리 화려강

산 방방곡곡을 돌며 훈용이를 교육해줄 만한 곳을 찾았지만, 그런 곳이 한 군데도 없었다. 그냥 탁구공처럼 이리저리 떠넘기다 집에서 부모가 평생 키워야 한다는 대답만 들었다.

그래서 우리 가족은 구 년 전에 귀촌했다. 만날 이웃 눈치 때문에 훈용이가 소리 한 번 맘껏 지르지 못하게 하며 전전긍긍할 바엔 소리라도 실컷 지르게 해주고 싶었다. 좁고 어두운 곳에 있으면 스트레스를 받는 훈용이를 위해 집을 좀 넓게 짓고 창문을 크게 냈다. 훈용이에게 눈을 주고 싶어도 줄 수 없었다. 아비가 해 줄 수 있는 것은 이것밖에 없었다. 속 모른 사람들은 우리 집을 보고 내가 부자인 줄 착각한다.

얼마 전 모 행정기관에서 훈용이 민방위 훈련을 통지하는 전화를 했다. 순간적으로 화가 치밀었지만, 꾹꾹 눌렀다. 전산으로 장애인에 대한 정보를 공유하지 않느냐고 물었다. 그리고 우리 아들이 민방위 훈련을 받을 수 있다면 치마를 입고 춤을 추고 싶다고 했다. 무슨 말인지 알아들었는지 서둘러 죄송하다고 했다. 정말 우리 훈용이가 다른 아들처럼 민방위 훈련도 받고 군대도 갔다 왔으면 좋겠다. 아니, 지능은 정전되고 혀가 굳고 키가 더는 자라지 않더라도 앞이라도 봤으면 좋겠다. 두 눈이 다 보이지 않고 한 눈만 보여도 한이 없겠다.

눈먼 아들 앞으로/ 점자 선거공보물 왔다/ 자음과 모음 없이/ 점으로만 된 글자/ 태어난 지 스무 해/ 말 한마디 못하고/ 글자라곤 한 획도/ 본 날 없던 아

들 눈/점자라곤 한 점도/ 읽지 못한 아들 눈/ 한쪽만이라도/ 새벽처럼 열리면/ 꽃처럼 활짝 피어나면/ 좋겠네! 얼씨구.

(졸시: 「점자 선거공보물」 전문)

페이스북에 올린 글을 보고 상수가 댓글을 달았다. 상수는 우리 대학교 음악대학원에 다니는 학생이다. 순철이와 다솜이 손을 잡고 다닐 때도 있지만, 그는 늘 흰 지팡이를 가지고 다닌다. 흰 지팡이는 상수가 세상을 보는 눈이다. 식사를 한 번 하자 해놓고 아직 시간을 잡지 못했다.

"교수님 혹 실례가 안 된다면 제가 아드님께 점자와 점자단말기, 컴퓨터 등을 가르쳐 드릴 수 있습니다. 글자도. 제가 중도 실명자라 가르쳐드리는 것 가능합니다. 요즘 의외로 시각장애인이어도 점자를 알지 못하는 분들이 많습니다. 잘못된 것이 아니라 요즘 워낙 음성 대체자료가 잘되어 있어서 굳이 점자를 읽지 않아도 정보습득이 가능하기 때문입니다. 그래도 점자를 알고 있다면 여러 가지 면에서 훨씬 유리한 점이 많습니다. 제가 이전에 다니던 대학교에 재학 중인 전체 장애 학생이 300여 명 시각장애 재학생이 70여 명인 학교에서 국가 근로 생으로 친구들에게 점자와 컴퓨터 등을 가르쳤던 경험이 있습니다. 묵자를 만져서 느낄 수 있도록 제작한 촉각 학습자료 가지고 있습니다. 혹 제가 도움 되어드릴 수 있다면 말씀해주십시오. 고맙습니다."

훈용이 앞으로 온 점자 선거공보물은 공무원이 착각하여 건 민방위 훈련 통지 전화보다 더 속을 쓰리게 했다. 훈용이는 소리 지르고 자신을 때리고 옆에 있는 사람을 꼬집는 일 외에는 일 년 삼백육십오 일 스스로 할 수 있는 게 하나 없다. 이런 훈용이한테 온 점자 투표공보물은 시각장애인을 배려하는 것에 대해 감사와 함께 아비로서 무력감을 느끼게 했다.

4월 마지막 날이 애매하게 지고 있다. 훈용이가 만일 건강하게 자랐다면, 지금쯤 여느 20대처럼 취업을 걱정하고 입대를 고민하고 아르바이트 자리 알아보러 다니느라 분주했을 것이다. 그리고 아흐레 앞으로 다가온 대통령 선거일에 맞춰 어떤 후보를 뽑아야 할지 나와 논쟁을 날 서게 벌였을 것이다.

대통령이 되겠다고 한 사람 가운데 장애인이 사람답게 사는 세상을 만들겠다는 후보는 한 사람도 없었다. 그리고 후보자 가운데 정신적 장애를 앓는 사람은 몇 있었지만, 육체적으로 장애를 앓는 후보는 한 사람도 없었다. 두 눈 환하게 뜨고도 세상을 맑게 보지 않으면 이것 또한 장애이다.

훈용이 얼굴에 솟은 여드름같이 생긴 점자 위에 다시 손가락을 올려보았다. 일정한 간격을 하고 모여 있는 점들을 여러 번 소리 내 읽으려 했지만, 한 자도 해독하지 못했다. 가는 봄처럼 허둥지둥 훈용이랑 함께 나이 먹고 있다는 사실만 알아냈다.

2017. 4. 30.

고향산천

묵방산 허리마다 잔설이 선명하다. 주방에서는 밥 끓는 소리 대신 떡국이 하얗게 익고 있다. 설날이 주일 바로 앞에 있는 토요일이라 서울 모 교회에서 전도사 사역을 하는 큰아들은 집에 내려올 생각을 아예 접었다. 아들 녀석에게 식당에 가서 떡국 한 그릇 사 먹으라 했지만, 전화를 끊고 나서 짠한 마음을 여러 번 되새김하였다. 집사람과 둘이서 부모님께 세배를 드리고 떡국을 먹으며 나이를 한 살 더 키웠다.

5월까지 마무리해야 할 글이 있어 도시락을 싸 들고 작업실로 나왔다. 점심때 여수에 사는 동생이 회를 떠 왔다고 연락했지만, 하던 일을 잠시라도 멈추는 것이 내키지 않았다. 경기가 기를 쓰지 못하는 이번 설에 미처 생각하지 않은 사람들까지 날 많이 챙겨주었다. 부모님과 한솥밥을 먹은 지 묵방산이 한 번 바뀔 법한 세월이 흘렀다. 주변에서 부모님을 모시고 산다며 위로와 동정을 보내는 사람이 많다. 부모님께서 오히려 날 도와주고 계셔서 이러한 위로와 동정은 자명한 오독이다.

물가가 예전 같지 않은 데다, 경기는 죽은 불씨처럼 살아날 줄 모르고 있다. 이럴 때 여러 사람이 고기나 과일, 생선은 물론이고 떡국, 밑반찬, 버섯, 멸치, 주방용품에 이르기까지 골고루 갖다 주었다. 가끔 주변 사람들이 부모님 갖다 드리라며 이것저것 보자기에 싸서 준다. 여섯 식구 가장으로 삶을 고단하게 사는 나에게 베푼 호의이려니 했는데, 실은 팔순이 넘은 부모님을 웅숭깊게 생각한 것이다.

부모님께서 고향에 계실 때는 설이 되면 부모 · 형제를 만나는 설렘을 안고 짙은 차車 숲을 대수롭지 않게 뚫고 내려갔다. 어느 해엔 폭설이 내려 전주에서 순천까지 얼어붙은 눈밭을 한나절 이상 시간을 죽이며 雪雪 기어가기도 했다. 지금은 내가 사는 완주에서 순천까지 굵은 줄을 치듯이 고속도로를 개통하여 고향까지 오가는 길이 두 시간 안짝이 되었다. 이제 이 길을 따라 여수에 사는 남동생과 순천에 사는 여동생, 시댁이 구례인 광주에 사는 여동생이 설을 쇠러 온다.

노년에 고향 집을 개조하여 고향에서 살려고 했다. 그런데 이런 꿈은 눈멀고 귀먹은 아들이 태어나면서 잘못 쓴 초고처럼 구깃구깃 접어버렸다. 서울에 있는 병원에 다니려면 순천보다 전주가 훨씬 지척이었기 때문이다. 실은 이것보다 더 변통할 수 없었던 것은 장애를 앓는 남동생이 있었기 때문이다. 뉘 네 집 숟가락이 몇 개 정도 되는

지 꿰차고 사는 것은 기본이고 끼니때 올린 찬이 무엇인지까지 아는 게 시골 사람들 인심이다.

이런 인심은 무리 지어 다니기 마련이어서 비린 소문을 만들기도 한다. 고향 마을은 특정 성씨가 모여 사는 집성촌이었기 때문에 부모님은 평생 책잡히는 일을 하지 않으시려고 무던히 애쓰셨다. 내 밑에 한두 살 터울로 딸린 동생이 넷인데 둘째 남동생이 장애를 앓았다. 그리고 연년생인 남동생과 고등학교에 다닐 때 아버지께서 실직하시는 바람에 시내 버스비마저 빌려 써야 할 형편이 되었다. 우리 집 궁핍 사史는 내가 초등학교에 다닌 시절로 거슬러 올라가야 한다.

아주 어렸을 때부터 할아버지 무릎에 앉아 한글은 물론 한자와 영어 알파벳, 구구단까지 다 떼고 초등학교에 입학한 터라, 나는 시골 학교에서 공부를 아주 잘하는 축에 끼었다. 글씨를 예쁘게 써서 초등학교 3학년 때 아버지께서 불러준 대로 차용증 쓰는 법을 익혔다. 차용증 쓰는 일이 비 온 뒤 대밭 죽순 올라오듯 늘면서 아버지 명의로 되어 있던 집안 전답이 다른 사람 이름으로 바뀌기 시작했다. 이런 과정에서 아버지께서 흘리시는 눈물을 몇 차례 보았다.

훈용이 때문에 한 아파트에서 오래 살지 못했다. 날밤을 뜬눈으로 환히 새면서 방바닥이 울릴 정도로 뛰거나 소리를 지르는 통에 이웃이 하루가 멀다고 관리실이나 경비실에 민원을 넣었기 때문이다. 서너 번 쫓기다시피 하면서 이사하였다. 그러다 궁여지책으로 전원에 집을 지었다. 내가 살던 아파트와 부모님이 사시는 고향 집, 아버지 명의로 유일하게 남은 전답을 팔아 지은 것이다. 좁고 어두운 곳을 싫어하는 훈용이를 위해 집을 높게 짓고 창을 크게 냈다.

막상 부모님과 함께 살다 보니 명절 때 한 번씩 찾아뵐 때와 달리 죄송함만 더 쌓였다. 늘 기쁘고 마음 편하게 해드리기는커녕 염려와 근심만 더 드리기 때문이다. 중증 복합장애를 앓는 가족이 있는 집은 먹고, 자고, 화장실 가는 것이 평범한 일상이 아니다. 그냥 전시戰時이다. 언제 어느 곳에서 지뢰가 터질지 모르고 공습이 일어날지 몰라 늘 초긴장해야 한다. 전원에 집을 짓고 사니까 가끔 우리 집을 구경하려는 사람이 있다. 그런데 한 번도 집안까지 모시지 못했다.

설이 되면 이제 동생네 식구들이 우리 집으로 온다. 부모님이 계시기 때문이다. 나는 부모님과 함께 산 뒤로 두 시간 남짓 거리에 있는 고향인데도 찾을 일이 없어졌다. 학교 일 때문에 가끔 순천을 찾지만, 고향 마을까지 들르지 않았다. 고향도 부모님이 계실 때라야 고향이지 부모님이 안 계시면 그냥 탯줄을 자른 곳이다. 살아계신 부모님 계신 곳이 고향산천이다.

2017. 1. 28.

쉰일곱 생일

서재가 주방과 맞닿아 있어 이른 아침 어머니께서 아침을 준비하시는 미세한 소리까지도 다 포획할 수 있다. 그리고 문틈을 비집고 들어온 냄새를 곧바로 필사할 수 있다. 늦게 귀가하는 아들이 아침잠을 설칠까 봐 나름대로 잘 익은 적막을 떨어뜨리지 않게 하시려고 안간힘을 쓰시는 모습이 수족관 들여다보듯 훤하다. 쇠에서 김이 숨가쁘게 빠져나가는 소리가 나더니 잠시 후 주방 통풍기 돌아가는 소리가 헝클어졌다. 그리고 미역국 냄새가 났다.

겨우내 특별한 날을 빼고 부모님께서는 마을 경로당으로 마실을 가셨다. 완주군에서 겨울 동안 어르신을 위해 난방비와 부식비를 지원하여 경로당에서 지낼 수 있게 해주었기 때문이다. 요즘 부쩍 입맛을 잃으신 부모님 때문에 신경이 여간 쓰이지 않았던 참인데, 미역국 냄새를 맡자 한 끼 정도는 잘 드실 수 있으리라는 안도감이 들었다. 어제 곧 나올 시집 교정을 보느라 피곤했던지 아침 산책을 거르고 싶을 정도였다. 아니 이미 생각 밖으로 내놓았다.

아침을 먹으라고 문을 두드리시는 어머니의 수신호가 춘곤증에 걸린 것처럼 맥이 없으셨다. 어머니는 아침마다 혈압약을 먹는 아들이 혹 약을 거르면 큰일이라도 날 것처럼 아시고 꼬박꼬박 아침을 챙겨주신다. 침대에서 겨우 일어나 식탁으로 갔다. 주방과 거실이 온통 미역국이 걸어 둔 냄새로 식욕을 부추겼다. "오늘 무슨 날이에요?" 국그릇에 미역국을 푸고 계시는 어머니께 말(言) 목을 내밀자 어머니께서 웃으시면서 "야가, 오늘이 니 생일이다."라고 하셨다.

쉰일곱 생일 아침이 도둑처럼 몰래 찾아온 것이다. 돌아보면 쉰일곱 고개를 넘어오면서 가슴 아리게 아픈 것이 많았다. 얼마 전 한 지인이 내가 쓴 시에 아픔이 너무 깊이 박혀 있어 독자를 우울하게 만든다며 통증이 없는 시를 쓰라고 하였다. 이런 말은 집사람도 마찬가지여서 몸이 아픈 훈용이 이야기나 우리 집 이야기를 너무 속살까지 드러내지 말라고 하였다. 이러한 말을 이해하면서도 내 글의 뿌리 깊은 곳엔 지울 수 없는 아픔이 견고하게 터를 잡고 있어 아픔을 운명적으로 피할 수 없다.

정작 나 자신은 생일을 잊고 있었다. 그러나 쉰일곱에 어머니께서 끓여주신 미역국을 먹을 수 있어 행복했다. 그리고 「미역국」이란 짧은 시를 써서 페이스북에 올렸더니 많은 페친이 축하해주었다.

어머니/ 오늘 뭔 날이에요?/ 야 봐라/ 오늘 니 생일이다/ 쉰일곱 아침이/ 도둑처럼 몰래 왔다.

(졸시: 「미역국」 전문)

세월은 정말 도둑처럼 몰래 왔다가 안개처럼 사라진 것 같다. 엊그제 방학을 했는데 이제 개강할 날이 머지않았다.

내가 살아온 쉰일곱 해를 시집 원고 교정하듯이 들여다보았다. 이 나이 먹도록 큰 병치레 하지 않고 건강한 몸 주심, 다른 사람이 한 번도 겪지 못한 아픔을 과분하게 세 번이나 겪게 하심, 어쭙잖은 글을 사랑해주는 독자를 주심, 글을 쓸 수 있도록 생명과 자연을 사랑하게 하심, 부모님과 함께 살 수 있게 하심, 만날 수 있는 학생들이 있게 하심, 어느 것 하나 소중하고 감사하지 않는 게 없다. 여전히 아픈 통증까지도.

쉰일곱. 이순이 눈앞에 있지만, 아직 철들고 싶지 않다. 철이 들면 세상을 비딱하게 보고 돈이 되는 일에만 몰두하여 속물이 될 것 같아 두렵다. 아직은 시 한 줄 쓰고 나서 느끼는 포만감이 내 가슴을 따스하게 하여 이 거주지를 떠나고 싶지 않다. 쉰일곱. 아직은 열일곱처럼 살고 싶다.

2016. 2. 25.

아들의 바다

훈용이는 태어나자마자 빛 한 점 감지하지 못하고, 스무 해가 되도록 다섯 살밖에 안 된 신체에 지능은 갓 돌 지난 수준이다. 지금까지 엄마, 아빠란 말 한마디 하지 못하고 치아가 없어 미음을 입에 넣고 녹아야 겨우 넘긴다. 그래서 한 끼 식사를 마치는 데 두어 시간 넘게 걸린다. 시신경이 다 죽어 현대의학으로도 각막이식수술을 할 수 없어 앞을 볼 수 없다. 이런 훈용이를 데리고 20년째 삼성서울병원을 줄곧 다니고 있다. 그동안 안압을 낮추기 위해 눈 수술을 다섯 번이나 했다.

눈을 수술하고 나면 수술 후에 관리하는 것이 중요하다. 잘못하면 염증이 생기기 때문이다. 소통이 전혀 되지 않는 훈용이가 수술을 하고 나면 온 식구가 초비상 상태에 이른다. 이런 와중에 스트레스를 잔뜩 받은 집사람은 몸속에 바다의 자석을 붙인 것처럼 바다를 꼭 보아야 숨통이 트인다고 한다. 앞을 전혀 보지 못한 아들 수술을 마치고 바다를 구경하려는 집사람을 처음엔 전혀 이해하지 못했다. 뒤에 안 사실이지만 집사람은 훈용이가 비록 바다를 볼 수 없지만, 파도 소리라도 들려주고 싶었던 것이다.

얼마 전 훈용이가 여섯 번째 수술을 했다. 수술을 하고 나서 예전처럼 바다를 찾았다. 남해 가천마을이다. 어쩌면 우리가 바다를 찾은 것이 아니라 바다에 대한 자성이 있는 집사람과 함께 바다로 빨려간 것이다. 훈용이는 수술한 눈에 붙여놓은 보호대를 떼려고 안간힘을 썼고, 집사람은 그런 훈용이에게 양손을 손톱으로 뜯기면서도 목소리 한 번 높이지 않고 "바다 보러 가자. 바다 보러 가자."를 주기도문처럼 되새김했다. 네 번째 찾은 남해 바다는 여전히 봄볕에 쪽빛으로 파드득파드득 빛나고 있었다.

공용주차장에 차를 세우고 다랑이밭 사이로 난 길을 따라 바다로 내려가는 것은 우리에겐 해발 구천구백 미터를 오르는 것과 마찬가지였다. 훈용이를 집사람과 내가 번갈아 업고 내리막길을 가는 것이 여간 힘들지 않았기 때문이다. 그보다 더 힘든 것은 오가는 길을 멈추고 쭈빗쭈빗 눈과 귓문을 열어 소곤거리는 사람들이었다. 그동안 이런 시선을 잘 접어 마음 밖으로 내던지고, 귓문을 미리 알아서 단속하는 데 이력이 난 터라 눈과 귀를 아예 막고 바닷가로 갔다.

3월의 찬란한 바다가 파도를 한 뼘씩 한 뼘씩 만들어 세상 밖으로 밀어내고 있었다. 그 바다를 단순히 바다라는 명사 하나만으로 단정하기엔 그 자태와 빛깔을 어림짐작할 수 없을 정도로 막막하고 묘연했다. 갯바위에 부딪힌 파도가 하얀 꽃으로 만발하여 일순간 낙화하자, 햇살에 주름 잡힌 파도의 겉과 속이 훤히 드러났다. 파도 소리를 들은 훈용이가 집사람 등에서 내려왔다. 그리고 양손을 벌려 무엇인가를 붙잡고 싶은 모양새를 했다. 다른 사물은 무감각하게 대하지만 물소리는 아주 예민하게 반응한다. 수술을 마치고 구깃구깃해진 마음이 파도 소리를 듣고 펴지기라도 한 것일까.

눈먼 아들이 태어나면서 아내가 바람났다. 안방은 365일, 아들과 집사람 차지였다. 밤마다 눈먼 눈 생생하게 뜨고 어둠 극진하게 밀어내는 아들 옆에서, 아내는 파란만장한 하루를 채 접지 못하고 이부자리처럼 펼쳤다. 바람 한 점 들어갈 틈 없는 안방에서 아내는 눈먼 아들과 새살림을 차렸다. 아내가 바람 난 후로, 밥상은 늘 쓸쓸하여 끼니마다 허기지고, 구깃구깃해진 삶이 늘 뾰쪽뾰쪽 위태로웠다. 가려운 일상은 피나게 긁어도 늘 가려워, 차마 가볍게 날지 못하였다.

태어나자마자 핏덩이 때부터 스무 해가 될 때까지, 빛 한 점 감지하지 못하고 살아온 아들의 눈먼 생애가 망망한 바다처럼 아득하게 보였다. 그런 아들에게 왜 사느냐고 맘속으로 뜬금없이 물었다. 보호대를 붙이지 않은 아들의 하얀 눈 하나가 자정 넘은 신호등처럼 껌벅껌벅 꺼졌다가 켜졌다. 눈뿐만 아니라 말문까지 닫혀 혀가 무거운 아들에게 거듭 왜 사냐고 물었다. 파도 소리를 감지했는지 강냉이 알보다 작은 아들의 이가 알콩달콩 모여 웃었다. 묵묵부답인 아들 앞에서 쉰여섯 해 동안, 볼 것 못 볼 것 다 보고 할 말 못 할 말 다 하며, 툴툴거리고 씰룩거리며 살아 온 것이 부끄러웠다. 묵묵부답인 아들 앞에서, 사는 것은 바다 같은 세월을 견디며 침묵해야 한다는 것을 나와 아들 사이를 잇는 고요 속에서 알아냈다.

산 그림자가 다랑이 논밭을 미끄러져 내려오고 산 끝에 걸린 석양이 바닷속으로 빠지자, 바다가 불처럼 활활 타올랐다. 그리고 바다에서 고소한 냄새가 났다. 그 바다의 향기를 한 줌 퍼다 훈용이 눈 속에 꼭꼭 넣어주고 싶었다. 파르라니 빛났던 바다가 마치 흑백사진처럼 한 장 한 장씩 캄캄해지고, 마을에 있는 불빛이 일제히 꽃처럼 피어났다. 어두운 훈용이 눈에 먹구름 같은 어둠을 한 풀 한 풀씩 꺾어 꽃처럼 심어주고 싶었다. 어느 시절인들 밝고 훤할 때 있었으랴만, 산은 능선마다 나무는 가지마다 바람은 결마다, 검은 시간 각자 매달고 하늘거릴 때, 답답한 훈용이 눈에 시원한 바닷바람을 불러 길 맑게 트여주고 싶었다.

그러나 어둑어둑해지는 바다에서 아들의 눈이 되어주지 못하고, 아들 옆에서 고작 안개처럼 스러지거나 일몰처럼 지고 말았다. 비록 귀문이 닫혀 말귀를 전혀 알아듣지 못하지만, 아들에게 독백 같은 말을 걸었다.

"아들아! 파도 소리 들리지?"

"아빠! 파도 소리가 뭐야?"

"그래 바다가 부르는 노래란다."

"바다는 어떤 사람인데 저렇게 노래를 쉬지 않고 불러요?"

"응. 사람보다 더 넓고 큰마음을 가진 우주란다. 아빠가 닮고 싶은 세계.”

“아빠가 닮고 싶은 세계라고 하니까 어떻게 생겼는지 보고 싶어요.”

“그래. 내 눈 손수건처럼 꺼내 네게 줘 아침이면 네 눈에 해 뜨고, 밤이면 네 눈에 달 뜰 수 있다면 내 눈 선선히 주련만, 네 귓가에 바다의 노래만 낭랑하겠구나. 내 눈 네게 줄 수 없어 미안하다. 아들아!”

숙소로 잡은 바다 가까운 민박집에 들어서자마자 훈용이가 오랜만에 잠이 곤하게 들었다. 모처럼 일찍 잠이 든 훈용이의 숨소리가 파도 소리처럼 들렸다. 바람 앞에서도 꺾이지 않고 굴복할 줄 몰라 풀풀 살아 있는 너는 바다야. 누군가에게 짓밟히고 차여도 흙 한 번 털고 풀풀 일어서는 너는 바다야. 모진 소낙비에 흠뻑 젖을지라도 빗방울 다스려 풀풀 푸르러지는 너는 바다야. 우주의 바다와 아들의 바다가 들려주는 자장노래를 번갈아 들으며 나 역시 오랜만에 달짝지근하게 잠이 들었다.

풍경

어느 날부터 우리 마을 회관 앞에 있는 의자에 색깔이 누리 덩덩한 고양이 한 쌍이 터줏대감처럼 자리하고 있었다. 혹한기인 12월에서 2월까지 완주군에서 마을 어르신들에게 난방비와 부식비를 지원하여 대부분 어르신이 오전부터 밤까지 마을회관에 모여 지내신다. 밥을 드시고 나면 아무런 기별 없이 찾아온 손 같은 고양이에게 끼니를 챙겨주자 아예 의자를 제집처럼 삼았다고 했다.

마을총회가 있어 참석한 날 역시 고양이가 의자에 나란히 앉아 있었다. 어르신들 이야기를 빌리면 주인이 없는 들고양이였는데, 밥을 꼬박꼬박 챙겨주자 눌러앉았다고 하였다. 암컷과 수컷으로 오다가다 눈이 맞아 부부가 되었다는 우스갯소리를 댓글로 붙인 어른도 계셨다. 회의를 마치고 점심을 먹고 있을 때 고양이가 회관 안쪽을 쳐다보았다. 애처로운 시선 끝에 그들의 위가 공백 상태라는 것을 직감할 수 있었다.

먹던 삼겹살 몇 조각을 던져주었다. 기다렸다는 듯이 녀석들이 쪼르르 달려와 잽싸게 먹잇감을 낚아챘다. 그리고 나지막하게 목청을 가다듬고 과반을 요구하는 눈치였다. 몇 조각을 더 줬더니 맛있게 먹고 의자에 올라가 나란히 앉았다. 햇살은 순했지만 바람이 매콤한 날씨였다. 녀석들은 날 선 바람을 서로의 등을 방패 삼아 체온을 나눠 가지며 추위를 덜어내고 있었다. 사람도 그렇거니와 고양이도 혼자서 추위를 감당하기엔 칼바람이 너무 날카로웠다.

오랜 시간 의자에 앉아 있던 게 지겨웠던지 한 마리가 벌떡 일어섰다. 그리고 이장 집 담을 타고 올라갔다. 나머지 한 마리도 한 뼘 오차 없이 곧바로 뒤를 밟아 담으로 올라갔다. 담에 나란히 앉아 있는 폼이 너무 다정하여 사진을 찍어주고 싶었다. 그런데 회의에 참석하느라 손 전화를 두고 온 바람에 바람으로만 묶어두었다. 두 녀석이 몸을 웅크리자 온몸이 바람을 불어넣은 풍선처럼 부풀었다. 어찌나 몸이 뽈똑했던지 금방이라도 바람 끝에 매달려 날아갈 것 같이 아슬아슬하였다.

마을회관 앞마당엔 다른 날보다 유모차가 더 많았다. 질경이가 수북하게 자란 길을 험하게 걸어오신 삶들이 닳아빠진 유모차 바퀴에 다닥다닥 붙어 있었다. 칠십 고개를 넘으면서 등이 굽어지고 팔십 고개에 이르러 발목이 휘어지고 망가진 삶들이 잠시 주차한 차처럼 정차해 있었다. 그곳엔 어머니께서 밀고 오신 유모차도 중고자동차처럼 끼어 있었다. 몇 걸음 움직이는 것이 번거롭고 힘들어 어린아이가 타는 유모차를 지팡이 삼아 여생을 다시 걸음마 하는 발길들이 간간하였다.

어머니께서는 불과 두어 달 전까지만 해도 유모차를 사용하시는 것에 대해 마뜩잖게 생각하셨다. 당신 몸 하나 스스로 건사하지 못한다는 자존심 같은 게 숨어 있었던 것 같다. 그런데 마을회관에 출입하시기 시작하면서 이웃에 사시는 분이 당신이 쓰시던 것을 하나 어머니께 드렸다. 며칠 사용해보신 어머니께서 유모차 예찬을 하시더니 요즘은 바깥 출입하실 때마다 어머니의 그림자 같은 존재가 되었다.

세상살이하는 것은 끝없는 길을 보행하는 것이나 다름없다. 이 길을 걸으면서 우리는 여러 가지 풍경을 만난다. 오늘 짧은 길을 걸으면서 두 가지 풍경을 만났다. 하나는 고양이가 한 뼘도 떨어지지 않고 서로 배경이 되어 추위를 쫓고 있던 것이다. 우리 삶엔 시도 때도 없이 추위가 불쑥불쑥 닥치기 마련이다. 이럴 때 홀로 추위를 대적하려면 너무 외롭고 힘이 든다. 이때 누군가 함께해주는 사람이 있다면 서로 체온을 나눠 가지면서 추위를 뜯어낼 수 있을 것이다. 앞만 보고 가지 말고 우리 등 뒤나 옆에서 혹한에 떨고 있는 사람이나 생명이 없는지 가끔 가던 길을 멈추고 바라봐야 한다.

다른 풍경은 유모차이다. 유모차는 보행이 불편하신 어르신들에게 든든한 지팡이 와 같은 역할을 한다. 지팡이는 심신이 약한 사람에게만 필요한 것이 아니다, 시골에서 지게질할 때 땅을 딛고 일어서게 해주는 역할을 지겟작대기가 한다. 산을 오르내릴 때 등산 작대기를 사용하면 훨씬 안전하고 덜 피곤하다. 이렇듯 유모차는 누군가를 일으켜 세우고 힘을 더해 줄 뿐만 아니라 동행자가 되어준다. 오늘 짧은 길을 걸으면서 하찮게 여기고 놓칠 뻔한 두 풍경을 통해 건성건성 걸어온 내 길을 꼼꼼하게 세탁하였다.

2016. 2. 5.

행복

훈용이 머리를 한 번 깎으려면 용을 써야 한다. 스무 살이 되었지만 갓 돌 지난 수준인 지능을 가져 말귀를 알아듣지 못할 뿐만 아니라 앞마저 보지 못하기 때문이다. 훈용이 머리를 깎으러 미장원에 가는 날, 집사람과 나는 머리카락이 잘 묻지 않는 옷을 입어야 한다. 집사람이 훈용이를 안고 의자에 앉으면 나는 훈용이 두 손을 잡고 움직이지 않게 단속을 해야 하기 때문이다. 너무 힘이 들어 웬만하면 오늘도 그냥 지나치려 했지만, 내일 교회 갈 때 데려가야 하므로 집을 나섰다. 주중에 훈용이 머리를 깎으려고 했지만, 시간을 내기 어중간했고 훈용이가 거의 날마다 날을 새고, 아침에 잠이 드는 바람에 주말에 겨우 날을 잡았다.

훈용이 머리는 아무에게나 맡길 수 없다. 앞서 말한 것처럼 의사소통이 안 되기 때문이다. 그래서 어렸을 때부터 훈용이 머리를 깎았던 미장원으로 가야 그런대로 수월하게 깎을 수 있다. 모 아파트 2

층 상가에 있는 미장원으로 오르는 길부터 훈용이게는 장애물이다. 우리 부부가 훈용이 손을 하나씩 잡고 계단을 오를 때마다 훈용이는 몸을 비틀며 불안해한다. 이 과정에서 마음에 들지 않으면 사정없이 손을 꼬집기 일쑤여서, 내 손은 그런대로 온전하지만, 집사람 손은 흉터투성이다. 여기에다 행동이 온전하지 못한 훈용이를 보고 지나는 사람마다 이상하게 쳐다보는 시선은 우리가 넘어야 할 해발 구천구백 미터 고지이다.

다행히 주말인데도 미장원은 북적거리지 않았다. 파마를 막 마친 사람이 있어 곧 바로 훈용이 차례가 되었다. 예전처럼 집사람이 가운을 입고 훈용이를 안으려고 하자, 미장원 아주머니가 훈용이만 앉혀보라고 했다. 반신반의하며 훈용이에게 가운을 입혀 의자에 앉히자, 우리가 염려했던 것과 달리 훈용이가 가만히 있었다. 이발기 돌아가는 소리에 고개를 한 번씩 돌리거나 가운을 벗으려고 안간힘을 썼지만, 종전과 달리 머리를 깎는 내내 얌전하게 앉아 있었다. 이런 훈용이를 보고 집사람은 “우리 훈용이! 정말 잘한다. 정말 착하다.”라고 연신 칭찬을 하였다. 나도 옆에서 “우리 훈용이! 다 컸다.”고 몇 마디 거들었다.

훈용이가 다른 때와 달리 머리를 수월하게 깎아 시간을 절약할 수 있었고, 마음도 한결 홀가분했다. 집사람은 오늘같이 훈용이가 말만 잘 들으면 머리 깎는 것 걱정할 일이 없겠다며 흐뭇해하였다. 얼마 전 페이스북에 우리 학교를 졸업한 세민이가 밥을 사 달라고 흔적을 남겼다. 세민이는 지적장애가 있다. 졸업했는데도 학교에 종종 나온다. 어느 날 학교에서 세민이와 마주쳤는데 역시 밥을 사달고 했다. 세민이 인사는 밥 한 번 사달라는 것이다. 난 세민이가 밥을 사달라고 한 것은 배가 고프기 때문이 아니라 사람이 몹시 그립기 때문이라고 생각한다. 그런 세민이를 보고 단어 한 마디 꺼내지 못하는 훈용이가 너무 안쓰러웠다.

그런데 오늘 훈용이가 의자에 혼자 앉아 머리를 잘 깎은 것을 보고 기뻤다. 스무 살인데도 다섯 살 정도밖에 되지 않는 신체에, 빛 한 점 보지 못하고, 말 한마디 하지 못하고, 저 스스로 밥 한술 뜨지 못하지만, 일순간 이런 것은 온데간데없었다. 우물은 봄 여름 가을 겨울 할 것 없이 체온이 늘 한결같다. 다만 순간순간 천만리를 오가는 변덕스러운 우리 마음이 차갑거나 따스하다고 느낄 뿐이다. 운명처럼 여러 장애를 가진 훈용이를 아들을 둔 아비로서 하루에도 수십 번씩 간사한 생각이 널뛰기한다. 어떤 때는 훈용이를 내 삶의 핑곗거리로 삼기도 하고, 글감으로 쓰면서 동정이나 연민에 호소하는 오류를 일삼기도 한다.

자녀가 미장원 의자에 다소곳이 앉아 머리를 깎는 것은 보통 사람이나 일반가정에서는 아주 사소하고 평범한 일이다. 그러나 훈용이 같은 복합장애를 가진 자식을 둔 부모 입장에서는, 우주에서 단 한 번 일어난 장면을 목격한 것처럼 흥분된 일이다. 아직 세상을 많이 살아보지 않았고 붓 대롱 같은 틈으로 겨우 인생을 들여다보고 있지만, 행복은 거창한 데 있지 않다. 오늘처럼 우리 훈용이가 까탈 부리지 않고 머리를 잘 깎는 모습을 보고 기뻐하고 있으니, 행복도 역시 멀고 먼 미지의 세계에 있는 게 아니다. 곧 행복의 본적은 마음이고 주소는 사소한 곳에 거주하고 있다.

2016. 4. 2.

발톱을 깎으며

꽃마다 각자 이름표를 붙이고 형형색색 형형거리며 피어나고 있다. 꽃비 무성하게 내리는 4월의 봄날 오후가 눈부시다. 토요일 모처럼 집에서 점심을 먹고 발톱을 깎았다. 신문지에 발을 올려놓고 허리를 굽혀 발톱 깎는 일이 쉰 중반을 넘으며 보이지 않는 일거리가 되었다. 손톱은 눈에 잘 보일 뿐 아니라 허리를 활처럼 굽힐 필요가 없어 극성스럽게 깎아 대지만, 발톱은 눈에 잘 보이지 않고 힘이 들어 자란 것을 알고도 그냥 건성으로 넘기는 일이 많다.

거의 하루도 빠트리지 않고 작업실에서 글을 쓰고 밤늦은 시간, 퇴근길에 시내에 있는 천변을 걷는다. 이 시간은 사람이 별로 없어 산책하는 데 안성맞춤이다. 조용해서 시심을 끌어낼 수 있고 운동기구를 기다리지 않고 맘껏 원 없이 이용할 수 있기 때문이다. 며칠 전부터 걸을 때마다 발톱이 아팠다. 아마 발톱이 자랄 대로 자라 신발을 못살게 굴기 때문일 것이다. 그래서 오늘 마음먹고 발톱을 깎기로 했다.

돋보기를 끼고 신문지 위에 발을 올려놓았다. 군대생활 할 때 생긴 발톱 무좀은 내 발가락을 고향 삼아 수십 년 동안 한 번도 떠날 생각을 하지 않았다. 그래서 내 발톱은 두껍고 윤기가 없어 푸석푸석하다. 손톱 깎기를 발톱에 끼운 것부터 애를 먹인다. 발톱이 달아나지 않게 하려고 조심하지만, 어떤 녀석은 날개를 달고 신문지 밖으로 멀리 달아난다. 그러나 쓰잘머리 없고 귀찮게 여겨 내버려 두기 일쑤이다. 어차피 집사람이 청소기로 청소를 할 때 다 생포할 수 있기 때문이기도 하다.

"톡, 톡"

이번에도 어김없이 발톱 몇 개가 날개를 달고 어디론가 사라져버렸다. 발톱은 다시 자라기 때문에 눈앞에 보인 것은 몰라도 어디론가 숨어버린 것을 굳이 눈을 붉히며 찾을 필요가 없다. 발톱은 머리털처럼 한없이 자라기 때문에 소중하게 여기기보다 성가신 존재로 생각할 때가 많다. 어쩌면 닦아내고 덜어내야 할 우리 몸에 낀 때 정도로 여기기도 한다. 발톱을 깎다가 예전에 그랬던 것처럼 두세 개 정도를 잃어버렸다. 이번에도 역시 찾으려 하지 않고 내버려 두었다. 살아오면서 욕심부린 것을 발톱처럼 여겼다면 속 좀 덜 끓이며 살았을 것이다.

이때 텔레비전에서 목포 신항에 누워 있는 세월호에 대한 뉴스가 나왔다. 1천 89일 만에 뭍으로 나온 세월호는 온몸이 상처투성이였고 온몸에 갯벌을 뒤집어쓰고 있었다. 아직도 우리 곁으로 돌아오지 못한 사람이 아홉 명이다. 조은화 학생은 전교 회장을 할 정도로 공부를 잘하고 부모에게 늘 살가운 딸이었다. 허다운 학생은 인천에서 세월호가 출발하던 4월 15일 전날, 가족사진을 찍었다고 했다. 사진은 집에 도착했지만 다윤이는 세월호 속에 남아 있다.

박영인 학생은 축구를 좋아했다. 친구들과 어울려 축구를 즐겼는데, 지금은 축구 대신 세월호 어딘가에 갇혀 있다. 남현철 학생은 기타를 잘 치고 작곡을 직접 했을 정도로 음악에 재능을 가지고 있었다. 현철이가 즐겨 치던 기타는 3년 동안 팽목항에서 고단하게 그를 기다리고 있다. 고창석 체육 선생님은 평소 학생들에게 인기가 대단했다. 혼자 탈출할 수도 있었지만, 학생들을 구하려다 세월호와 함께 바다에 가라앉고 말았다.

양승진 사회 선생님은 학생들을 구하려다 바다에서 깊이 잠이 들고 말았다. 사모님은 선생님이 지금도 곁에 있다고 믿고 있다. 권재근, 권혁규 두 사람은 부자지간이다. 혁규는 자신이 입고 있던 구명조끼를 동생에게 벗어 주었다. 혁규 어머니와 동생은 심장이 싸늘하게 식어 돌아왔지만, 두 사람은 아직도 돌아오지 못했다. 이영숙 씨는 제주도에서 새로운 삶을 살려고 이삿짐을 옮기다 바다에 빠져 아직 돌아오지 못하고 있다.

이들은 지금 뭍으로 올라온 세월호 속에 남아있을 가능성이 크다. 이들을 생각하면서 발톱은 쓰잘머리 없고 귀찮은 존재가 아니라, 누군가의 생명일 수 있고 누군가의 이름일 수 있다는 것을 알았다. 세월호를 바라보며 이들의 그림자라도 찾으려는 가족에게 발톱은 곧 바다에 묻혀 돌아오지 못한 가족의 심장일 수 있다는 것을 뒤늦게 알았다. 발톱을 깎다가 어디론가 달아나 귀찮다고 여긴 발톱이 어느 누군가에게는 간절하게 기다리는 가족일 수 있다는 것을 세월호의 눈빛을 보며 선명하게 깨달았다.

"녀석들이 어디로 갔을까?"

자리에서 일어나 돋보기 렌즈를 닦아 쓰고 어디론가 튄 발톱을 찾아 나섰다. 청소기를 돌리면 그만이었지만, 청소기를 돌리지 않고 일일이 맨눈으로 찾았다. 무릎걸음으로 한참 헤매다 창가에 있는 군자란 화분 뒤에서 새끼발가락 발톱을 찾았다. 진도 앞바다 갯내음이 물씬 났다. 그리고 잠시 후 화장실 입구에 있는 발걸레에 숨어있는 엄지발가락 발톱을 찾았다. 혈관에 피가 흐르고 심장이 뛰는 것을 느꼈다. 세상 모든 것은 이렇게 예쁘고 소중하다.

자식을 가슴에 묻지 못하고 겨울 같은 세월을 살아왔을 미수습 가족에게 바다는 그들이 흘린 피눈물이다. 사랑하는 새끼가 수장된 바다, 한 가정의 아빠와 엄마가 물속에 묻혀 있는 바다는 가족에게 웃자란 아픔이자 슬픔이다. 세월호가 발톱만이라도 품고 있기를, 발톱만이라도 가족 품에 돌아올 수 있기를, 무심히 발톱을 깎다가 뭍으로 올라온 세월호의 처참한 모습을 바라보았다.

아직도 가슴에 묻지 못한 새끼들. 눈에 집어넣어도 아프지 않을 새끼들. 썩어 문드러진 몸으로 돌아온 너희를 안고 이 나라 힘없는 백성들 맥없이 봄비처럼 울었다. 퉁퉁 부은 몸뚱이라도 돌아온 새끼들은 그렇다고 치자. 아직도 돌아오지 못한 새끼들. 너희만 죽은 게 아니라 네 아빠가 죽고 네 엄마가 죽고 너희 형제가 죽고 있다. 아! 4월의 바다. 눈 시린 파도 초록을 동봉하고 온몸으로 슬픔 다시 꺼내 정독하고 있으니, 세월호는 우리에게 무엇인가? 4월의 바다는 이 나라에 무엇인가?

4월, 봄바람에 하얀 목련이 하염없이 지고 있다. 이 봄날 역시 깜박거리며 세월에 묻히건만, 시간은 녹슬지 않고 진도 앞바다 물처럼 흐르건만, 우리 눈물은 메말라 기억은 달빛처럼 지워지고 부글거리던 아픔의 발작 통째 삼키지 않았는가. 그래, 나와는 상관없는 사람들 일이라 여기고 바지에 묻은 흙 툭툭 털고 코 풀고 돌아서지 않았는가. 그래, 그래서 발톱보다 더 못한 백성. 이 나라 나리들보다 더 나쁜 백성들 아니었는가. 홍청망청 다시 4월이 왔다.

"세상에 예쁘고 소중하지 않은 새끼 하나 없으니, 각자 이름을 새기고 발톱만이라도 돌아오게 하소서."

다섯, 무월에서 만난 낮달

무월에서 만난 낮달

여행은 멀리 여럿 날 계획을 세워 여러 사람이 떼 지어 떠나는 것보다 어느 날 불쑥 홀로 가는 것도 나름대로 의미가 있다. 머리를 골똘하게 세워 써야 할 글 속에 빠져 방학을 대부분 보냈더니 몸이 근질근질하기 시작했다. 몇 해 전 다녀온 담양에 있는 창평 슬로시티 마을과 무월마을이 기억 속에서 반들거렸다. 전주에서 순창까지 국도를 시원스럽게 뚫어 생각보다 그렇게 먼 거리도 아닌 데다, 겨울 날씨답지 않게 햇살이 촘촘하여 결심이 시들해지기 전에 차를 몰았다.

순창에 들어서자 점심때가 되어 식당에 들러 허기를 달랬다. 어디 가나 혼자서 먹는 밥은 내 돈을 내고도 주인 눈치를 보며 먹어야 하는 눈칫밥이 되기 일쑤이다. 서둘러 밥을 먹고 담양으로 향했다. 우람한 자태로 길 양쪽에 서 있는 메타세쿼이아는 잎 몇 개씩만 달고 있는데도, 숲처럼 거대하였다. 저렇게 거목이 되는 동안 나무는 얼마나 많은 시간 동안 바람을 품고 살았을까. 때로는 바람에 맞서지 않고 바람결대로 몸을 비틀었을까.

창평 슬로시티 마을은 옛것을 잘 보존하고 있다. 정겨운 담과 흙길, 마을 길을 따라 돌고 도는 개울물, 오래된 고 씨 고가 몇 채. 유일하게 한 채 있는 일본식 목조주택은 커피집으로 변신해 있었다. 홀로인 길손을 꽤 미녀인 주인이 반갑게 맞아주었다. 평일이라서 그런지 사람이 별로 없어 적막이 한적한 풍경과 봉합되어 산중 같았다. 낭창한 남도 말씨로 안으로 들어오라는 안내를 받고 오래된 목탁 앞에 앉았다. 앞마당에 있는 감나무에 까치밥이 하나 달려 있었다.

어색한 분위기를 바꾸려고 언제부터 문을 열었냐고 묻자, 오늘로 딱 일 년 되었다고 했다. 시킨 커피 외에 엿, 강정, 찹쌀떡을 내왔다. 커피잔이 바닥을 보일 즈음 덤으로 반 잔쯤 채워주고서 어디서 왔느냐고 물었다. 전주에서 왔다고 하자 잘 아는 언니가 전주 모 동에 산다고 하면서, 전주는 사람 살기 좋은 곳 같다고 했다. 어디든 사람 살기 좋지 않은 곳이 있겠는가. 사는 게 팍팍할 때 불러낼 사람 한둘 있고, 이런저런 넋두리를 쏟아내도 귀찮게 여기지 않고 쏟아낸 말 차곡차곡 귀담아 들어 줄 이 하나만 있어도 다 살 만한 곳인 걸.

슬로시티 마을에서 무월은 10여 분 정도 걸려 마을을 꼼꼼히 돌아볼 요량으로 자리에서 일어났다. 예스럽고 고풍스러운 것에 애착을 느끼는 것은 나이를 먹어 가는 것과 비례하는 것 아닐까. 흙냄새와 토담, 이끼 낀 기와와 돌담, 담을 끼고 흐르는 실개천이 여러 번 발목을 잡았다. 창평면사무소는 과거 '창평현청'이 있던 자리에 얼마 전 전형적인 한옥으로 새로 짓고 아예 '昌平縣廳'이라 써 붙였다. 입구 한 쪽에 '창평면사무소'란 표식이 있지만, '昌平縣廳'이란 위세에 눌러 기를 쓰지 못했다. 하기야 이름이 얼마나 대수이겠는가. 사람이나 짐승, 자연할 것 없이 이름에 걸맞게 살려고 몸부림치는 것이 아름답지 않겠는가.

창평현청 앞에서 경찰관과 마주쳤는데, 커피 한 잔 마시라고 권했다. 요기를 느꼈던 참이라 볼일도 볼 겸 사양하지 않고 파출소로 들어갔다. 세상에 죄는 안 짓고 살아야 할 일이다. 처음 보는 길손에게 경찰관이 커피를 주겠다고 하니 볼일을 볼 요량이었지만, 선뜻 들어설 수 있었으니 말이다. 그런데 커피는 정작 여자 경찰관이 타주었다. 낯선 사람에게 첫인사는 어디서 왔느냐가 기본이다. 전주에서 왔다고 하자, 얼마 전 전주에 들러 먹었던 비빔밥이 창평시장에서 파는 국밥보다 못했다고 했다. 못했다는 행간에서 비싸고 맛이 덜했다는 불만을 읽어낼 수 있었다.

점심을 눈칫밥을 먹어 그랬는지 먹는 것을 입에 올리자 괜한 허기가 조마조마하게 다가왔다. 커피 마신 것보다 볼일을 보고 나자 궁벽해진 몸이 봄풀처럼 파래졌다. 고맙다는 인사를 남기고 무월마을로 향했다. 무월, 처음 이 말을 대했을 때 달과 무관한 마을로 오독했다. 그런데 마을 동쪽에 있는 망월봉에 달이 뜨면 신선이 달을 어루만진다 하여 붙인 이름이라니 달빛이 얼마나 아름다우면 무월이라 했으랴. 몇 해 전 왔을 때와 달리 마을 입구에 솟을대문을 커다랗게 만든 것 외에는 지난 풍경 그대로였다.

무월마을을 상징하는 것은 이름과 달리 돌담이다. 슬로시티 마을 돌담이 자연스러운 반면에 무월마을 돌담은 마을 가꾸기 사업 목적으로 만들어 인위적이다. 그런데 돌 자체가 자연물이라 눈 밖에 나지 않고 눈에 딱 달라붙어 포근하기까지 하다. 그리고 집마다 붙인 문패를 사람 손으로 일일이 직접 파서 만든 작품이고, 대문이나 공간 하나하나를 예술적으로 작품화하였다. 무월마을은 지붕이 없는 거대한 미술관이나 다름이 없다.

마을을 한 바퀴 돌아 주차장으로 내려오다 서쪽 하늘에 석양이 장미처럼 피는 것을 보았다. 그 풍경을 사진에 담고 돌아서는 순간 제법 살진 낮달을 보았다. 생각하지 않았던 일이 닥치면 당황하기 마련인데, 낮달은 '무월'이란 이름을 배경 삼아 숨 가쁠 정도로 설레게 떠 있었다. 손전화를 꺼내 낮달 표정을 집어넣자 지레 놀란 까치가 울어댔다. 그리움이 조곤조곤 밀려왔다.

산등성이 넘은 댓바람/ 돌담에 눈발처럼 쌓이고/ 겨울 해 붉은 꽃으로/ 어쩔 수 없이 진 허공/ 그 길 따라 오던 낮달/ 까치집 대문 두드린다// 산맥 몇 개쯤 거슬리고/ 돌담 몇 번쯤 넘어서야/ 당신 마음에 낮달처럼/ 휘영청 떠 있을 수 있으랴/ 무월에서 낮달을 만나듯/ 당신 눈빛 곱게 만나랴.

(졸시: 「무월에서 낮달을 만나다」 전문)

2017. 1. 6.

연시戀詩

얼마 전 낸 『마른 풀잎』을 읽은 독자와 통화를 하였다. 오래전 문단에 등단하신 그분은 우리나라 최고대학에서 음악을 전공하셨다. 한때 작은 소모임 문학 동아리에서 서로가 쓴 작품을 감상하며 잠시 교류한 바 있다. 내 시집을 2부까지 읽으셨다며 특별히 「슬픔보다 오래 살면 된다」는 시에 관해 관심을 나타내셨다. 그리고 앞으로 사랑에 대한 시를 많이 써보라고 하시며, 아픔이나 슬픔을 빚은 것처럼 사랑을 어떻게 빚어낼지 궁금하다고 하셨다.

사실 이번에 낸 시집뿐만 아니라 지난번 낸 『잠의 뿌리』 곳곳엔 어떤 대상에 대해 연정을 다룬 글이 많이 있다. 시인은 어떤 대상이든 미치도록 사랑하지 않으면 어휘 하나도 꺼낼 수 없다. 길섶 풀잎에 맺힌 이슬, 맥없이 떨어진 홍시, 길가에 버려져 밑이 빠진 소주병, 허공에 길을 내고 날아가는 새의 몸짓, 누군가 내다 버린 개, 차에 치여 길바닥에 쓰러진 산들 짐승, 팔순이 넘은 어머니 입에서 유산처럼 튀어나오는 전라도 말, 그리고 오랜 아픔으로 인해 고독하고 외로워하는 이름에 이르기까지 모든 것을 품고 뜨겁게 사랑해야 한다.

강의실에서 학생들에게 "누군가를 미치도록 사랑해 본 적이 있느냐?"고 뜬금없이 자주 묻는다. 이 질문을 채운 사람이 한두 명 정도 있다. 그들은 문단에 얼굴만 내밀지 않았을 뿐 이미 시인이나 마찬가지이다. 내가 쓴 글 가운데 「말4– 사랑해요」란 아주 짧은 시가 있다. "이 말 하기 전/ 먼저/ 꼭 할 게 있다." 학생들에게 이 시를 소개하고 나서 "사랑한다고 고백하기 전에 먼저 해야 할 것이 무엇이냐?"고 물어본다. 대답은 묻는 학생 수만큼 다양하다.

시인이 시를 쓰는 시적 대상은 우주 만물이다. 다만 일반 사람이 평범하게 여기고 지나치거나 무관심한 것을 시인은 애정을 갖고 눈여겨 바라본다. 그리고 그 대상과 끊임없이 대화를 시도한다. 비록 말귀를 알아듣지 못하고 심장이 뛰지 않는 돌멩이일지라도 오랫동안 대화를 하다 보면 서로 소통할 수 있다. 돌과 같이 생명이 없는 것도 이러할진대 소소한 존재라도 생명이 있는 자연물은 말할 것도 없다. 그런데 사람은 어쩌랴.

지난주 인문고전 수업시간에 세상살이하면서 자신이 겪은 가장 큰 아픔이 무엇인지 몇몇 학생들에게 물었다. 한 여학생이 1년 전에 사랑하는 애인이 세상을 떴다고 하면서 울었다. 또 한 학생은 사랑했던 남자 친구한테 이별을 당했다며 눈물을 흘렸다. 이들을 보면서 많은 학생이 안타까워하고 마음 아파했다. 그들이 겪은 아픔이 애절한 시가 되어 가슴을 적셨기 때문이다. 사랑하면 기쁨과 함께 아픔도 따라다닌다. 그럴지라도 누군가를 사랑하되 이왕 하려면 미치도록 해야 한다. 그래야 시가 터져 나온다. 그분 말씀을 잘 받아들여 앞으로 연시戀詩에 몰입하려고 한다.

단 한 뼘도 내밀칠 수 없어/ 얼마나 더 비우고 덜어내야/ 그리운 꼬리라도 볼 수 있으랴/ 얼마쯤 더 발을 떼고 옮겨야/ 뼈들 서로 삐걱삐걱 부딪치며/ 우묵한 당신 품에 아늑히 안기랴/ 잠시도 비울 수 없어 애틋하고/ 머뭇거릴 수 없어 간절한 거리/ 당신 생각으로 선뜻 앓던 신열/ 단칸방 같은 맘으로 속 끓이며/ 당신 생각으로 날마다 볼똑하여/ 어쩔 수 없이 푸지게 짜구나겠네.

(졸시: 「짜구나다」 전문)

2016. 3. 13.

우雨에게

우雨야!

우리 아버지, 어머니께서 밭농사 짓는 텃밭에 가뭄의 상흔이 낭자하다. 척박한 땅에서도 관절 꺾일 줄 모르고 자라던 부추는 맥없이 쓰러져 마른 땅과 한통속이 되어버렸다. 한여름 시들해진 밥맛을 고구마 순으로 일으키려고 심은 고구마 모종 역시 불길을 피하지 못한 종이처럼 타고 말았다. 이럴 때 소나기 한줄기만 스쳐 지나가도 목말라 시름하는 풀잎은 초록이 한물 더해져 푸르게 빛날 텐데. 어머니께서 텃밭을 내려다보시며 걱정을 삐걱거리며 하고 계신다.

누군가에게로 흘러내린다는 것, 누군가에게로 기울어 젖어 들어간다는 것은 무엇일까? 흘러내리고 젖어 들려면 길이 있어야겠지. 그 길이 곧 소통의 통로가 아니겠니? 그런데 우린 누군가에게로 흘러내릴 생각을 하기도 전에 미리 길이 막혀 있다고 예단할 때가 많은 것 같다. 누군가에게로 젖어 들기도 전에 상대가 문을 꼭꼭 잠그고 있을 거라고 미리 담을 쌓기도 하고.

그게 바로 나였어. 한쪽 귀는 빗장을 걸어두고 한쪽 귀만 빼꼼히 열어두었으니까, 말(言)의 전신을 내 맘속으로 다 들일 수가 없었지. 한쪽 귀로 겨우 들어온 말은 이목구비 가운데 한 곳이 온전하지 못하거나, 갈비뼈가 부러져 걸음을 제대로 걷지 못해 비틀거리며 들어왔어. 한쪽 귀마저 얇아 듣기에 달짝지근한 말만 골라 집어넣었으니 세상을 얼마나 삐딱하게 바라보았겠니.

아름답지 않은 추억은 몸속 어딘가에 담이 되어 결리기 마련이지. 한참 담에 걸려 앓았단다. 날 살갑지 않게 대했던 낮은 온기를 '갑질'이라고 단정하였고 한쪽 귀로 주워들은 말에 상처를 입고 분노와 증오를 키웠단다. 그날부터 내 시어는 울퉁불퉁해지고 깨진 사금파리를 온몸에 따닥따닥 붙인 것처럼 위태로워지기 시작했어. 하루를 살아도 이렇게 살면 안 되겠다는 생각이 소낙비처럼 내렸어. 바로 오늘.

난 누군가에게로 길을 내고 한줄기 소낙비가 되어 흘러내렸어. 누군가에게 한줄기 소낙비가 되어 내린다는 것은 용기였지. 용기가 날 당당하게 만들었단다. 누군가가 꽉 걸어 잠근 문을 열어젖히려면 그 문을 두드리고 열 수 있는 용기가 필요해. 용기에 진실의 옷을 입히자 바위 같았던 감정이 흐물흐물 녹아내렸단다. 그에게로 깊숙이 들어가자 문제는 딴 곳에 있지 않고 바로 내 안에 있었어. 또 부끄러웠다.

우雨야!

넌 온 세상천지 가보지 않은 곳이 없을 정도로 여행을 많이 했지? 축축하게 젖은 세상보다 메마른 곳이 널 절실하게 기다리고 있다는 것 잘 알고 있지? 난 오늘에야 보았어. 그 누군가의 메마른 땅에 고독하고 외로운 먼지가 뿌옇게 날리고 있는 것을. 그 누군가는 그동안 너무 고독하고 외로워 어느 뉘에게도 따사로운 눈길을 줄 겨를이 없었던 거야. 오히려 누군가의 따스한 손길을 그리워했는지 몰라. 짧은 위로의 한 문장이 절실했는지 몰라.

누군가에게로 한줄기 소낙비가 되어 젖어 든다는 것은 이해이자 용서였어. 오늘에야 누군가를 이해했어. 감히 용서하였지. 그 누군가의 눈빛이 맑아지면서 얼굴이 청명하게 밝아졌어. 아니 그게 내 모습이었을 거야. 그래서 내가 나를 이해하고 용서한 거야. 날 이해하고 용서하고 나자 그렇게 떳떳할 수가 없었어. 이제 시 한 편 써도 되겠다 싶어 올려다본 하늘에 낮달 한 송이 피어 있었지. 지금까지 본 낮달 가운데 가장 부드럽게 떠 있는 달이었어.

우雨야!

오늘 알았어. 누군가에게로 한줄기 소낙비가 되어 흐르는 것은 사랑이란 것을. 오늘부터 그 누군가를 사랑하기로 했어. 그 누군가의 누구까지도. 오늘부터 이들 사이를 잇는 다리가 될 거야. 그들이 날 밟고 건널 때마다 송곳 같은 통증이 온몸을 떠돌아도 아픈 내색하지 않을 거야. 내가 누군가에게로 기울어 젖어 들면 그 누군가도 한줄기 소낙비가 되어 내게로 흘러오리라 믿어. 낮달이 이제 어두운 허공에서 소낙비 같은 빛을 뿌리고 있다.

한줄기 소낙비가 메마른 텃밭을 스치면 어머니의 삐걱거린 걱정 뚝 떨어진 자리에 웃음꽃 환히 피어나겠지. 텃밭에서 시름시름 앓던 생명은 기지개를 푸르게 켜며 직립할 테고. 메마른 텃밭 같았던 마음 해갈되어 오늘 밤, 잠 간 보지 않아도 참 맛있게 오겠다.

2017. 6. 5.

우물

오래전 마을 가꾸기 사업을 하면서 마을 우물을 복원하자고 제의했다. 잊거나 사라지는 우리 생활문화를 복원하자는 취지에서 건의하였다. 그러나 대다수 주민이 상수도가 들어와 불편할 게 없는데 뜬금없이 무슨 우물이냐는 반응을 보였다. 과거엔 마을마다 우물이 있었다. 우물은 마을 사람들 식수원이었을 뿐만 아니라 아낙들이 모여 이야기를 나누는 사랑방이기도 했다. 그래서 남정네들에게 우물은 부엌과 함께 금남의 구역이었다. 어머니 심부름으로 우물에 물을 뜨러 가는 일 외에 사내인 나 역시 우물에 갈 일이 별로 없었다. 다만 우물을 청소할 때는 힘깨나 쓰는 남자들 힘을 빌려야 했다. 사람 키만큼 깊은 우물로 들어가 물을 퍼내려면 남자가 사다리를 타고 내려가야 했기 때문이다.

집안에 무슨 행사가 있으면 다른 때보다 물이 더 필요했다. 이런 날 어머니는 부엌에서 음식을 장만하시느라 분주하였다. 그래서 우물에서 물 길어 오는 일을 한 살 아래인 동생과 내가 주로 했다. 초등학교 5학년 때쯤 일이다. 동생과 함께 물동이를 들고 우물로 물을 뜨러 갔다. 먼발치에서 본 우물 풍경이 다른 때와 달리 특별했다. 칙칙한 몸뻬바지를 입은 네다섯쯤 되는 아낙들 틈에 개나리처럼 화사하고 노란 옷을 입은 여자아이가 끼어 있었다. 얼굴은 한눈에 알아볼 수 없었지만 마치 우유를 바른 것처럼 하얬다. 목소리가 화통 삶아 먹은 것처럼 큰 주열이 어머니가 여자아이 이름 부르는 소리를 들었다.

그 순간 가슴이 뛰기 시작하고 얼굴이 달아올랐다. 마치 차가 급정거하듯이 가던 길을 멈추고 말뚝처럼 서서 내 위아래를 쳐다보았다. 입고 있던 반바지는 무릎이 떨어진 겨울옷을 잘라 만든 것이었고 위에 입은 셔츠는 땟국이 덕지덕지 붙어 있었다. 동생에게 양동이를 건네주며 화장실에 다녀오겠다고 둘러댔다. 집에 이르자마자 대야에 물을 붓고 세수를 했다. 영문을 알지 못한 어머니께서 물을 벌써 길어왔느냐고 물으셨다. 어머니 말씀을 듣는 둥 마는 둥 하고 방으로 들어가 학교 갈 때 입은 옷으로 갈아입었다.

그리고 구멍 난 문틈으로 부엌을 훔쳐보았다. 전을 부치고 계신 어머니께서 잠시 부엌을 비운 사이 샛문을 열고 고기전 두 개를 잽싸게 낚아챘다. 그 고기전을 공책을 찢은 종이에 예쁘게 싼 다음 뒤도 보지 않고 우물을 향해 달렸다. 물을 길어 온 동생이 양손에 양동이를 들고 끙끙거리며 왔다. 으레 양동이를 받아줄 것이라고 여겼던 동생이 양동이를 하나 내려놓았다. 그리고 옷차림이 바뀐 내 모습을 보고 어디 가느냐고 따지듯이 물었다.

"형아! 손에 든 게 뭐야?" 동생은 내가 어디에 가는지 장소보다 손에 숨기듯 감추고 있는 것에 더 관심을 보였다. 물을 길러 오기 전 고기 전 때문에 어머니랑 부엌에서 한바탕 소요를 크게 일으켰기 때문이다. 돌담을 끼고 돌면서 시야에서 동생과 멀어진 것을 확인하고 먼발치에서 우물을 바라보았다. 아낙들은 아까보다 줄어 두 사람쯤 있었고 여전히 소이가 진달래처럼 피어 있었다.

소이는 초등학교 2학년 때 서울로 전학을 했다. 우리 마을에서뿐만 아니라 우리 학교 여학생들 가운데 키가 가장 크고 얼굴도 예뻤다. 그래서 남학생들에게 인기를 독차지했다. 학교 오가는 들길에 핀 토끼풀 꽃으로 내가 목걸이를 만들어 주면 소희는 반지를 만들어 주었다. 배가 고파 무 서리를 하면 무청이 예쁜 것만 골라 소이에게 주었다. 그럴 때마다 소이는 사내아이들이 많았는데도 날 쿡 찍어 껍질을 벗겨 달라고 했다. 이런 탓에 다른 아이들은 우리를 서방 각시라고 놀렸다. 무를 먹고 나면 누구나 할 것 없이 방귀를 뀌었다. 소이는 방귀 소리도 참 예뻤다.

우물에 소이만 남아 있기를 바라는 것은 다른 곳에 큰 우물을 하나 파는 것이나 마찬가지였다. 사람이 더 몰려오기 전에 소이에게 고기 전을 전해주는 게 상책이었다. 이미 동생이 어머니께 내 동정을 이야기했을 터라 이래저래 맷값은 벌어놓은 상황이었다. 알 수 없는 용기가 무를 먹고 나서 터지는 방귀처럼 나왔다. 누가 보든 말든 소이에게 주려고 훔친 고기전을 이왕이면 당당하게 주고 싶었다. 더욱이 꾀죄죄한 옷을 벗고 나름 외출복으로 갈아입었으니 마음만 단단히 먹으면 그만이었다.

"소이야! 오랜만이다. 너 주려고 가져왔어." 당황하는 소이에게 고기전을 쥐여 주고 뒤도 돌아보지 않고 부리나케 달려왔다. 그리고 40년 이상 된 세월이 겨울 오후처럼 허망하게 흘렀다. 작년 가을 소이가 내 시집과 수필집을 읽었다며 전화를 했다. 그리고 「감나무로 서 있는 할매」라는 시에 나오는 시적 대상이 누구냐고 물었다.

별 같은 감꽃/ 뻐꾸기 울음소리에/ 화들짝 놀라/ 분분하게 지는 날/ 햇살 참 고왔지요/ 꿀벌 머물렀던 감꽃/입에 넣어 굴리면/ 단맛 귀하던 시절/ 사탕처럼 달짝했지요/ 허옇게 널브러진/ 감꽃 하나하나 꿰어/ 진쪽에/ 감나무로 서 있지요.

이 전화를 받는 순간 고향에 있는 우물이 생각났다. 이제는 웬만한 시골도 상수도를 들여와 우물물을 먹는 곳이 거의 없다. 우리 삶에서 우물이 사라진 것은 단순히 식수원이 없어진 것이 아니라 공동체와 추억거리가 소멸한 것을 의미한다. 어쩌다 고향에 들를 일이 있으면 소이에게 고기전을 쥐여 주고 도망쳐 왔던 우물터를 눈요기라도 하고 돌아온다. 그때 소이가 나에게 했을 말을 말없음표로 남겨둔 게 많은 시간이 흐른 지금도 추억의 나이테로 새록새록 자라고 있다.

(『좋은 생각』 2017년 10월호 개재)

형!

형!

오월이 비 몇 방울 겨우 떨어뜨리고 인색하게 물러가 버렸네요. 참 세상에. 아까시 꽃 말라비틀어지자마자 먼 산 밤꽃 향기, 꿀벌들 환장하게 불러들이고 있고요. 살다 보면 우리 삶이란 게 내가 하고 싶은 것만 하고 살 수 없는 노릇이란 걸 요즘, 몇 년에 걸쳐 알아차릴 것 단번에 몸으로 새깁니다. "다 때가 있다."는 이 짧은 문장이 무색할 정도로 시 대신 마뜩잖은 글 쓰느라 영혼이 가물고 있습니다.

형!

오늘 아침, 나무는 제 몸에 각자 숲을 지니고 있다는 걸 알았습니다. 난 이순을 몇 발짝 남기고 겨우 깨달았지만, 새는 이미 오래전부터 그걸 알고 있는 눈치였습니다. 솔잎 무성한 소나무 맨 꼭대기 숲 속에 집을 짓고 알까지 낳은 모양입니다. 난 단지 나무를 올려다보았을 뿐인데, 단호하게 우는 소리에 시선을 딴 데로 옮기지 않을 수 없었습니다. 그동안 속을 헤아려보지 못해 지은 죄가 참 큽니다.

길섶에 핀 앉은뱅이 꽃 속을 한 번도 헤아린 적이 없습니다. 그저 꽃이 작다고 얕잡아봤습니다. 길을 걷다 발바닥에 밟힌 돌멩이 속을 한 번도 들여다보지 않았습니다. 그저 귀찮은 존재로 여겼습니다. 잘박잘박 흐르는 개울물을 한 번도 깊이 들여다보지 못했습니다. 그저 바쁘다는 핑계를 달았습니다. 스무 해째 앞 한 번 보지 못한 아들 속을 외면하며 살았습니다. 그저 입버릇처럼 하나님을 원망했습니다.

형!

오늘 아침, 분재분에 난 풀을 뽑았습니다. 자란 지 오래되어 터줏대감 행세를 한 녀석도 있고 호기심이 많아 물음표처럼 생긴 떡잎도 있습니다. 몇 해 전 취미 삼아 배우면서 길렀던 분재들인데, 오래 신경을 통 쓰지 못했더니 고만고만하게 초췌해졌습니다. 잘 돌봐주었을 때는 꽃을 넉넉하게 달고 이런저런 열매를 주렁주렁 매달았는데, 변심한 주인을 잘못 만나 지금은 묵정밭 같은 화분에서 남루한 목숨을 위태위태하게 잇고 있습니다.

살아오면서 분재에만 변심했던 게 아니었습니다. 한사코 함께 살기를 원하지 않으셨던 부모님과 한 지붕 살이 한 지, 여름이 여덟 번 가고 아홉 번째 찾아왔습니다. 부모님과 함께 살면 늘 마음 편하게 해드리고 맛있는 찬 해드리려고 했습니다. 그게 마음먹은 대로 되지 않았습니다. 학생들에게 이전以前이나 이후以後를 가리지 않고 열심히 사랑하려고 했습니다. 그게 어느 날 내 맘 한쪽에 게으름으로 쌓이는 걸 보고 무진장하게 부끄러웠습니다.

형!

키 큰 풀 몇 포기 아침 햇살 등 돌리고 수군거리고 있습니다. 그동안 등 돌리고 등 뒤쪽에 있는 사람들 이름 하나씩 꺼내 도마 위에 올린 적 많았습니다. 오늘 아침, 그 도마에서 언어의 칼로 난도질당한 이름들에게 용서를 빕니다. 흉보고 욕했던 도구로 쓴 언어에게도 똑같이 용서를 구하겠습니다. 내 결핍을 탓하지 않고 상대의 충만을 시기했던 얄팍함을 부끄럽게 여깁니다. '아니다.'라고 용기 내지 못하고 부실하게 고개 끄덕거린 것도 마찬가지입니다. 이제 묵묵하게 내 결핍을 채우고 대놓고 '아니다.'라고 말할 용기를 키우는 데 시간 좀 쏟으렵니다.

형!

내 글 속에 숨어있는 우울을 보고 어제 염려를 발송하셨지요. 사람 사는 동네는 산 밖이나 산중 할 것 없이 바람이 잘 날 없나 봅니다. 오늘도 어느 곳에선가 바람이 예고 없이 불어오겠지요? 그 바람 앞에 내가 가진 것을 내려놓고 몸 구석구석에 구멍을 내지 않으면 찢어지고 말겠지요. 가끔은 그렇게 아프며 바보처럼 살렵니다. 제 걸음을 세지 않고 걷는 낙타처럼 그렇게 걸어가렵니다.

오늘 하루 생애, 숨 쉴 때마다 평화가 깊어지길 빕니다.

2017. 6. 3.

묵도

밥때는 시도 때도 없이 잘 찾아온다. 금방 아침을 먹고 돌아선 것 같은데 점심때가 코앞까지 닥쳤다. 며칠째 달아난 입맛이 돌아올 줄 몰랐다. 가출신고를 할까 망설이다 작업실과 가까이에 있는 콩나물국밥집으로 갔다.

24시간 체인점식으로 운영하는 콩나물국밥집은 점심을 때우려는 사람들로 북적거렸다. 그 많은 사람 가운데 밥을 혼자 먹으러 온 사람은 내가 유일했다. 밥을 혼자 먹으러 다니는 일에 이력이 붙으면서 뻔뻔해지는 법을 터득한 지 오래되었다. 한갓진 자리에 앉아 당당하게 콩나물국밥을 주문했다. 세상을 살다 보면 눈치 없는 사람처럼 행세해야 먹고사는 것이 편리할 때가 있다.

요즘 텔레비전은 대부분 대통령 탄핵과 관련된 것으로 도배를 했다. 쪽지 뉴스 몇 컷이 지나자마자 주문한 콩나물국밥이 나왔다. 수란에 따끈따끈한 국물을 몇 술 붓고 김을 집어넣었다. 온기가 비었

된 속 곳곳으로 고소하게 퍼졌다. 시장하면 뭐든지 맛있는 법이다. 뚝배기에 팔팔 끓여 내놓은 콩나물국밥은 국물 맛이 일품이었다.

잠시 후 군복 모양을 한 작업복을 입은 중년 남자 네 사람이 내 옆 자리에 앉았다. 한결같이 까맣게 탄 얼굴이 찬바람에 빨갛게 익었다. 일행 가운데 나이가 가장 많아 보이는 사람이 소주를 한 병 시켰다. 그리고 밥이 나오기 전에 오징어 젓갈을 안주 삼아 소주잔을 주고받았다. 잔을 비우고 난 뒤 미리 약속이라도 하듯 일제히 "캬아!"라는 감탄사를 내뿜었다.

세상을 살면서 저렇게 명료하게 감동한 일이 몇 번이나 있었을까. 삼백예순 날 글을 쓰지만 내가 쓴 글을 탈고하면서 감탄사를 붙인 적이 얼마나 될까. 그들은 소주를 두 병째 시켜 마실 때도 술잔을 비울 때마다 "캬아!"란 소리를 긴 날숨처럼 내뱉었다. 밥맛이 없을 때 옆에 있는 사람이 음식을 소리 내며 게걸스럽게 먹으면 사그라진 입맛이 신기하게 살아날 때가 있다. 갑자기 입맛이 돌기 시작했다.

직업란에 무슨 일을 하고 있는지 적지 않아도 그 사람이 어떤 일을 하고 있는지 빤하게 볼 수 있다. 네 사람 작업화에 아스팔트포장 골재가 식솔처럼 딸려 있었다. 이 가운데 한 사람 작업화는 구멍이 뚫려 있었다. 뚫린 구멍 사이로 발가락양말이 눈을 내밀다 나와 마주쳤다. 잠시 후 부끄러웠던지 성성한 작업화 뒤로 숨바꼭질하듯이 숨어버렸다. 가난한 주인을 만난 발가락에서 이 땅에서 고단하게 살아가는 아버지들 냄새가 물컹하게 났다.

그들은 뚝배기에 있는 콩나물국밥을 비우는 속도보다 술잔을 비우는 데 더 속력을 붙였다. 빈 술병이 셋으로 늘었을 때 맨 처음 술을 시켰던 사람이 술잔을 한쪽으로 밀어냈다. 그들 앞에 있는 뚝배기에 남아 있던 온기가 지쳐 쓰러질 즈음 한 사람이 전화를 받았다. 전화기를 들고 밖으로 나갔다 돌아오자 세 사람 시선이 그 사람에게 비스듬히 쏠렸다.

"반장님! 가불 좀 할 수 없나요?"
"왜, 또?"
"집세가 밀렸는데 주인한테서 전화가 왔어요."
"너도 알다시피 내가 지금 그럴 형편이 아니잖아."

네 사람 사이에 침묵이 묵묵하게 흘렀다. 그들이 신은 작업화에는 여전히 아스팔트포장재가 덕지덕지 달라붙어 있었다. 저렇게 많은 식솔을 거느린 그들은 뉘 아버지들일까? 어느 집 가장들일까? 내 신발을 내려다보았다. 여섯 식솔 가장으로 분주하게 살아온 삶이 아스팔트포장재 같이 매달려 있었다. 텔레비전에서 특집뉴스를 마치고 일기를 예보했다. 당분간 따뜻했던 날씨가 비가 한 차례 온 뒤 본격적으로 추워진다고 했다.

식사를 마치고 나가는 네 사람 어깨가 축 처져 있었다. 한껏 낮아진 어깨너머로 얼마 전 개원한 대형병원 응급실 표지판이 들어왔다. 가진 것 없고 허기진 사람은 하루하루 사는 삶이 늘 응급상황이다. 사지가 떨리고 숨이 막혀 답답하다. 단지 내색하지 않으려고 힘겹게

딛고 있는 땅속에 가난을 파묻거나 허기를 덮으며 산다. 네 사람이 내 시야에서 완전히 지워지고 나서야 자리에서 일어났다.

식당 문을 나서자 매캐한 담배 연기가 내 코에 와서 부러졌다. 네 사람이 쭈그려 앉아 조곤조곤 담배를 피우고 있었다. 구린내보다 맡기 역겨운 담배 연기가 친애하게 다가온 연유가 무엇이었을까? 지금 당장 닿을 수 없는 곳이지만, 언젠가 갈 수 있다고 생각하며 걷는 것, 곧바로 가질 수 없지만 언젠가 쥘 수 있다고 생각하며 사는 것, 이것이 우리가 살아야 할 이유 아닐까. 우리네 삶이 뚝배기에서 팔팔 끓는 콩나물국밥처럼 따뜻하기를, 서서히 식기를, 내장에 들어가서도 약탕기 보약처럼 자글자글 끓기를.

2016. 12. 10.

아! 하회여!

아침에 일어났더니 온 천지가 눈이다. 산간이라서 눈이 많을 것이라는 선입견과 달리 다른 지역과 비교해 눈이 귀하다고 했다. 그런데 눈이다. 눈에 갇힐지도 모른다는 불안감 끝에 알 수 없는 오기가 발동했다. 어차피 우리 삶의 창밖엔 예상하지 못한 바람이 늘 불지 않던가? 어제 식당에서 먹다 남은 안동찜닭을 전자레인지에 데워 아침을 엉터리로 먹었다. 혈압강하제를 먹어야 했기 때문이다.

숙소에서 하회마을까지는 30분 정도 걸렸다. 다행히 큰 도로는 눈이 녹아 이동하는 데 지장이 없었다. 주차장에 차를 세우고 셔틀버스를 이용해 마을 입구까지 갔다. 아! 하회. 밤새 내린 눈을 외투처럼 걸친 하회가 회전문처럼 열리며 반갑게 맞아주었다. 기와집과 초가, 토담과 돌담, 과거와 현재가 아무런 문제 없이 서로를 토닥거리며 등을 대고 있었다. 마을 동쪽에 있어 '하동고택'이란 이름을 단 '하동고택'은 대문채가 본채와 달리 초가로 되어 있어 어색하기는커녕 찰떡궁합이었다.

ㄱ자형을 한 '염행당' 대청마루에서 본 마을 풍경은 아늑하다 못해 평온하기까지 했다. 사실 '염행당'을 들르기 전 눈길을 먼저 끌었던 안내판이 '하회교회'였다. '하회'가 주는 이미지와 '교회'가 주는 이미지가 역설적이었기 때문이다. 교회는 생각보다 마을에서 멀지 않는 곳에 있었다. 십자가 종탑은 현대적 티를 품고 있었지만, 본당은 추녀마루가 마치 학이 비상하려고 날개를 펴는 형상이었다. 어떤 문화든 서로 공존하고 상생할 때 따뜻하다는 것을 절감했다.

'양오당'은 사랑채, 문간채, 안채, 일각문과 마주하고 있는 사당이 그대로 있는 전형적인 전통가옥이었다. 대문 안팎을 가린 내외담은 조선 사회가 남녀를 얼마나 가리고 따졌는지 흔적으로 남아 있었다. 이런 담은 이제 문화적 유산으로만 남기고 우리 일상과 사회에서 없애야 할 벽이다. '충효당'은 서애 류성룡 선생 종택이다. 일평생을 청빈하게 지내다 삼간 초옥에서 별세한 그를 기리려고 문하생과 지역민이 지었다. '충요당'이란 당호는 선생이 평소 "나라에 충성하고 부모에 효도하라."는 유지를 빌어 붙였다.

마을을 잠시 벗어나 마을을 휘감고 흐르는 낙동강을 보았다. 강줄기는 날씨가 추워 군데군데 얼어붙어 있었지만, 시간처럼 멈추지 않고 흘러가고 있었다. 몇백 년은 족히 되었을 법한 거대한 고목이 삼형제처럼 서서 강과 마을을 번갈아 바라보고 있었다. 아마 마을 안쪽에 있는 삼신당 신목에서 아들을 점지해달라고 빌었다면, 강이 바로 내려다보이는 이곳에서는 가뭄이 들면 기우제를 지냈을 것이다.

'만송정 솔숲'은 풍수적으로 땅 기운이 약한 서쪽 지기를 보완하려고 숲을 만들었다. 간밤에 내린 눈이 녹아내리면서 솔숲으로 떨어지는 물소리가 마치 선비들이 풍류를 즐기는 것처럼 들렸다. 마을이 끝나는 지점에 있는 나루터는 건너편에 있는 '겸암정사'와 '부용대', '옥연정사'와 '화천서원'을 잇는 강나루이다. '겸암정사'는 류운룡 선생이 학문하면서 후학을 기른 곳이고, '옥연정사'는 서애 선생이 관직에서 물러나 『징비록』을 쓴 곳이다.

하회가 기와로 된 고택만 있다면 말 그대로 한옥단지였을 것이다. 그런데 기와집과 초가가 서로 적당하게 물러서서 자리를 내주고 있었다. 그리고 전시용이나 홍보용으로만 존재하는 것이 아니라 다수 가옥에 사람이 살고 있어 사람 냄새가 물씬 났다. 물론 보존에 대한 문제나 살 만한 사람이 없어 개방하지 않는 곳도 더러 있었다. 이런 곳은 주인장이 잠시 외출한 것처럼 보여 허접하지 않았다. 하회는 오래전 물이 돌아나가는 이곳에 터를 잡고 살았던 사람들이 대대손손 옛 것을 잘 보존하고 계승하여 함께 어우러져 살고 있었다. 이런 하회를 유네스코가 2010년 세계문화유산으로 올렸다.

현대를 사는 우리는 직선적이고 성급한 성향이 많다. 어떤 일이든 빨리하지 않으면 남보다 뒤떨어져 낙오하는 것 같고, 강한 어조로 상대 감정을 자극해야 직성이 풀린다. 우리 주위는 끼리끼리 문화가 고착되어 서로 다른 대상을 무시하거나 폄훼하기 일쑤이다. 옛것은 무조건 시대에 뒤떨어진 고리타분한 것이라고 여긴다. 낙동강 강변에 서서 눈 내린 하회를 멀찍이 바라보았다. 그곳엔 과거와 현재, 사람과 자연, 부함과 가난함이 더불어 공생하고 있었다. 하회를 감싸고 흐르는 강줄기와 더불어 공생하는 풍경을 내 안으로 깊이 끌어들였다. 쉰여섯 음력 생일이 얼마 남지 않았다.

아! 하회여!

2016. 1. 30.

얼어 빠진 사과

낯선 곳으로 홀로 떠난다는 것은 자신을 청진聽診하는 것이나 다름없다. 방학 때 세운 계획 가운데 하나가 혼자서 홀연히 떠나는 여행이었다. 1월엔 문학회 회원들과 함께 문학기행을 다녀왔지만, 이번에 택한 곳은 경북 내륙에 자리한 청송과 안동 하회마을을 홀로 가는 것이었다. 청송엔 이 고장 출신 김주영이 쓴 대표작 「객주」를 빌려 만든 '객주문학관'이 있고, 하회마을은 오래전부터 다녀오려고 마음의 꼬리를 몇 번이나 세웠던 곳이다.

쌀 조금 하고 라면 몇 개, 조그만 아이스백에 배추김치, 갓김치, 고들빼기김치를 넣고 차 시동을 걸었다. 핏줄처럼 난 길이 전국적으로 잘 뒤엉켜 있는 세상이지만 전주에서 청송으로 가는 길은 서둘러 직선로를 내어주지 않았다. 하는 수 없이 이 두 곳을 기점으로 말똑 시계처럼 돌아 하룻밤을 한적한 포항 변두리 바닷가 민가에서 묵었다. 등이 땅에 닿을 듯이 굽은 할아버지가 혼자 지내고 계셨다.

묻지도 않았는데 큰아들은 서울에 살고 있고, 작은아들은 포항 시내에 살고 있어 주말마다 들른다고 하셨다. 딸 셋은 충청도와 영덕, 부천으로 각각 출가하여 각자 터를 잡고 잘살고 있다고 자랑하셨다. 이런 자랑 끝에 할머니께서 이태 전 다시는 돌아오지 못할 길로 떠나셨다며 한숨을 여러 번 내뱉으셨다. 한숨 소리가 얼마나 깊었던지 마치 할아버지의 어두컴컴한 목구멍에서 목숨 새어나가는 소리처럼 들렸다. 젊은 사람이 왜 혼자 다니는지, 가족은 있는지, 어디서 왔는지, 성은 뭔지, 무슨 일 하는지, 밥은 먹고 다니는지, 할아버지께서 수많은 의문부호를 호기심으로 풀어놓으셨다.

잠을 깨운 것은 밤새 귓가에 매달려 있던 파도가 아니라 갈매기 울음 소리였다. 그들은 행여 눈물이 얼어붙을지 몰라 끊임없이 울고 있는 것 같았다. 찬이 볼품 있으면 할아버지와 함께 아침을 먹고 싶었지만, 라면 하나로 아침을 간단하게 때웠다. 그리고 구룡포 전통시장에 들러 과메기와 피데기, 반건조 오징어를 샀다. 바다를 끼고 있는 시장답게 바다의 껍질을 벗겨 먹고 사는 사람들로 시장은 온통 갯내음과 비린내가 넘쳤다.

대게 한 마리에 몇만 원 한다는 말을 듣고 게 값 한 번 대개 비싸다고 생각했다. 그리고 튀김집에서 튀김 몇 개 사서 점심으로 달게 먹고 길을 서둘렀다. "일생 끊임없이 이동하며 격정적인 삶을 살아가는 유목민들은 모든 소유물을 몽땅 가지고 다닌다. 가재도구와 가축, 비단과 향수, 씨앗과 소금, 요강과 유골, 물통과 식칼, 빈대와 벼룩, 바람과 빛의 세기를 가늠할 수 있는 예민한 촉각, 적대적인 환경과 싸워 이겨낼 수 있는 용기와 인내심, 하물며 번뇌와 증오, 분노와 저주까지도 항상 몸에 지니고 다닌다. 작가도 그렇다."

길 위의 작가 김주영이 한 말이다. 자기 몸뚱이를 한 곳에 안주하거나 생각을 한 곳에 붙잡아 두지 말고 자신이 소유한 일체를 떠안고 떠돌아다녀야 한다는 말이다. 「객주」는 작가가 1979년 6월부터 1982년 2월까지 4년 9개월 동안 1,465회에 걸쳐 서울신문에 연재한 소설이다. 이 소설을 쓰기 위해 작가는 전국에 있는 장이란 장을 다 답사하였다. 글을 손끝으로 쓴다거나 온몸과 삶으로 쓴다는 말도 일리가 있다. 그러나 우리가 두 발로 우주를 밟고 살듯이 글은 발로 써야 한다고 한 니체 말이 손바닥에 든 풀물처럼 잘 지워지지 않았다.

객주문학관은 폐교한 학교를 예술적으로 개조하여 만들었다. 과거 청송하면 보호감호소를 먼저 떠올릴 정도로 어두침침한 이미지였다. 그런데 자기 지역 출신 소설가를 문학적 자산으로 잘 활용하여 문학 도시로 성장하고 있었다. 객주문학관을 중심으로 펼치는 중장기 계획에 대해 관계자에게 설명을 듣고 나서 풋내기 시인으로서 많은 도전을 받았다. 작가가 쓴 장편소설 『잘 가요 엄마』와 『고기잡이는 갈대를 꺾지 않는다』를 사서 나왔다.

청송은 사과가 유명하다. 청송에서 안동으로 넘어가는 길 양쪽은 온통 사과나무를 기르는 과수원 일색이었다. 어쩌다 복숭아나무가 보이긴 했지만, 다 마신 물 컵 밑바닥에 남은 물방울처럼 존재감이 없어 보였다. 길가엔 군데군데 사과를 파는 농원이 있었다. 제법 큼지막한 농원에 차를 댔다. 실하고 먹음직스럽게 생긴 사과를 커다란

플라스틱 상자에 담아놓고 0만 원 달라고 했다. 너무 싸다고 생각하여 종이상자에 포장해 달라고 했다.

종이상자에 옮겨 담는 과정에서 얼어서 쪼그라들었거나 상처 난 것이 너무 많았다. 그만 물릴까 고민하다 할머니 얼굴을 보는 순간 어머니가 떠올라 더 이상 말을 섞지 않았다. 농산물을 살 때 절대 흥정하지 말고 달라는 대로 주라는 어머니 말씀과 함께 할머니 얼굴에 고생하신 삶이 주렁주렁 매달려 있었기 때문이다. 그러나 라면과 튀김으로 요기를 한 상태에서 상태가 좋지 않은 사과를 0만 원에 샀다는 것은 참 어리석은 일이었다.

안동 하회마을까지 가는 길에 사과를 파는 곳이 많았다. 문제는 할머니한테 산 사과보다 훨씬 값이 싸고 질이 좋았다. 마음속에서 자꾸 "얼어 빠진 사과"에 대한 생각이 걸어 나왔다. 밀어 넣고 쫓으려 해도 "얼어 빠진 사과"가 생각의 문턱을 제멋대로 넘나들었다. 진안 모래재 같은 고개를 두 개나 넘어 안동에 도착했을 땐 산 깊은 땅 겨울 오후 햇살 꼬리가 이미 잘린 후였다. 숙소 주차장에 차를 주차하고 짐을 챙길 때 차 안에 누워 있던 향기들이 일제히 일어났다.

사과 향기였다. 그들은 서로 한 몸이 되어 내 주위를 은은하게 휘감고 돌았다. 오랫동안 운전을 하면 졸기 마련인데 졸음이 한 번도 찾아오지 않았던 이유를 알 수 있었다. 그리고 그들은 내가 하회마을을 찾아가는 길손이란 사실을 미리 알고 있었던 것 같다. 낙동강이 마을을 휘감아 돌아 하회마을이 되었으니 말이다. 내일 아침이 밝으면 이들과 동행하여 하회마을을 둘러보리라.

2016. 1. 29.

여행

세밑이 가까워지고 있다. 몇 년 전까지만 해도 해마다 이맘때면 묵혀두었던 벼루와 붓을 꺼냈다. 그리고 주소록에 있는 이름을 한 사람 한 사람씩 떠올리며 덕담을 한두 문장 정도 써서 보냈다. 이 일을 하려면 맘먹고 하루쯤 날을 잡아야 했다. 잘 쓰지 못한 붓글씨지만 내가 쓴 시를 내 손으로 직접 붓으로 써서 보냈기 때문에 정성을 많이 들여야 했다. 그때는 한 해를 마무리하면서 당연히 해야 할 일로 여겼다.

그런데 벼루와 붓을 쓰지 않은 것은 물론 시중에서 파는 성탄 카드나 연하엽서를 사지 않은 지 오래되었다. 겨우 핸드폰으로 정형화되어 물린 문자를 보낸 정도에 그치고 있다. 때로는 이마저도 잊어버릴 때가 많다. 돌이켜보면 붓으로 글씨를 일일이 쓰느라 힘이 들었지만, 그때가 앨범에 간직한 흑백사진처럼 소중한 추억이 되었다. 물질적으로 넉넉하고 육체적으로 편안했던 것은 추억의 보자기에 잘 들어가지 않는다.

손편지를 쓰거나 받은 일이 언제였는지 오래전 본 영화 제목처럼 까마득하다. 여러 정보기기가 과거에 쓰던 필기구 역할을 대신하고 있다. 요즘 손편지는 고사하고 이메일을 주고받기 어렵다. 핸드폰으로 문자를 주고받기 때문이다. 어떤 기념일이나 명절 때 여러 지인에게 핸드폰으로 축하하거나 축복하는 글을 많이 받는다. 그런데 대다수 문장이나 이모티콘은 벽돌공장에서 찍은 벽돌처럼 그게 그것이어서 물리기 짝이 없다.

요즘 속력이 떨어진 것은 외면받기 마련이다. 그래서 우리 삶은 풍경이 되지 못하고 스쳐 지나가는 바람처럼 허전하다. 이런 속력은 우리 삶 전반에 파고들어 방향을 무시하고 빠름만을 강요하고 있다. 우리가 호흡을 가다듬을 시간조차 없이 마음을 급히 먹고 달리다 보니, 사는 것이 아니라 시간의 사냥개에 쫓겨 기진맥진한 먹잇감 같다. 그렇다고 바삐 살지 말라는 것이 아니다. 짚신을 신고 삿갓을 쓰고 과거로 돌아가자는 것이 아니다.

바삐 걷거나 달리지만 말고 각자 마음의 의자를 만들어 잠시라도 쉬어야 한다. 그리고 자신을 들여다봐야 한다. 다른 사람을 측은하게 여긴 만큼 나 자신을 얼마나 측은하게 여겼는지? 다른 사람을 사랑한 만큼 자신을 얼마나 사랑했는지? 다른 사람을 격려하고 위로한 만큼 자신을 얼마나 격려하고 위로했는지? 내 몸 가운데 아프고 상처 난 곳은 없는지? 자기 몸이 무너지면 어떤 것도 사랑할 수 없다.

늘 급하게 서두르면 중요한 것을 잊을 때가 있다. 잠시 숨을 고르고 마음의 정자를 만들어 주위를 바라볼 줄 알아야 한다. 그리고 정자에 앉아 생각에 옷을 입혀야 한다. 생각에 언어의 옷을 입히면 시가 되고 반성의 옷을 입히면 성찰이 된다. 생각에 추억의 옷을 입히면 첫사랑에 대한 기억이 달처럼 뜨고, 용서의 옷을 입히면 마음에 쌓았던 담을 허물 수 있다. 생각에 배려의 옷을 입히면 얄팍하고 보잘것없는 자존심을 내려놓을 수 있다.

10박 이상 날을 잡아 해외에 다녀오는 것만 여행이 아니다. 바삐 읽던 삶의 책을 덮어놓고 눈을 잠시 감는 것도 여행이다. 밤늦은 시간까지 일하지 않고 자정 이전에 잠드는 것, 오랫동안 전화 한 통 하지 않고 지낸 사람에게 먼저 전화하여 안부를 묻는 것, 커피 한 잔 마시자 했는데 여태 만나지 못한 사람에게 밥 먹자고 전화하는 것, 어느 하루쯤 자동차를 세워놓고 시내버스를 타고 출퇴근하는 것, 그러면서 차에 오르내리는 사람들 표정을 읽고 창밖 풍경을 그리는 것, 이 모든 것이 다 여행이다.

어느 한날한시 시간을 뚝 잘라 극장에 들러 영화를 보는 것도 여행이다. 일정한 시간을 정해 산책하는 것, 서점에 들러 책 냄새를 배부르게 맡는 것, 떠오르는 심상을 글로 쓰는 것, 힘들어하는 사람에게 옆에서 응원하겠다고 손편지를 써서 보내는 것, 통장에 잔액이 간당간당하지만 한 번은 내가 먼저 밥값 내는 것, 누군가 하는 유머를 듣고 배꼽 잡고 웃어주는 것, 기분이 안 좋아시면 뒷산 나무들에게 고래고래 악을 쓰고 웃으며 돌아오는 것, 이것들 역시 여행이다.

올해가 얼마 남지 않았다. 계획했던 일은 많았는데 이루지 못한 것이 더 많아 아쉬움이 크다. 올해 이루지 못한 것을 배낭에 집어넣고 내년으로 여행을 떠나려고 한다. 어디론가 떠난다는 것은 설레고 그 대상과 거리를 가깝게 해준다. 우선 여행을 떠나기 전 몇몇 사람에게 연하장을 보내야겠다. 예전과 같이 먹을 갈아 붓으로 쓸 엄두가 나지 않지만, 핸드폰으로 쓴 엽서는 보내지 않으려고 한다.

2016. 12. 16.

여섯, 나이테

아찔하다

"후드득, 후드득"

잠결에 눈을 떴다. 빗소리다. 4시 28분. "한겨울에 무슨 비?" 의문형 문장이 불쑥 고개를 내민다. 창문을 열어젖혔다. 제법 굵은 빗소리가 통쾌하게 들린다. 달콩이(개 이름)가 인기척을 느끼고 킁킁거린다. 올겨울 눈이 별로 오지 않아 가물었다. 마을 어귀에 집을 짓는 인부들 망치, 오늘은 온종일 발을 뻗고 쉴 수 있겠다.

날이 밝았다. 주일 예배를 드리러 가는 길이 온통 빗물이다. 비가 내린 양을 눈(雪)으로 환산하면 아찔했을 것 같다. 살다 보면 우리 생애 곳곳에는 아찔한 것이 지천으로 깔렸다. 높은 산이나 깎아지른 낭떠러지만 아찔한 것이 아니다. 파란 신호가 빨간 신호로 바뀌는 순간, 가속페달을 밟고 신속하게 지나치면 아찔하다. 내 차 앞으로 예고 한마디 하지 않고 차가 급하게 끼어들면 아찔하다.

우듬지에 단 한 송이 핀 꽃에 꿀벌이 앉으면 꽃이 서둘러 떨어질지 몰라 아찔하다. 허공에 거미가 상량식을 마치고 입주하면 지붕 없는 벽에 금이 갈지 몰라 아찔하다. 풀잎에 맺힌 이슬이 행여 미끄러져 다칠까 아찔하다. 빈 들판처럼 서 있는 나뭇가지에 있는 까치집, 문패 없는 폐가가 될지 몰라 아찔하다. 늘 한 자리에 묵묵히 서 있는 산, 온데간데없이 떠날까 봐 아찔하다.

바람은 아찔하다는 것과 이웃사촌쯤 된다. 바람에 흔들리는 갈대 목이 꺾어질지 몰라 아찔하고, 짧은 치마가 바람에 뒤집힐지 몰라 아찔하다. 바람을 가르며 허공을 비행하는 새 깃털이 하나라도 빠져 냉기가 몸에 닿을까 아찔하다. 원각사 처마에 매달린 풍경風磬 소리가 낙상할지 몰라 아찔하고, 빨랫줄에 걸린 빨래가 바람 따라 집을 나서버릴지 몰라 아찔하다.

대숲은 바람의 몸짓이다. 대숲은 바람이 지나는 곳으로 일목요연하게 일제히 아찔하게 기울다 유연하게 제 모습으로 되돌아온다. 바람의 향방에 따라 대숲이 곡哭을 하면 대나무 잎은 만장처럼 아찔하게 휘날린다. 바람이 지나간 대숲은 한동안 수전증을 앓은 사람 손처럼 아찔하게 떤다. 그 손으로 내민 죽 향이 흔들의자처럼 흔들리다가 멎는다.

날씨가 삼박하게 추워지면서 들고양이 울음소리가 날카롭게 아찔하다. 쓰지 않은 개집을 외진 곳에 두고 밥그릇에 고봉으로 밥을 올려놓았다. 고양이에게 쫓긴 들쥐 꼬리가 아슬아슬하게 아찔하다. 들짐승이나 사람이나 겨울은 아찔하다. 난방비 때문에 등이 따셔도 아찔하고 등이 차가워도 아찔하다. 난방비만 아찔한 것이 아니라, 전기요금도 덩달아 몸집을 불려 아찔하다.

집에서 온 부재중 전화도 아찔하다. 팔순 넘은 부모님과 복합장애를 앓은 아들에게 무슨 일이 생긴 것 같아 아찔하다. 오랫동안 연락을 툭 끊고 산 사람이 느닷없이 전화하여 근황을 물으면 아찔하다. 더욱이 자신은 중학교나 고등학교 동창이라고 하는데, 그 이름이 전혀 기억나지 않을 때 아찔하다. 게다가 내 근황을 샅샅이 파악하고 있으면서, 무슨 물건이나 회원권을 사 달라 하면 아찔하다.

지금은 좀 뜸해졌다. 얼마 전까지만 해도 나와 관련된 일을 신문사에서 싣거나 모 일간지에 내가 칼럼을 기고하면, 이런저런 곳에서 전화가 왔다. 대부분 물건을 사달라고 하는 것이 대부분이다. 이럴 때뿐만 아니라, 전화를 서너 번 하거나 문자를 보냈는데도 응답이 없으면 아찔하다. 반대로 전화를 할 상황이 되지 않아 전화를 못했는데 오해를 받으면 아찔하다.

얼마 전, 아끼는 제자가 찾아와 사랑하는 남자 친구와 헤어질 것 같다고 했다. 아찔했다. 너무 사랑하여 결혼까지 하려고 했는데, 남자 친구가 다른 여자를 만난다는 것이다. 내 앞에서 눈물을 흘리며 아파하는 제자에게 마땅히 해 줄 말이 없었다. 또 다른 제자가 남자 친구와 헤어져 깊이 앓았다. 이 제자를 생각하며 쓴 시이다.

네 비보 여러 번 읽는다/ 변하지 않을 것 같았던 사랑 끝났다고? / 끝난 사랑 이미 먼 과거지/ 이별 앞에서 의연해야 한다는 걸 깨달았다고?/ 의연함과 깨달음 이별 뒤차 타며 오고/ 사랑 시름시름 아픈 거야/ 여러 각도에서 봐도 그대로지 않아/ 네 아픔도 영원할 일 아냐/ 지금 그 아픔 실컷 추종해라/ 어느 세월엔가 지겨워진 아픔 때문에/ 네 정신 광활하게 맑아질 거야/ 행여 다신 사랑하지 않겠다고 마음먹지 마라/ 아플지라도 다시 사랑해라/ 폭폭 앓으며 사랑해야 한다.

(졸시: 「소브다에게」 전문)

서로 사랑할 때는 모르지만, 이별은 아찔한 허방이다. 두 제자가 허방에서 아찔하게 벗어나 폭폭 앓으며 다시 사랑에 빠지면 좋겠다. 다시 사랑하지 않겠다는 것은 거짓말이다. 사랑은 아플지라도 해야 한다. 아찔하게 허방에 또 빠질지라도.

2017. 12. 25.

읽다

세상살이하면서 읽을 것이 책뿐이랴. 곰곰이 생각하면 삼라만상 모두가 다 읽어야 할 대상이다. 읽는다는 것은 보는(觀) 것과 관련 있다. 영화를 보려고 극장에 갔다. 제목은 '1987'이다. 이 영화를 한쪽 한쪽 넘겨 볼 때마다 이 시대에 겪었던 질곡의 역사가 고스란히 되살아났다.

박정희가 총애하던 부하가 쏜 총에 맞아 죽었다. 이 틈을 타 쿠데타를 일으킨 전두환이 정권을 잡았다. 전두환 정권은 박정희 못지않게 민주화 부르짖은 인사를 여러 누명을 씌워 탄압했다. 총을 든 군인에 맞서 민주주의를 노래한 광주시민을 수없이 죽였다. 민주주의 횃불을 밝힌 선량한 시민을 폭도라 했다. 지금도 5·18은 종결되지 않고 풀리지 않는 수수께끼로 남아 있다.

총에 맞아 죽은 시민은 많은데, 그들을 죽이라고 한 사람은 아직 나타나지 않고 있다. 망월동에 묻힌 사람은 영문을 모르고 침묵하고 있는데, 지금도 그들의 죽음에 색깔을 덧칠한 사람이 있다. 역사를 보는 눈을 '사관'이라 한다. 우리나라 역사교육은 철저하게 왕조를 중심으로 한 사관 일색이었다. 게다가 일제의 식민사관까지 구겨넣어 비민주적인 정권의 핫바지 노릇을 했다.

일제의 잔재인 고문은 우리 역사의 음울한 그림자이다. 고문은 생존에 대한 본능을 이용하여 불안과 공포를 최대로 느끼게 한다. 살아있는 것에 대해 굴욕감을 주고 인간관계를 무참하게 파괴한다. 이 땅이 자유하고 국민이 주인인 민주화를 이루는 과정에서 많은 사람이 피를 흘렸다. 고문으로 심장이 멎거나 가정이 해체되었다.

역사는 은폐를 용납하지 않는다. 정의의 바람이 계절에 상관없이 늘 불어 진실을 밝히기 때문이다. 당장 감출 수 있을지 모르지만, 모래밭에 있는 돌처럼 언젠가 실체를 드러낸다. 열사 '박종철'은 물고문을 당하다 죽었다. 전두환 정권은 "책상을 딱 치니 억하며 쓰러져 심장마비로 죽었다."고 덮으려고 했다. 우리 젊은이가 책상 치는 소리에 놀라 심장이 막힐 정도로 나약하지 않다.

그들은 이승만 정권이 저지른 부정선거를 용납하지 않았다. 부마항쟁이나 6월 항쟁, 광주민주화운동을 일으킨 주동 인물이다. 그들은 돈을 위해 정의의 노래를 부르지 않았다. 자유에 대한 허기와 민주주의에 대한 갈증 때문에 피를 흘리며 바람 역할을 했다. 이 바람은 미풍처럼 고요하고 은밀하게 불다 민주화의 거대한 태풍이 되었다.

역사를 발전시키는 주체는 소수 엘리트가 아니다. 깨어서 현실을 비판적으로 읽고 행동한 민중이 역사를 발전시킨다. 이제 고문을 가했던 장소를 없앴고 10여 년 만에 민주적인 정부가 들어섰다. 과거와 달리 국가권력이 물리적 고문을 가하는 일은 없다. 대다수 국민이 이렇게 믿고 있다. 사회 환경이 급변했고 민주주의가 성숙했기 때문이다. 문재인 정부가 벌이는 이른바 '적폐청산'에 관한 것을 보면, 지난 두 정권이 은폐하려고 한 것이 많았다. 정권이야 몇 년쯤 잡을 수 있지만, 이 몇 년은 장구한 역사의 한쪽에 불과하다.

영화는 시종 장면이 빠르게 전환되어 긴장감을 고조한다. 이 가운데 기억에 남는 것이 태희가 "이렇게 한다고 세상이 바뀌나요?"라고 묻는 부분이다. 영화 「1987」은 "사람이 죽어 가는데 가만히 있어야 해? 힘차게 움직이는 사람들에 의해 세상은 바뀐다."고 확언한다. 역사에서 생명의 존엄성을 망각한 권력은 오래가지 못하고 자멸했다.

힘차게 움직이는 사람은 바람을 일으킨다. 이들은 현실을 바로 보거나 바로 읽을 줄 안다. 어느 곳이든 바람을 일으키는 사람이 있어야 그가 속한 세상을 바꿀 수 있다. 역사가 여러 정황을 통해 잘 보여주고 있다. 우리 역사에서 민주화 바람이 불지 않았다면, 우리 현재는 암울하고 미래는 참담했을 것이다. 아직도 우리 사회 구석구석에는 관습이나 관행이란 가면을 쓴 비민주적인 것이 많이 자리 잡고 있다. 우리가 이것을 읽는 독자가 되어야 하고, 힘차게 바꾸는 바람이 되어야 한다.

2018. 1. 4.

관심

“이 녀석이 다녀갔나?”

집에 있는 솔밭 한쪽에 들고양이 집을 마련해줬다. 12년생 된 반송이 밀식되어 있어 들고양이가 사는 데 제격이다. 예전에 개집으로 쓰던 것을 사람 눈에 잘 띄지 않는 곳에 뒀다. 헌 옷을 깔아주고 날마다 먹이를 주자 하루도 빠지지 않고 녀석이 다녀갔다.

얼마 전 모 교수님이 주도하셔서 몇몇 교수님과 반려동물을 사랑하는 모임을 만들었다. 처음에는 별 관심이 없었다. 반려동물을 기르지 않을 뿐만 아니라, 시간 내는 것이 부담스러웠기 때문이다. 한 달에 한 번씩 만나 세미나를 하고 다음 학기에는 함께 강의과목으로 개설할 계획을 세웠다.

모임 이름은 ‘한반도’ (한일 반려동물 모임)이다. 한일은 우리 학교를 뜻하고 모임은 ‘한반도’에서 도徒를 만들려고 썼다. 흔히 도徒가 ‘무리’라는 의미로 알고 있지만, ‘동아리’라는 뜻을 가지고 있다. 글을 쓸 때 제목이 중요한 것처럼 상호나 모임 이름도 중요하다. 그 교수님은 예술적 상상력이 탁월하여 작명하는 것이 남다르다.

어떤 일을 하든지 이념이 있어야 한다. 그래야 정체성이 있고 추구하는 목적을 이룰 수 있다. '한반도'가 추구하는 이념은 세 가지이다. 첫째, 우리는 동물과 인간이 상생하는 공영세상을 꿈꾼다. 둘째, 우리는 모든 생명을 존중하며, 모든 차별을 반대한다. 특히 종차별을 반대한다. 셋째, 우리는 동물이 지금보다 더 나은 삶을 누리며 살도록 힘쓴다.

동물보호법 제1장 총칙 제3조는 동물을 보호하는 기본원칙에 관해 규정하고 있다. 동물이 본래 습성과 신체 원형을 유지하면서 정상적으로 살 수 있도록 할 것, 동물이 갈증 및 굶주림을 겪거나 영양이 결핍되지 않도록 할 것, 동물이 정상적으로 행동을 표현할 수 있고 불편함을 겪지 않도록 할 것, 동물이 고통 · 상해 및 질병으로부터 자유롭도록 할 것, 동물이 공포와 스트레스를 받지 않도록 할 것이다.

그동안 동물이나 물고기, 곤충을 소재로 글을 많이 썼다. 황소개구리, 하루살이, 비둘기, 배추벌레, 새, 어름치, 파리, 백구, 미호종개, 까치, 기러기, 광어, 잉어, 고라니, 버림받은 개에 이르기까지 다양하다. 한겨울 누군가 버린 개를 만났다. 목요일에 만났다 하여 이름을 목요라고 지었다. 목요를 소재로 「목요와의 만남」과 「목요일기」란 글을 몇 편 썼다. 급 굽잇길에 쓰러져 죽은 고라니를 보고 「눈 맑은 고라니에게」란 글을 썼다. 역시 차에 치여 죽은 까치를 햇살이 잘 드는 곳에 묻고 「까치의 부고」와 「까치의 장례」란 글을 썼다. 얼마 전에는 집에서 기르는 개 달콩이를 소재로 「아프지 말아야지의 뒷말」이란 시를 썼다.

짧지만, '한반도' 모임을 통해 동물을 사랑하는 마음이 동심원처럼 더 커졌다. 대상에 대해 애정이 없으면 좋은 글을 쓸 수 없다. 비록 사람과 같은 언어로 말을 하지 못하지만, 동물도 우리와 같은 감정을 가지고 있다. 배가 고프면 허기지고 날씨가 추우면 떤다. 죽음에 대한 불안이나 공포를 느끼고 슬픔에 대해 눈물 흘릴 줄 안다.

그들도 돌아갈 집이 없거나 가족이 없으면 노숙자처럼 정처 없이 떠돌기 마련이다. 들고양이 집을 마련해주고 끼니를 챙겨준 것은 '한반도'에 참여하고 나서 한 일이다. 이전에는 들짐승으로 태어났으니 당연히 자기 능력으로 생존해야 한다는 당위론에 빠져있었다. 오히려 녀석에 대해 반감을 품었다. 쓰레기봉투를 무허가건물처럼 해체해놓거나, 몽니를 부리듯 잔디밭 곳곳에 똥을 싸놓았기 때문이다. 특히, 발정기에 우는 고양이 울음소리는 백색소음과 한참 동떨어져 듣기에 거북했다.

밤마다 아중천변을 산책하면서 종종 길고양이들을 만난다. 온갖 몸짓으로 부르고 다가가지만, 붙임성이 있는 녀석이 별로 없다. 간혹 붙임성이 좀 있다 싶은 녀석은 눈빛만 경계를 풀뿐, 나름대로 정한 거리를 절대 좁히지 않는다. 어떤 대상이든 관심을 가져야 사랑할 수 있다. 사랑은 다른 사람을 애틋하게 그리워하고 열렬히 좋아하거나, 아끼고 소중히 여기는 마음이다. 또 어떤 대상을 매우 좋아해서 아끼고 즐기는 마음이다.

생명을 가진 것은 대부분 아름답다. 함형수 시인은「해바라기의 碑銘」이란 시를 썼다. 청년 화가 L은 “나의 무덤 앞에는 그 차가운 빗돌을 세우지 말고, 노오란 해바라기를 심거나 보리밭을 보여 달라.”고 했다. 비석은 비생명적이지만, 해바라기나 보리밭은 생명성을 의미한다. 이 생명성을 청년화가 L의 정열적인 예술혼으로 시인은 승화하고 있다. 생명이 아름답지 않으면 예술적 소재가 될 수 없다.

우리 주위에 시간과 돈을 들여 길고양이를 돌보는 사람이 많다. 이런 사람은 생명을 지극히 사랑하는 마음을 가지고 있다. 생명을 사랑하는 사람은 평화와 공존을 추구한다. 과거보다 종 다양성이 줄어들면서 건전생태계가 파괴되고 있다. 나비가 살지 못하는 환경에서 사람이 살 수 없다고 한다. 고양이가 살지 못하는 환경에서 사람이 살 수 없는 세상이 오지 말란 법이 어디 있겠는가?

만월이 돌올하게 떴다. 달빛은 어느 한 곳에 치중하지 않고 지천을 공평하게 밝히고 있다. 움직이는 것, 멈춰 있는 것, 깨어 있는 것, 잠든 것, 높은 곳에 있는 것, 낮은 곳에 있는 것 어느 하나 차별하지 않는다. 저 달빛 아래 사람이나 들고양이나 똑같은 생명일 뿐이다.

2018. 1. 1.

외출

"우와! 외출이다."

주인이 목줄을 풀어주었습니다. 내 이름은 달콩이입니다. '알콩달콩'이란 말 들어봤지요? 누나와 싸우지 말고 알콩달콩 지내라고 원래 주인이 지어 줬습니다. 누나와 헤어져 이곳으로 온 지 석 달쯤 됐습니다. 한동안 엄마와 누나가 보고 싶어 얼마나 많이 울었는지 모릅니다. 새 주인과 식구들이 예뻐해 주는 바람에 잊고 지내지만, 불쑥 생각날 때가 많습니다.

몸이 아플 때는 더욱 그렇습니다. 달포 전쯤, 설사를 심하게 하고 아무것도 먹지 못했습니다. 주인이 꿀물을 가져다주었지만, 아픔을 달게 해주지 못했습니다. 엄마와 누나에 대한 그리움이 아침 안개처럼 피어올랐습니다. 주인을 따라 병원에 두 번이나 가서 주사를 맞고 약을 먹고서야 나았습니다. 몸이 아프니까 생각이 약해지고 꿈을 꿀 수 없었습니다. 언젠가 엄마한테 돌아갈 수 있다는 꿈 말입니다.

이틀 걸러 한번 꼴로 집배원 아저씨가 다녀갑니다. 우편물 대부분은 주인 이름자 끝에 '시인님'이란 말이 붙어 있습니다. '시인님'이 무슨 말인지 몰랐을 때, 우리 주인은 욕심이 많은 사람이라고 생각했습니다. 쓰기 힘들고 부르기 불편하게 이름을 길게 지었다고 단정했습니다. 우리 주인이 쓴 시 가운데 내 이름이 들어간 것이 있어 소개하려고 합니다.

아버지 안과 모시고 가는 길에 입맛 잃은 달콩이 함께 병원에 데리고 갔다. 집사람 오는 길에 콩나물 1,000원짜리 한 봉지 사 오랬다. 팔순 아버지 안과 진료비 1,500원. 달콩이 주사 처방 약 조제 사료 포함 3만 8,670원. 아버지 달콩이 머리 쓰다듬으시며 "이놈아! 아프지 말아야지." 달콩이 시선 밖으로 꺼내지 못하고 자꾸 안으로 말아 넣었다.

마트에 들러 1,000원짜리 콩나물 한 봉지 달랑 사 들고 차에 올랐다. "이놈아! 아프지 말아야지." 아버지 이 문장에 되돌림표 붙여 노래 멎지 않으셨다. 모서리 닳아 완곡해진 갈 볕 달콩이 옆에 누워 집에까지 따라왔다. 차에서 내린 달콩이 언제 밥맛 잃었냐는 듯이 뒤따라온 갈 볕 알콩달콩 손잡고 뛰었다.

이놈아! 아프지 말아야지.
(「이놈아! 아프지 말아야지의 뒷말」 전문)

맘대로 될지 모르지만, 아프지 않아야겠다고 다짐했습니다. 우리 주인은 아침에 바람처럼 나갔다 자정 언저리쯤 파김치가 되어 돌아옵니다. 도대체 무슨 일이 그렇게 바쁜지, 좀 일찍 귀가할 수 없는지 참 안쓰럽습니다. 오늘은 무슨 바람이 불었는지, 나랑 함께 나갔다 오자고 했습니다. 신이 났습니다. 집 밖으로 나서자 바람이 다디달게 불었습니다. 목적지는 묵방산 아래에 있는 원각사가 분명합니다. 반사경으로 원각사 방향으로 난 길을 먼저 확인했습니다. 차가 인정없이 속력을 내기 때문입니다.

길을 가다 꽃을 보았습니다. 그 꽃은 메마르고 비틀려서 향기 한 푼 나지 않았습니다. 눈꺼풀이 풀리고 추위에 부르터서 절망으로 견인될 처지였습니다. 선명했던 색채가 가난해져 고물상으로 실려 갈지 몰랐습니다. 잠시 그 꽃의 영화로운 시절을 떠올렸습니다. 지나는 사람들이 발을 멈추고 바라보았겠지요? 꿀벌이 몰려들어 온몸 간지럽게 애무했겠지요? 그때가 한때였다면, 지금도 꽃은 다른 한때를 살고 있습니다. 젊음만이 생애가 아니니까요.

몇 개 달리지 않은 나뭇잎이 위태롭습니다. 차마 내려놓지 못한 것으로 인해 우리 삶이 간당간당할 때가 많습니다. 하나를 갖고 나면 둘을 가지려는 탐욕의 끈을 끊지 못하며 삽니다. 우리 생애의 나무에 가장 위태로운 것은 탐욕의 잎입니다. 허공에 길이 있습니다. 그 길로 차가 많이 다닙니다. 차를 타고 먼 곳으로 여행하고 싶습니다. 어느새 내 안에도 탐욕이 음울하게 자라났나 봅니다. 주인과 함께 외출하며 느낀 행복이 금방 시들해졌으니까요.

꽁꽁 언 저수지에 아침 햇살이 고요하게 미끄러집니다. 눈이 부십니다. 살다 보면 눈부신 것이 햇살뿐이겠습니까? 큥큥 앓다 아픔 견디고 얻은 흉터가 눈부시고, 젖은 슬픔을 말리고 웃는 웃음이 눈부십니다. 한 해가 황망하게 가고 어김없이 새해가 오는 것, 모래언덕 같은 세상 어딘가에 샘물이 솟고 있는 것이 눈부십니다. 어렵고 힘든 일을 겪을 때 위로하고 격려하는 말 한마디가 눈부십니다. 눈부신 것은 우리 영혼을 잠들게 하지 않으니까요.

경고장이 눈에 띕니다. "전기 울타리, 감전 위험, 접근금지" 이 푯말은 수신자가 멧돼지지만, 유쾌하지 않은 문장입니다. 전기 울타리로 멧돼지 출입을 원천봉쇄할 수 있다는 발상이 수심을 깊게 만듭니다. 어린 자식을 굶게 할 수 없어 분유를 훔친 엄마 이야기를 종종 듣습니다. 이런 모정을 멧돼지도 가지고 있습니다. 모정은 감전을 무릅쓰고 전기 울타리를 뛰어넘습니다. 건강한 엄마 마음으로 세상과 사물을 보면 사랑이 싹틉니다. 엄마는 사랑이니까요.

山門에 이르렀습니다. 돌멩이 천지입니다. 대숲에서 竹香이 군락을 지어 몰려오다 몇 가닥 돌부리에 걸려 넘어집니다. 다시 일어나 山門 밖으로 걸어갑니다. 우리 생애의 길에도 돌멩이가 깔려 있습니다. 살다 보면 맥없이 돌부리에 미끄러져 넘어질 때 있겠지요? 아무 일 없었던 것처럼 일어나 흙먼지 털고 다시 걸어야 하지 않겠습니까?

2017. 12. 30.

까치의 장례

등굣길에 눈물을 흘리며 달리는 장의차량 행렬을 보았다. 누군가 한 생을 마감하고 이 세상에서 마지막 길을 떠나고 있다. 지나가는 상여를 보면 재수가 좋다는 말이 지금도 유효기한이 지나지 않았는지 모르겠다. 집에서 학교 오가는 길은 시내를 거치지 않고도 지름길이다. 집과 학교가 시내와 떨어져 있어 누리는 호사이다. 특별한 일이 없는 한 강의시간과 관계없이 미리 여유 있게 학교로 출발한다. 그래야 차창 밖 풍경을 내 마음속에다 그릴 수 있기 때문이다. 산은 늘 그 자리에 있지만 볼 때마다 낯빛이 다르고, 나무는 제 자리에서 한 걸음도 뗀 적이 없지만, 표정이 다양하다. 얼마 전까지 상수원 보호구역으로 발이 묶였던 상관저수지는 작년에 자유스러운 몸이 되어 생기가 돈다. 아침 햇살을 저마다 머리에 인 윤슬이 어깨동무하고 눈이 부시다.

아찔하게 휘돌아가는 굽잇길 상공에 한 무리 까치 떼가 왁자지껄

소란스럽다. 상공뿐 아니라 길에도 여럿 마리 까치가 떼를 이뤄 분주하게 오르락내리락한다. 차를 갓길에 세우고 자세히 보니 길바닥에 무엇인가 피범벅이 되어 쓰러져 있다. 아마 차에 치여 죽은 들짐승을 허기진 까치들이 와서 먹으려니 생각했다. 차가 다가가자 까치떼가 일제히 칼바람을 일으키며 공중으로 솟아올랐다. 살면서 순간순간 탈고되지 않은 소설을 썼다가 지운 적이 많다. 까치가 자리를 비킨 곳에 까치 한 마리가 쓰러져 있었다. 얼마 전까지 모여 있던 까치들이 부음을 받고 문상하러 온 것이 분명했다. 차 속에 있는 쇼핑백을 꺼내 죽은 까치를 화장지로 싸서 넣었다. 까치 몸에 자동차 발자국이 선명하게 박혀 있다.

생명이 있는 것은 언젠가 다 죽기 마련이다. 이별 가운데 가장 슬픈 것은 죽음이다. 다시는 이 땅에서 볼 수 없기 때문이다. 우리가 죽음을 예감할 수 있다면 삶의 모퉁이를 돌기도 전에 미리 들여다볼 수 있어 허망스러울 것이다. 죽음으로 인한 슬픔은 사람만 느끼는 게 아니라 동물도 마찬가지이다. 119에 까치가 쓰러져 있다고 전화했다. "장난 전화를 하면 200만 이하 과태료를 부과한다."고 하면서 뾰쪽하게 전화를 끊었다. 119는 화재를 예방하고 사고현장에 출동하여 구조 활동을 촌각을 다투며 해야 한다. "까치의 명복을 빕니다. 그러나 저희는 그 업무를 취급하지 않습니다."라고 한마디 해줬으면, 객사한 까치에 대한 측은함이 덜 했을 것이다.

허공에 모여 있던 까치들이 만선으로 돌아오는 배 꽁무니를 따르는 갈매기처럼 차를 따랐다. 영정을 싣고 운구차를 인도하는 선도 차처럼 비상등을 켰다. 학교 주차장에 이르렀을 때 뒤따르던 까치의 비행이 멈추고 하늘은 시리게 푸르렀다. 이른 오후에 있는 강의를 마치면 집 뒷산에 까치를 묻어줄 요량으로 죽은 까치를 그대로 차에 두고 내렸다. 인문고전『논어』수업 시간에 유별스럽게 마음에 끌리는 말씀이 있었다. "공자께서는 낚시질하여도 그물질을 하지 않으셨으며, 주살질은 하셔도 둥우리에 깃든 새를 쏘아 맞히지는 않으셨다." ('술이' 26절) 오늘날 우리 사회는 생명감수성지수가 떨어져 생명에 대한 경외감이나 존중감이 사라지고 있다.

한때는 "까치가 울면 반가운 소식이 온다." 하여 까치를 길조로 여겼다. 배가 고팠던 시절 우리 조상은 감을 다 따지 않고 우듬지에 까치가 먹을 만큼 남겼다. 이른바 까치밥이다. 지금은 까치가 농작물에 피해를 주는 주범이 되어 천덕꾸러기 신세가 되었다. 우리는 과수원 주변을 그물로 둘러쳐 까치가 얼씬하지 못하게 하거나, 까치가 지은 집을 무허가 건축물쯤으로 여기고 부수는 것을 당연하게 여긴다. 이런 상황에서 길바닥에 쓰러진 까치를 뒷산에 묻어주려는 나 자신이 대단히 생명을 존중하는 생명주의자 같아 쑥스럽다. 오래전 두 딸을 가슴에 묻고 인생을 울퉁불퉁 걸어왔다. 두 딸을 지켜주지 못한 아픔과 죄의식 때문에 가슴이 늘 먹먹하게 아렸다.

특히 둘째 딸은 내 손으로 직접 묻어주지 못해 한순간도 마음이 편치 못했다. 그래서 길바닥에 쓰러진 까치를 보고 나도 모르게 딸 생각이 났는지 모른다. 인문고전 수업을 수강하는 간호학과 학생은 팔할이 여학생이다. 한참 꽃같이 피어나는 여학생들을 보면 불쑥불쑥 생각 속에서 딸이 걸어나온다. 요즘처럼 나무가 제 몸에 단 잎을 다 내려놓고 첫눈을 기다리는 때가 되면 딸 생각이 모락모락 피어오른다. 이런 날, 녀석이 산소 호흡기를 빼고 나뭇잎처럼 떨어져 내렸기 때문이다. 내가 할 수 있는 일이 아무것도 없었다.

강의를 마치고 짧은 오후 해가 묵방산 공제선을 넘기 전에 서둘러 집에 도착했다. 심장이 차갑게 식은 까치를 화선지에 곱게 싸서 뒷산으로 갔다. 온종일 햇볕이 오래 머무는 곳을 골라 땅을 팠다. 볕이 잘 드는 곳이라 땅속에 온기가 고스란히 남아 있었다. 까치 무덤을 평장으로 만들고 낙엽으로 따뜻하게 덮어주었다. 묘비 하나 없이 쓸쓸했다. 그러나 그가 차 없는 세상에서 깊은 잠에 빠질 것을 생각하니 가슴 한쪽에 깊이 뿌리박고 있던 멍울이 충치처럼 빠져나왔다. 발끝에 차인 돌멩이 하나가 가파른 산길을 따라 구르다 계곡으로 떨어졌다.

이어서 암꿩 한 마리가 자지러지게 울면서 날았다. 고이 잠든 까치도 암컷일지 모르겠다. 아니 암컷이면 좋겠다.

시계

몇 개 남지 않은 잎이 소설小雪에 눈 대신 내린 비로 인해 얼추 다 떨어졌다. 제 몸에 있는 잎을 적나라하게 내려놓은 나무들 근골이 더욱 명료해졌다. 담쟁이도 잎을 다 버리고 가파른 벼랑 끝에 고요히 물결치고 있다. 가을처럼 짧고 애매한 세월이 있을까. 단풍이 불꽃처럼 활활 타올랐다. 금방 무리 지어 지고 나면, 밤이 어둠을 일찍 데리고 와 냉기 때문에 자꾸 움츠러들고 새록새록 외로워지니 말이다.

강의실에서 강의하다 학생들에게 시간을 곧잘 묻는다. 강의할 분량을 조절할 의도로 물을 때가 있지만, 가끔 힘이 들어 시간이 얼마쯤 남았는지 궁금하여 물을 때가 있다. 요즘 시계를 차고 다니는 사람이 별로 없다. 대부분 스마트폰에 있는 시계를 즐겨 쓰기 때문이다. 강의하면서 시간을 확인하려고 스마트폰을 자주 보는 것이 내키지 않아 오래 묵혀두었던 시계를 꺼냈다.

하도 오랫동안 쓰지 않아 심장이 멎어 있었다. 오전에 강의가 없어 학교에서 회의를 마치자마자 114 안내를 통해 시계 수리소를 알아냈다. 금은방이라고 쓴 간판이 꽤 나이를 먹어 기력이 없어 보였다. 일흔 언저리에 이르렀을 주인 낯이 금팔찌를 낀 손목처럼 환했다. "혹시 목사님 아니세요? 인상이 인자해 보이십니다." 마흔 중반 이쪽저쪽에서 잊을 만하면 한 번씩 들었던 말을 십여 년이 넘어 들으니 그 말이 참 생경했다.

익숙한 속도로 건전지를 교체한 뒤 "스위스제라 만 원입니다. 다행히 잘 갑니다. 아무리 스마트폰에 시계가 달렸다 해도 째깍째깍 소리를 내며 돌아가야 시계답죠. 다 됐습니다." 묵정밭처럼 내버려둔 손목에 심장이 뛰는 시계를 차자 시침과 분침, 초침이 도란도란 속삭이며 화기애애했다. 스마트폰에 있는 액정시계는 시간과 분을 아라비아 숫자로 일사불란하게 알려준다. 그래서 시곗바늘이 열심히 돌며 60초가 1분이 되고 60분이 1시간이 되는 노동과정을 볼 수 없다.

세 시곗바늘은 협업의 대명사이다. 셋 가운데 어느 하나라도 이기利己를 앞세우면 시간을 오보하게 된다. 각자 자신에게 주어진 사명을 망각하지 않고 제 일에 성실하고 충실해야 한다. 초침은 초침의 삶에 분침은 분침의 삶에 시침은 시침의 삶에 안분지족해야 한다. 시침이 초침에게 너무 빨리 간다고 불만을 품거나 초침이 시침에게 너무 느려 터졌다고 원망하지 않는다.

셋은 자신이 있어야 할 자리를 잘 알고 처신處身한다. 연장자인 시침은 가장 낮은 자리에서 분침과 초침을 떠받쳐주고 어린 초침은 시침과 분침을 배경 삼고 열심히 달린다. 분침은 시침과 초침 중간에서 형과 동생을 연결하는 관계자 역할을 한다. 우리가 세상살이하면서 있어야 할 자리를 잃고 허둥지둥 흔들린 날이 몇 날쯤이었을까?

스마트폰 액정시계는 에누리가 없다. 1시 30분이면 꼼짝없이 그대로 1시 30분이다. 시간에는 객관적인 시간과 주관적인 시간이 있다. 즉 스마트폰에 있는 시계는 객관적이고 과학의 궤도를 벗어날 수 없는 시간이다. 그러나 바늘이 있는 시계 속에 존재하는 시간은 어느 정도 주관에 따라 조절하는 것이 가능하다. 게으름이 일상이 된 사람은 시간을 몇 분 앞당겨 설정해놓으면 그 시간만큼 부지런을 부릴 수 있다는 여유가 생긴다. 우리는 대부분 시간이라는 사냥개에 쫓기며 살아가고 있다. 삶의 한계가 정해져 있으니 어쩔 수 없다고 하지만, 사냥개 주력을 능가할 사람이 몇이나 있겠는가.

특별한 일이 없으면 약속한 시각보다 20분 정도 먼저 약속한 장소에 나가 있는 습성이 있다. 학교에 출근할 때도 20여 분 걸리는 길이지만, 강의시간에 딱 맞춰 출발하지 않는다. 여유를 가지고 주위 자연을 촘촘히 보면 자연은 공자가 되어 『논어』를 강해하기도 하고, 시인이 되어 시를 낭송해주기도 한다. 분침을 5분 늦게 설정하였다. 너무 서두르다 보면 삶이 쉽게 날카로워질지 모르니까. 왼쪽 손목에 찬 시계가 "좀 더 천천히 그리고 찬찬히"를 선언한 선언문 같다.

2017. 11. 22.

나이테

몸속 깊이 박힌 감기가 한 달째 칩거하고 있다. 병원에 들러 영양 주사를 맞으며 달래보고 병원과 약국을 오가며 약을 지어 먹고 생강과 대추 달인 물을 마시며 구슬렸지만 허사였다. 녀석은 나 혼자 굴복시킨 것으로 성에 안 찼던지 작은아들과 어머니한테까지 기세등등하게 힘을 뻗쳤다.

작은아들은 약을 몇 번 먹더니 기침과 가래가 잦아들었지만, 어머니는 김장을 며칠 하셔서 그랬는지 감기 기운이 예사롭지 않았다. 우리 집 김장을 적잖게 하신 데다 김장할 때 도와준 교우나 이웃집 김장 품앗이를 하느라 며칠 고생하셨다. 어머니 목소리가 푹 내려앉고 코가 맹맹하게 막혀 병원에 가자고 했다. 어머니는 한사코 병원 가는 것을 마다하시며 약국에서 약을 지어오라 하셨다.

약국에서 지은 약을 사흘 드셨는데도 나아지기는커녕 기침이 더 심해지고 아예 콩콩 앓으셨다. 오늘 아침 일어나자마자 어머니를 모시고 병원에 갔다. 가는 길에 아버지를 전주역에 모셔다드려야 했다. 순천으로 문상을 가셔야 하기 때문이다. 게다가 작은아들 안약이 떨어져 안과에도 들러야 했다. 오후 1시 20분부터 학교 강의가 있고 4시부터 몇몇 학생과 글쓰기 상담을 하기로 약속하여 오전에 일을 다 봐야 했다.

먼저 어머니를 병원에 모셔다드렸다. 월요일인 데다 요즘 감기를 앓는 사람이 많아 대기실이 사람들로 촘촘하였다. 간호사에게 어머니 상태를 설명해주고 아버지를 모시고 전주역으로 갔다. 마음이 바쁘면 신호등도 발목을 붙잡으며 험한 산봉우리가 된다. 이런 날은 때를 맞추기라도 하듯이 네 바퀴 달린 것이 한꺼번에 다 거리로 쏟아져 나와 앞길을 가로막는 훼방꾼 같았다.

전주역에 이르자 사람과 차가 한데 엉켜 소음이 잡초처럼 무성하였다. 철로에 몸을 맡긴 사람들이 도착하는 종착역은 고향일 수 있고 거래처일 수 있고 여행지일 수 있다. 이들이 향하는 곳은 동서남북 어딘가와 팔방이겠지만, 누구나 겨울과 마주칠 것이다. 겨울만 되면 열차를 타고 떠돌아다니고 싶은 역마살 기가 도진다. 십여 년 전, 열차에서 맞은 정동진 아침 해는 단순한 일출이 아니라, 묶였던 숨통이 트인 것과 같은 호흡이었다.

안과에 들렀다. 어머니 병원까지 가려면, 공시적인 시간에 붙잡혀 추억을 한가하게 들추고 있을 수 없을 정도로 겨를 없었다. 오늘따라 안과가 마치 지구 반대편에 있는 것처럼 아득하였다. 차가 많이 다니는 사거리에 있어 주차하는 것부터 인내할 것을 주문한다. 주차장이 없고 인근에 대형 마트가 두 군데 있어 차를 대려면 기다림과 민첩성의 날개를 달고 스스로 평형감각을 잘 조율해야 한다.

용케 주차할 자리가 생겼다. 캄캄한 어둠 속에서 잃어버린 지갑을 찾은 것 같은 안도감이 벅차게 몰려왔다. 안과도 예외가 아니었다. 한 뙈기 텃밭에 상추가 오밀조밀하게 모여 자란 것처럼 사람 천지였다. 간호사에게 아들 약을 타러 왔다고 나직하게 말을 건네며 애절한 눈빛으로 눈을 맞췄다. 대여섯 사람이 진료실에서 나온 뒤 간호사가 아들 이름을 불렀다. 약국에 들러 약을 탄 다음 어머니 병원으로 향했다. 나신으로 서 있는 가로수가 바람에 몸을 맡긴 채 바람 결대로 흔들렸다. 지금까지 살아오면서 얼마나 많은 바람을 맞이했던가?

바람 앞에서 무참하게 부서지고 쪼개져 날린 적이 있었다. 바람을 회피하려고 달아났지만, 몇 발짝 도망치기도 전에 붙잡혀 혼나기도 했다. 하룻날도 태풍주의보를 발령하지 않는 날이 없을 정도로 나는 바람 한가운데에서 살았다. 모 시인은 "나를 키운 건 팔 할이 바람이었다."고 고백했지만, 나를 키운 건 구 할이 바람이었다. 바람을 막으려고 하면 찢어지거나 날아가 버리고 말았다. 바람이 부는 결대로 따라 흔들렸다.

어머니를 병원에서 모시고 나와 집에 당도했다. 묵방산에서 거침없는 속력으로 내려온 바람 앞에 모든 나뭇가지가 완곡한 곡선으로 몸을 휘었다. 감나무는 몸이 통째 흔들리면서도 우듬지에 있는 까치밥을 조심스럽게 붙잡고 있었다. 온몸이 비늘투성이인 화살나무는 제 몸 때문에 누군가에게 상처라도 입힐까 봐 언행을 얌전히 하고 있었다. 요런 날, 바람 앞에서 쓸데없는 생각이 불쑥 떠올랐다. 오늘 하루만이라도 몸이 두 개였으면 얼마나 좋았을까.

한 무리 까치 떼가 묵방산으로 눈부시게 날았다. 아침에 어머니께서 미리 싸주신 도시락을 챙겨 학교로 서둘러 향했다. 내 몸 어딘가가 가렵기 시작하면서 나이테 한 줄이 새겨지는 것을 느꼈다.

"후유."

2017. 12. 4.

최재선 수필집

아픔을 경영하다

인쇄 2018년 2월 26일
발행 2018년 3월 2일

지은이 최재선
발행인 서정환
펴낸곳 수필과비평사
주소 서울시 종로구 삼일대로 32길 36(익선동 30-6 운현신화타워 빌딩) 305호
전화 (02) 3675-3885, (063) 275-4000 · 0484
팩스 (063) 274-3131
이메일 sina321@hanmail.net essay321@hanmail.net
출판등록 제300-2013-133호
인쇄 · 제본 신아출판사

ISBN 979-11-5933-152-7 03810
값 16,000원

이 도서의 국립중앙도서관 출판예정도서목록(CIP)은 서지정보유통지원시스템 홈페이지(http://seoji.nl.go.kr)와 국가자료공동목록시스템(http://www.nl.go.kr/kolisnet)에서 이용하실 수 있습니다. (CIP제어번호: CIP2018004738)

Printed in KOREA